常建华 著

# 中國古代歲時節日

中国古代岁时节日

中国工人出版社

# 目录

## 中 元 / 283



## 中 秋 / 299



## 重 阳 / 315

# 引言

今年是21世纪20年代的开始之年，中国农历属于庚子年，所谓鼠年。

年复一年，我们生活在周期性的时空转换中，从孩提时代至今，约定俗成地在特定时间进行民俗活动。岁时节日带给我们新鲜、欣喜、娱乐，使我们的生活节奏和人际关系得以调整、内心的情感得以表达，使生活绚丽多姿。

从元旦的拜年至岁末的守夜，节日有着古老的历史；无论是清明踏青祭祖，还是七夕乞巧，都有动人心魄的民间传说；饺子、年糕、粽子、月饼及腊八粥，这些年节的象征食品，蕴含着丰富的文化含义……人要了解自己的历史，不能忽略岁时节日。

中国古代对时间最初的认识是那个东出西落的太阳，而经年可观测到的北斗星，帮助古人建立了最早的时间系统：借助北斗，最早确定了春分、秋分两个分点和夏至、冬至两个至点。大火星在周天运动中定期出没，人们借此确定季节和年节转换。天有十日和十二月的神话思维，导致了天干、地支的记时法产生。

无论是太阳历，还是阴阳历，很早以前就为古人使用，《夏小正》就反映了一些夏代的历法。《尚书·尧典》已有仲春、仲夏、仲秋、仲冬的岁时划分，说明商末周初对分、至的认识已很稳定。至战国时代，二十四节气最终定型。上古历法的出现和发展是岁时节日固定和形成的基本条件。

早期人类处于原始的自然崇拜阶段。无论是对天象转换，还是对植物的荣枯、动物的繁衍，在万物有灵观念支配下，定期举行崇拜及祓除仪式，其中农事信仰处于信仰之中最古老的层次，与此相伴随的则是生殖崇拜。人类生死与植物变化同理相类，与时间转换的天象、物候配合，也会产生节日，可以说伴随生产、生活的原始崇拜是岁时节日的渊源和基础。

佛教和道教争夺民众的信仰，也给岁时节日的形成和性质增加了宗教色彩，而纪念名人和某些事件促使了节日的形成和固定。岁时节日的形成是各种复杂文化因素互动的结果，长期稳定的农耕经济结构与家族组织积淀出岁时节日文化，使岁时节日得以发挥其功能。

中国古代十分重视岁时节日的记录和资料整理，也有一些研究。儒家经典《礼记》中的《月令》篇，集中体现了岁时节日的理论概括，南朝宗懔《荆楚岁时记》、唐朝韩鄂《岁华纪丽》、明朝陆启浤《北京岁华记》、清朝顾禄《清嘉录》、袁学澜《吴郡岁华纪丽》、潘荣陛《帝京岁时纪胜》、富察敦崇《燕京岁时记》则是现存专门记载岁时节日风俗的名作。很多笔记中保留了丰富的岁时节日资料，尤以宋代孟元老《东京梦华录》、吴自牧《梦粱录》、周密《武林旧事》，明代刘侗、于奕正《帝京景物略》、刘若愚《酌中志》、田汝成《西湖游览志余》等著名。一些学者专门从事岁时节日的类辑工作。专科性类书中，隋朝杜台卿《玉烛宝典》、宋朝陈元靓《岁时广记》、明朝冯应京《月令广义》均保留了珍贵而丰富的资料。而百科性类书中的唐朝欧阳询等撰《艺文类聚·岁时部》、宋朝李昉等撰《太平御览·时序部》、清朝陈梦雷等撰《古今图书集成·历象汇编·时序部》《古今图书集成·历象汇编·岁功典》均系统而全面地收集了岁时节日的史料。至于保存至今的大量地方志，对于风俗的记述尤详于岁时节日，资料非常丰富。此外，东汉崔寔《四民月令》、后魏贾思勰《齐民要术》等农书，涉及岁时节日的史料颇多。而历代吟诵岁时节日的诗篇也不少，虽是文学作品，反映出的节俗和时人心态亦有重要价值，宋朝蒲积中编的《岁时杂咏》是系统整理岁时节日的诗歌集。以上仅举出一些代表性的书籍，至于散见于各种史籍中的岁时节日记载，真是俯拾即是，不胜枚举。

本书在借鉴国内外学者研究成果的基础上，比较系统地整理了有关岁时节日的文献资料，力图更准确、细致、系统地反映出中国古代汉族岁时节日的基本面貌，并提出一些新说。书中自然也存在着不够完善之处，敬请各位读者斧正。

书名中的“古代”包括清朝后期，实际上本书叙述的是中国传统时代的岁时节日。

我力求将本书写成具有普及性能够雅俗共赏的著作，因此尽量避免大段引用资料，凡引用历史资料一般只在文中说明作者、书名，不做详细注释。本书配有较多的图像资料，既便于读者理解正文，同时也使本书更加生动有趣，希望给读者带来愉悦、轻松的感觉。

书中插图主要来源于《中国美术全集》《中国绘画全集》《海外藏中国历代名画》《清代报刊图画集成》《清末民初报刊图画集成》《清殿版画汇刊》《清史图典》《中国民间木刻版画》《中国民俗剪纸图集》《中国民间年画史论集·附图》《国家图书馆藏戏曲小说版画选粹》《民间剪纸》《18—19世纪羊城风物》《中国历代压胜钱收藏与鉴赏》《民间劝善书》《四库全书》《穿越时空》《插图本中国体育史》《中国方术续考》《文物》《紫禁城》等书刊，在此谨向拙著所采图像的原编著者表示敬意与谢意！

# 元旦

古人十分重视正月初一的元旦,《汉书》中有“三元”“三朝”“四始”之说。三元为岁之元、时之元、月之元；朝之义犹旦，三朝即岁之朝、月之朝、日之朝；四始是岁之始、时之始、日之始、月之始。总之一年的时日月岁皆从元日开始，古人又称之为“履端”。我们对中国古代岁时节日的论述也从元旦开始吧。

立春正月節
雨水
驚蟄二月
春分
清明三月
穀雨
立夏四月
小滿
夏至
小暑六月
大暑

立秋七月
處暑
白露八月
秋分
寒露九月
霜降
立冬十月
小雪
大雪十一月
小寒十二月
大寒


宋·陈希夷《十二月坐功》

清·朗世宁等绘《岁朝图》

## 元旦小释

元旦有很多不同的名称。东汉崔寔《四民月令》（缪启愉辑释本，农业出版社 1981 年版）说："正月元旦，是谓正日。"宋朝人蒲积中编《岁时杂咏》一书中，"元日"部分从三国到宋朝的诗歌里，就有正旦、元正、元日、新年、初年、太岁日、岁日、朝元、岁旦、新正等名称，其中以元旦最普遍。明清地方志中的风俗志，一般称正月初一为元旦。元旦及新年的名称一直流行到今天，不过自 1911 年辛亥革命后元旦及新年是指阳历年，而传统的元旦则相当于现在阴历的春节。

中国古代元旦历朝所在季节不同，这是因为不同历法岁首的确定有过变化：夏朝是正月初春，殷朝是十二月寒冬，周朝是十一月冬至前后，秦朝则是十月初冬，汉初因袭秦制，汉武帝元封年间改为周制，此后历代相沿。中国古代基本采取考虑太阳和月亮位置的阴阳合历。太阳公转一周 365 天，月亮圆缺一次为 12 个阴历月 354 天，相差 11 天，需要每隔三年设置一个闰月解决，并以调整季节。古人判断月序和季节的关系，是以傍晚北斗星斗柄的指向定月序，称之为十二月建。从北向东转，把地面分为 12 个方位，傍晚斗柄所指方位，即该月的月建。12 个方位分别以 12 地支命名，其亥月、子月、丑月、寅月，分别相当于十

光绪刊本《钦定书经图说》之“命官授时图”

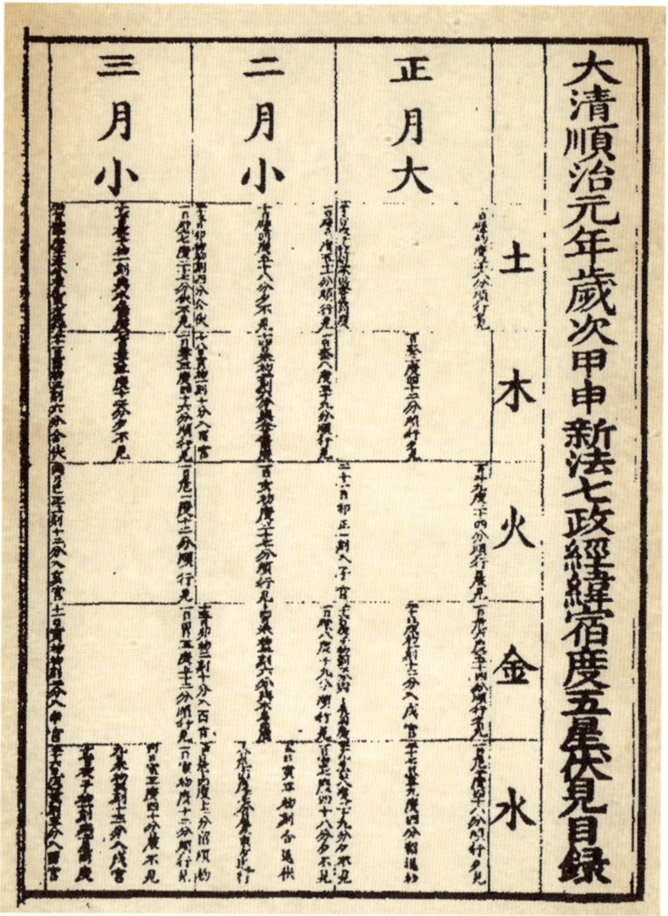


清宫时宪历

月、十一月、十二月、正月。所以人们又把夏、商、周、秦的岁首分别称为建寅、建丑、建子、建亥。无论月建何时，“斗柄东回岁又新”（王建《元日陪早朝》，收入蒲积中《岁时杂咏》，以下凡出自该书诗文，只注篇名）则是共同的。

## 祀神祭祖与拜贺

元旦之始，不同时期有不同规定。《礼记·大传》孔颖达疏称，夏为平旦、殷为鸡鸣、周为夜半。自秦汉以来，则以夜半子时即今二十三点至一点为一天的开始。这是旧年与新年交接的时刻。不过，从古人生活来看，一般以黎明、鸡叫作为一天的开始。正所谓“鸡报已判春”（司空图《丙午岁旦》）。

元旦来临，古人首先要祀神祭祖拜尊长和家众互拜。《四民月令》为我们记述了这一民俗的过程：正式祀祖前三天，家长及执事都要摒绝旁念，一心一意地用“礼制”约束。正日进酒降神，然后家室尊卑，无论大小，以次列坐先祖之前，子、孙、曾孙各上椒酒于其家长，举觞称寿。这反映了东汉时代北方大族的正日祭拜情形。关于祀神祭祖的时间，守岁的人家子时一到，便已开始，没有守岁的，大多是五更起来。从现存的大量明清地方志看，一些地区人们起来要放炮，更主要的则是整肃新衣，燃烛烧香，陈牲设醴，做好准备后便拜天地祖宗，接着卑幼向尊长磕头。祀神是泛称，或表述为祀天地，也有称神为“真宰神”“上帝”“家神”“宅神”的。一些地区祀神方式有特点，如明正德年间（公元 1506 ~ 1520 年）陕西《朝邑县志》（本书所引地方志资料凡出自“风俗”部分，只注书名）说：“元日树纸竿接天神。”而万历

河南开封年画“大吉”

年间（公元 1573 ~ 1619 年）安徽《滁阳志》则是元日“将曙，继火具糕枣拜天，云‘焚天钱’”。祭祖，又称拜祖先。明嘉靖（公元 1522 ~ 1565 年）河南《通许县志》说“于中堂或悬祖考影像，或请主以祭”，反映了祭祖设遗像或牌位的基本形式。接着是拜尊长和家众互拜。南朝梁宗懔《荆楚岁时记》说元旦“长幼悉正衣冠，以次拜贺”，反映的是跪叩尊长和家人作揖的礼节。

天亮之后，邻族戚友以及官宦之间要交相拜贺。《四民月令》

山东安丘版画“家堂神位”

已有谒贺君、师、故将、宗人父兄、父友、友亲、乡党耆老的记载。明清时代将元旦拜贺称为拜年、贺新年、贺节、贺年、贺正、贺岁、贺元旦。拜年的方式有亲去和投帖两种，一般是亲者登堂，疏者投刺。清顾禄《清嘉录》为我们描述了两种形式，前者“男女以次拜家长毕，主者率卑幼出谒邻族戚友，或止遣子弟代贺，谓之‘拜年’”。关于后者：“有遣仆投红单刺至戚若友家者，多不亲往，答拜者亦如之，谓之‘飞帖’。”投刺类似今天

河北剪纸“磕头”

的名片，古人通名，本用削木书字，汉代谓之“谒”，汉末称为“刺”，“汉以后虽用纸，而仍相沿曰刺”（赵翼《陔余丛考·名帖》）。投刺拜年之风盛于宋以后特别是明清时代。官场上元日正是下级向上级表示尊敬的机会，即使自处异地，不少人不辞辛劳，往来奔波。比如清代河南省新正令节，所属大小文武各员，往往赴省叩贺新禧，不但往返靡费，亦且旷废职守。以致巡抚田文镜公开饬禁属员叩贺年节。（《抚豫宣化录》卷三上）亲朋拜年，要留下喝春酒。元旦期间，人们还盛行互相请客吃饭，称为年节酒。

贺年不仅是民间的事，国家也要举行朝贺，向皇帝贺年。中国古代历朝均有元旦的朝贺仪，元日庆贺始于汉高祖，其仪式以

清《点石斋画报》之“新年团拜”图

汉朝为滥觞。基本程序是：“夜漏未尽七刻，钟鸣受朝贺及贽，二千石以上上殿称万岁”（《渊鉴类函·礼仪部·元正冬至朝贺》）。“执贽”就是群臣奉送皇帝的礼物。汉武帝时代的贽是：公侯，璧；二千石，羔；千石、六百石，雁。高级官僚要“举觞御食前，司空奉羹，大司农奉饭”，然后奏乐举食，“百官受赐宴飨”（同上）。唐代的朝贺仪式盛大，各地官吏向礼部上贺表，跪读后入内，通天宫朝贺时，要读时令，官员列于庭。而且朝食时还有边境各族富豪和邻近官员参加。元旦期间官员要给假期三天。官员们以参加朝贺礼仪为幸，留下很多诗篇加以讴歌。

## 元旦饮食

中国古代元旦饮食丰富多彩，《荆楚岁时记》的记述就是集中体现。南朝时代荆楚元旦拜贺毕，接着是进椒柏酒，饮桃汤，进屠苏酒、胶牙饧（táng）、五辛盘，进敷于散，服却鬼丸，各吃一个鸡蛋。其中有饮料、食品，还有药物，一应俱全，各有其特殊含义。下面我们先从饮料介绍起。

椒柏酒，在东汉《四民月令》中已经出现。椒是花椒，古人说椒是玉衡星之精，气味芳香，服之令人身轻耐老；柏是柏树叶，古人视为仙药，可免百病。椒、柏可分别浸制酒，也可一起放入酒中饮用。饮椒柏酒可去病长寿。古代诗歌中为我们留下了元旦饮椒柏酒的记录。南朝庾信《正旦蒙赉酒》：“正旦辟恶酒，新年长命杯。柏叶随铭至，椒花逐颂来。”描绘了元旦朝贺受到赏赐椒柏酒的喜悦心情。而唐代武平一《奉和元日赐群臣柏叶》一诗，以“愿持柏叶寿，长奉万年欢”之句，表达以健康长寿之身服务万年天子的愿望。饮椒柏酒在民间一直流传下来，明代山东历城、浙江嘉兴均有此俗。

桃汤。即取桃之叶、枝、茎三者煮沸而饮，古人以桃为五行之精，能厌伏邪气，制百鬼，故饮之。

屠苏酒。唐人韩鄂《岁华纪丽·进屠苏》记载：“俗说屠苏

孙思邈像

乃草庵之名。昔有人居草庵之中，每岁除夜遗闾里一药贴，令囊浸井中，至元日取水，置于酒樽，合家饮之，不病瘟疫。今人得其方而不知其人姓名，但曰屠苏而已。”韩鄂还在他的另一部著作《四时纂要》中披露了这一预防瘟疫的屠苏酒方：大黄、花椒、桔梗、桂心、防风各半两，白术、虎杖各一两，乌头半分。他说将以上八味切细，装入深红色的口袋里，年三十的傍晚，把它挂在井中泥底。初一早上，拿出来连口袋浸在酒里。全家从小到大，依次稍许各喝一些，一年没有病。韩鄂的记述秉承了民间传说，虽有神秘色彩，不过所列八味药材，其功效主要是清热、散风、健脾、除湿，可以说对身体有利无害。正月饮椒柏酒、屠苏酒，均以饮酒者年龄小大为序。魏董勋《答问礼俗说》解释道：先小者因为小者长大了一岁，以示祝贺；后老者则是因为老了一岁，故晚些给酒。韩鄂所说饮酒顺序，就是依据这一古老传统。饮屠苏酒也流传到后世，明崇祯年间（公元 1628 ~ 1644 年）江苏《常熟县志》就说“沿习屠苏酒之义”。

胶牙饧。隋杜公瞻注释《荆楚岁时记》胶牙的含义是“使其牢固不动”。实际上此俗寄托了长寿的美好愿望，因为牙齿坚固，能吃能喝，自然身体健康。隋注还说“今北人亦如之”，可见此俗的广泛性。白居易《岁日家宴戏示弟侄等兼呈张侍御殷判官》有“春盘先劝胶牙饧”之句，反映了唐代元日的食俗。不过胶牙饧在南宋以后作为送灶的供物，慢慢地从元旦食品中消失。

五辛盘。作为元日食品最早见于吴晋间周处的《风土记》，说元日早晨吃五辛菜，“以助发五藏气”（《玉烛宝典》卷一引）。五辛菜是五种有辛味的菜，《荆楚岁时记》隋注说是大蒜、小蒜、韭菜、云台、胡荽，如《风土记》所说可活动五脏，是祈求健康的东西。《荆楚岁时记》注引《庄子》说：“春日饮酒茹葱，以通五藏。”可见元日食辛菜的传统由来已久。关于五辛盘的功效，隋唐时代的孙思邈在《食忌》中说：“正月之节食五辛，以辟厉气。”（《岁时广记》卷五引）而明代医药学家李时珍的《本草纲目》又说：“元旦立春，以葱、蒜、韭、蓼蒿、芥辛嫩之菜杂和食之，取迎新之意，谓之五辛盘。杜甫诗所谓‘春日春盘细生菜’是矣。”这种食辛盘迎新当是晚起的意思。

敷于散。是一种中药，药方出自葛洪《炼化篇》，用柏子仁、麻仁、细辛、干姜、附子等粉碎成末，用干净井水饮服。

却鬼丸。《荆楚岁时记》隋注讲的处方是：用武都雄黄丹散二两，用蜡调和，使之像弹丸一般，正月初一早晨，男的佩戴在左臂上，女的佩戴在右臂上。如此鬼便会逃避的。不过《荆楚岁时记》说的却鬼丸是服食的，与注不同，可能佩戴是后起的风俗。南朝梁的文学家庾肩吾《岁尽应制》中有“金薄图神燕，朱泥却鬼丸”之句，说明除夕夜有准备却鬼丸的活动。司空曙《酬卫长林岁日见呈》有“朱泥一丸药，柏叶万年杯”的诗句，反映了唐朝尚有此俗。

各人吃一个鸡蛋的习俗，在吴晋间的《风土记》中已出现。《风土记》说“正旦，当生吞鸡子一枚，谓之练形”。练形是道家用语，指修炼形体，认为可以成仙。生吃鸡蛋是为了长生。《太平御览》卷二九引《荆楚岁时记》说：“梁有天下不食荤，荆自此不复食鸡子，以从常则。”即梁武帝信奉佛教，不再吞食属于小荤的鸡蛋。

宋代南北方流行一句叫作“冬（至）馄饨，年（节）馎饦（bó tuō）”的谚语。馎饦，亦作“（怀）饦”，又作“不托”。宋程大昌《演繁露》说：“当晋之时汤饼者，皆手抟而擘置汤中煮之”。后世改用刀儿，乃名“不托”，是说不以掌托。告诉我们馎饦名称的来历。文中的汤饼是指古代凡小麦面制品用水煮的食品，后魏贾思勰《齐民要术》卷九“饼法”中，讲了“水引馎饦法”，其中“水引”制法：“挼（ruó）如箸大，一尺一断，盘中盛水浸，宜以手临铛上，挼令薄如韭叶逐沸煮。”馎饦“挼如大指许，二寸一断，著水盆中浸，宜以手向盆旁挼使极薄，皆急火逐沸熟煮。非直光白可爱，亦自滑美殊常”。可知水引和馎饦属于同一类型食品，只是水引似今面条，馎饦似今长揪皮。其实宋人说的“年馎饦”是一句概括语，也包括了水引。北宋《岁时杂记》说：“元旦，京师人家多食索饼，所谓年馎饦，或此之类。”（《岁时杂记》卷五引）索饼就是前代的长引。长引是说拉长的东西，索饼指像绳索一样细长的饼，两个名称讲的都是形状细长的食物。由上可知，宋代元旦流行吃面条之类的食品。

流传至今的元旦食品要数饺子和年糕了。

饺子的前身是“馄饨”。馄饨是指面食中带馅的食品。北齐人颜之推曾说：“今之馄饨，形如偃月，天下通食也。”（唐·段公路《北户录》注引）类似今天的饺子。明代《正字通》说：“今俗饺饵，屑米面和饴为之，干湿大小不一，或谓之‘粉角’。北人说角如矫，实即饺耳。唐人谓之‘牢丸’。段成式《食品》有‘汤中牢丸’，即今水饺子；其‘笼上牢丸’即今蒸汤饺也。食毕出门拜年，由近及远，元午直到烧灯后。”据此则唐牢丸近似饺子，而且有煮有蒸。宋代食品中出现角子一词，元代把饺子叫作“扁食”，可能出自蒙古语。明代的饺子如《正字通》所说，称饺饵、粉角、水饺子、蒸烫面饺。此外，还有水点心等叫法，清代北京旗人还把饺子称作“煮饽饽”。元旦吃饺子兴盛于明清时期的北方，如明万历年间沈榜《宛署杂记》说，北京郊区的宛平县元旦拜年“作扁食，奉长上为寿”。明嘉靖时山西《曲沃县志》记载：“二日制扁食包金，邀婿争福。”元代扁食一词在民间流传

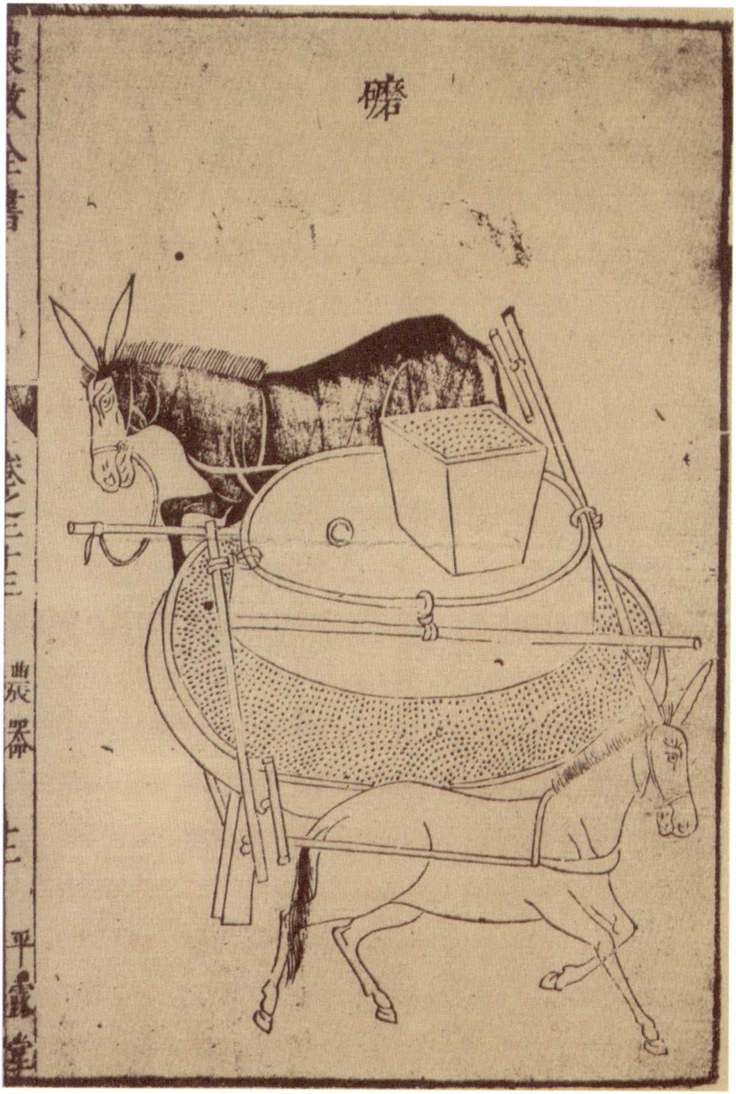


明·徐光启《农政全书》插图“磨”

下来。

年糕。又称粘粘糕，取年年高之意。在南方用糯米制成，北方则为黏黍。年糕的历史悠久，汉朝的米糕已有“稻饼”“糕”“饵”“糍”等名称。六世纪食谱《食次》就有年糕“白茧糖”的制法，北朝《齐民要术》记载了将米磨成粉制糕的方法。元旦吃年糕盛行于明清时代，尤以南方流行。明末《帝京景物略》卷二记载，正月元旦，“夙兴盥漱，吃枣糕，曰年年糕”。北方河北嘉靖时《威县志》说当地吃“蒸羊糕”。在南方，江浙的苏州、嘉定等地方志称“节糕”，明正德广东《琼台志》记载当地吃春糕：“元旦前以糯粉溉（jí）蔗糖或灰汁笼蒸春糕，围径尺许，厚五六寸，杂诸果品岁祀，递割为年茶，以相馈答。”其形制类似今天的生日蛋糕。清顾禄《清嘉录》卷十二记载更为详细，说将黍粉和糖为糕，叫作“年糕”。有黄色和白色之别。大的一尺见方为“方头糕”，还有像元宝的“糕元宝”，用于除夕供先、亲戚朋友间的赠答。此外，还有细长的“条头糕”、宽大的“条半糕”。过节时富家雇人制糕，一般人可在糕店购买。

## 从初一到初五

元旦的节庆活动持续数日，宽泛地说可持续到十五的上元节。严格说来，如大量的明清地方志记载，元旦三五天乃止。三天强调的是元旦期间“闭市”的时间，商业活动及一切工作停止，自古以来官府的元旦假期一般为三天，同民间“闭市”时间一样，可见初一至初三是元旦活动的高潮。初四、初五也是拜贺的时间，是元旦高潮的余绪，而且还有其他活动，虽然气氛不及初三以前，也是节日期间。明弘治时（公元 1488 ~ 1505 年）《温州府志》就说：“自初一至初五日谓之节假，交相展庆。”万历《绍兴府志》记载：“元旦凡五日乃毕。大率以早为敬，谚云‘初五初六，无酒无肉’。”明代浙江这两个府的明确记载以五日为限。在北方，清崇彝《道咸以来朝野杂记》强调：“在初五日以内，须将应贺之家拜毕。”拜贺时间与南方是一致的，也在五日之内。

元旦期间有一些禁忌。明代《帝京景物略》说：元旦五更时不能卧床上打喷嚏，如打，则赶紧起床，如来不及穿衣而打，则一年多病；也不能卧在床上说话；门外人有呼唤不可答应，因为这是在呼鬼。仅仅是起床之前，就如此忌讳，时人太讲究良好开端了。与此相比，《清嘉录》概括了大年初一时忌讳，更为全面：“俗忌扫地、乞火、汲水并针剪。又禁倾秽、瀽（jiǎn）粪。讳啜粥及汤菜淘饭。天明未起，戒促唤。男子出门，必迎喜神方位而行。”该记载不仅是苏州地区风俗，大致上也反映了全国的情形。

初一出门，人们讲究选择方向和时辰。和苏州一样，陕西延安府“择日迎喜神，定方位”。（嘉庆志）华中地区将元旦初出叫作“出方”或“出天方”，如湖北宜昌府“男子出门行礼，谓之出天方”。（同治志）在聚族而居的江西，嘉靖《南康县志》

河南南阳出土“驱魔逐疫画像”

说：“正月元旦，族长率领族人择方与时之吉，曰出行。”

元旦还有门的装饰。《荆楚岁时记》说元旦“帖画鸡户上”，百鬼畏之。该书隋注说模仿神荼、郁垒执鬼喂虎的传说，要在门上画虎。又根据东汉著作《张仲景方》所载：“岁有恶气中人，不幸便死，取大豆二七枚，鸡子、白麻子，酒吞之。”故认为元旦陈设麻豆的风俗，应当是从《张仲景方》中开始记载的。古人相信麻豆有避邪治病的作用。百鬼畏鸡说法一是基于桃都山大桃树有金鸡，日照金鸡则鸣，天下众鸡悉从而鸣；金鸡飞下，食诸恶鬼的说法。二是传说中尧时祇支国献重明之鸟，状如鸡，能搏逐猛兽虎狼，使妖灾群恶不能为害。人们画鸟之状或鸡贴于门户，则魑魅丑类自然退伏。人们认为后世年画或剪纸中所以有鸡和虎的风俗，与此有关。实际上元旦门上画鸡当源于鸡人创世神话，我们将在“人日”部分详细论述。门檐上装饰麻有一定的普

遍性，在北方，明正德《朝邑县志》元旦“以麻缚木炭置门上，云吉利”。在南方，万历《滁阳志》：“以麻缚葫芦门上。”此外，门上插松柏、艾梗，门两侧立木炭为将军炭，也带普遍性。

值得注意，日本来华僧人圆仁《入唐求法巡礼行记》卷一记载了唐代的元旦习俗。武宗会昌二年（公元842年）：“正月一日，家家立竹竿，悬幡子。新岁祈长命。诸寺开俗讲。”（白化文等《入唐求法巡礼行记校注》本，中华书局2019年）可知时人有新年立竿悬幡、祈求长命的风俗。

元旦期间至庙宇烧香也是重要活动。明崇祯江苏《泰州志》说：“诣各庙拜送香纸，道络绎不绝。”可见人数之多。所去之庙，北京是东岳庙，崇祯浙江《嘉兴县志》记载则是“诸城隍庙、关帝庙拈香”。佛寺道观也是必去之所。北京人有到白塔寺绕塔之俗，苏州“士女集佛宫道观，烧香答愿”。（正德《姑苏志》）

初二仍以拜年为主，主要是夫婿给岳父母拜年，嫁出去的女儿回门。此外各地还有一些风俗，北京“初二日致祭财神，鞭炮甚多，昼夜不休”(《燕京岁时记·祭财神》)。南方福建宁德、福安等地为新丧者上坟。

初三，又称小年朝。各地风俗不一。浙江流行卜筮占年，如明万历《秀水县志》说：“其三之日曰小年朝，卜筮以决一岁吉凶。”崇祯《嘉兴县志》记载：“三日为小年朝，卜筮占年，儿童妇女以灰炉折箸架插灰上，请灰七姑决事（或用饭箕从灶下请，俗云灶神第七妹）。”许多地方要将祭祖供品和一些装饰物撤掉。明崇祯《乌程县志》：“三日谓之小年朝，接先祀先糕果皆撤。”清乾隆（公元 1736 ~ 1795 年）甘肃《静宁州志》卷三说当地：“撤祖先奠，夜焚楮（chǔ）门外，酹酒，名曰送家亲。”同治（公元 1862 ~ 1875 年）湖北《宜昌府志》卷十一记载：“燃烛于大门外，将檐端所挂松枝合楮焚之，谓之烧门神纸。”初三也是将除夕井上所封纸多揭去的日子，谓之“开井”，江苏、安徽、浙江有此风俗，如嘉靖《江阳县志》记载当地除夕“封井汲，过六日启”，反映的就是这种风俗。

初四，南方盛行接灶。即把腊月二十四日（或二十三日）送上天的灶神接回来。明天启（公元 1621 ~ 1627 年）《平湖县志》说：“四日设粉饵祀灶，曰接灶。”北方河北、河南等地在初四则有拜墓的风俗。

初五有送五穷的风俗。即初三以前不扫除，初四或初五始做卫生，而于初五未亮将尘土垃圾及纸作妇人倒出。这一风俗由唐

云南大理年画“五方五道大神”

代晦日送穷演变而来（详后），在明清时期主要流行于北方。清乾隆陕西《府谷县志》说，初五“夙兴，扫室中尘垢于筐，作纸妇人一个，负以米面，纸裹送门外，焚香放花爆而还，谓之送五穷。榆林人是日饱食，谓之填五穷”。值得注意的是明代广东惠州、福建建宁等南方地区也有送穷活动。初五南方还有一些祭神风俗，江浙一带主要是祀五通神和路头神。崇祯（公元1628～1644年）《嘉兴县志》记载祭祀五通神。苏州祭五路财神，《清嘉录》说“五日为路头神诞辰，金锣爆竹，牲醴毕陈，以争先为利市，必早起迎之，谓之接路头”。福建建宁则“祭灶、祭门皆以五日祭”。（嘉靖《建宁县志》）

元旦的另一重要特点是娱乐。人们心情愉快，利用休假和亲朋团聚的时间从事各种趣味活动，综合性地体现了中国古代的游艺文化。

# 人日

晋人董勋《问礼俗》说："正月一日为鸡，二日为狗，三日为猪，四日为羊，五日为牛，六日为马，七日为人。正旦画鸡于门，七日贴人于帐。"（《荆楚岁时记》注引）可知正月初一至初七七天，分别为制造动物和人的特殊日子，其中初一鸡日和初七人日格外引人注目，又有突出的风俗事项。

鸡日和人日在另外的史料被单独提出，显示出这二日的重要性。《太平御览》卷三〇引《谈薮》注中有一句："一说云天地初开，以一日作鸡，七日作人也。"叶舒宪《中国神话研究》指出，这是中国的鸡人创世神话，试图解决的是宇宙时空的由来问题。认为鸡作为象征性的表象符号，是同东方日出、光明取代黑暗、阳气战胜阴邪、新春脱胎于寒冬等现象相联系的。鸡在神话中实际表达的是时间与空间的双重开始。而中国上古社会的动物象征谱系中，鸡、狗、羊、猪分别象征东西南北四方与春夏秋冬四时，牛和马象征着地与天，也就是下方和上方。鸡人创世神话中讲的前六天所造的六种动物合在一起，恰恰是三维度的立体宇宙构成的一种隐喻，加上中间为七，已经到了极限，七就成了宇宙数字，循环极限数字。古人对空间的认识是先由东西，再向南北，而牛马的出现又较其他四畜晚一些，所以鸡人创世神话所造动物是有先后顺序的，空间的数七又转换为时间的循环变化，七日象征着时间的极限，七这个神圣位置留给人，成为人的纪念日。这真是石破天惊的发现！（叶舒宪《中国神话哲学》中编第七章）

鸡人创世的神话形成后，人们要对其进行模拟表演，这就是正月初一到初七、从鸡日到人日礼俗的由来。随着时间的流逝，创世神话的真实意义连同故事本身逐渐失传了，留下来的只是一些民俗表现。鸡人创世神话的关键是鸡和人，也就是正月初一至初七只有“正旦画鸡于门，七日贴人于帐”的原因了。

上：陕西安塞剪纸“畜壮人旺”（挂帘）
下：山东剪纸“大吉大利”

## 人 胜

作为人日，如董勋所说，要在床帐上贴人的形状。《荆楚岁时记》则记载为剪五色绸为人形，或雕刻金属薄片成人形贴在屏风上，也有戴在鬓角上的。剪制的人形又称作“人胜”。晋刘臻妻陈氏《进见仪》说：“正月七日，上人胜于人。”（《太平御览》卷三〇引文）唐人李商隐《人日即事》诗谓：“镂金作胜传荆俗，剪彩为人起晋风。”认为“剪彩为人”即晋之“人胜”，镂金箔为人也是“作胜”，看来虽然两种“胜”材料不同，但都是“人胜”。唐人重视“人胜”，还将正月七日称为“人胜节”。如李乂《奉和人日清晖阁宴群臣遇雪应制》有“幸陪人胜节，长愿奉垂衣”之句，便是证明。

《荆楚岁时记》说人日“又造华胜以相遗”。隋杜公瞻注指出：“华胜起于晋，见贾充《李夫人典戒》云：‘像瑞图金胜之形，又取像西王母戴胜也。’”所谓华胜，是一般簪于头顶的花形纹装饰。中村乔认为，华胜不是和人胜别类的东西。他考证出，“典戒”讲的是元旦，不是人日，晋代开始的华胜不是在人日和人胜并列使用。到了《荆楚岁时记》的时代，和人胜相别的华胜才被用于人日。华胜实际上是人胜的一种形式。又据杜台卿《玉烛宝典》“今之世，多刻为华胜，像瑞图、金胜之形”这一隋代

四川新都出土东汉“西王母画像砖”

记载，结合日本正仓院保存的唐代杂财物实录“人胜两枚，一枚有金薄字十六,一枚粘有彩帖的女子图形，缘边有金箔的裁物”，原田淑人在《人胜》一文中谈到实物人胜说，这是用残片拼成的一枚人胜，可知在方形的中部有十六个字，其下是小的彩绘儿童，四边以金箔为花形纹贴上。中村乔认为二者形制一致，形式是华胜样式，但不失人形，本质上是人胜，即华胜样式的人胜（中村乔《中国岁时史的研究》，以下凡引用中村乔教授的观点皆出于该书，不再注明书名出处；以下凡引用本书书后“主要参考书目”中作者的观点，一般也只指出作者而不注明书名）。

唐以后人日节衰落，有关戴人胜的习俗仍有流传，如宋朝人宋祁《人日》诗有“况镂黄金假作人”之句，明崇祯《嘉兴县志》记载：“士女造华胜相遗，或戴于发。”描写了当时人日戴胜

唐代“华胜剪纸”（日本正仓院藏）

之俗。

现在需要回答的问题是，作为人日标志的人胜，它的喻义是什么呢？《荆楚岁时记》引董勋《问礼俗》为人胜注释：“人入新年，形容改从新。”此说流传至今，成为解释人胜意义的经典之说。然而，判定人胜的原始意义，应将其与人日紧密联系起来考察。从人日的命名看，传说七日是做人的日子。《东方朔占书》说：“岁正月一日占鸡，二日占狗，三日占羊，四日占猪，五日占牛，六日占马，七日占人，八日占谷。其日晴明温和，为蕃息安泰之候；阴寒惨烈，为疾病衰耗之征。”（高承《事物纪原》卷一

甘肃庆阳剪纸“抓髻娃娃”

引)《占书》保留了较为古老的看法，揭示了人们设置动物、人、植物为节的含义是祈求生物“蕃息安泰”，即六畜兴旺，人口繁衍，五谷丰登。这是古老生殖崇拜的反映，生殖才能创世，人日节是创世神话和生殖崇拜结合的产物。人日与人口“蕃息”的关系还能从后世的风俗得到证明。清人富察敦崇《燕京岁时记》“人日”条说：“初七日谓之人日。是日天气清明者则人生繁衍。”可见人日占人是追求人口繁衍，甚合生殖崇拜之义。

再从“人胜”标志所表达的愿望看。日本正仓院所存唐代人胜值得注意，一枚的图形是女子，有十六个字的另一枚绘有儿童。这些绘有女子和儿童图像的人胜要贴在床帐或屏风上，贴屏风较贴床帐兴起晚，床帐更能说明问题，即绘有女子和儿童的人胜是一种生育巫术，贴于寝室床帐，祈求妇女具有生子的能力。

陕西剪纸“人日童子图”

至于女子戴人胜于头，原始意义也当是希望自己具有生殖能力。人胜标志和人日命名二者所表达的含义是一致的。

以上分析还可从现存民间“剪彩为人”的“人胜”剪纸得到证明，如甘肃庆阳“抓髻娃娃”，娃娃是图的中心，左右有对称的两只鸡，共同构成鸡人创世神话的主题。娃娃下有一朵盛开的莲花，构成莲开立子图像，莲以喻女，表达的意思是莲生子，是求子与生殖崇拜的象征。

## 登高

魏晋南北朝时代流行正月七日登高风俗。魏的东平王曹翕于七日登山东省寿张县安仁山，凿平山顶作为人日集会和望远的场所，于石壁上刻铭文："正月七日，厥日惟人，策我良驷，陟彼安仁。"(《太平御览》卷三〇引晋郭缘生《述征记》)晋朝桓温的参军张望也在正月七日登高作诗。《荆楚岁时记》把"登高赋诗"作为人日的活动事项。

唐诗中有不少专门登高而作的诗篇，如乔侃《人日登高》、宋之问《军中人日登高赠房明府》、韩愈《人日城南登高》等。还有一些歌咏人日的诗歌中涉及登高活动，如李峤："升高缀彩人"；刘宪："舆辇乘人日，登临上凤京"；李乂："吉旦行春上苑中，凭高却下大明宫"。

宋代四川人日也有登高活动。据胡昌健研究，川东沿江一带巴渝古代居民在水滨和江中磐石上，以正月初七人日出游为主，在整个春季的三个月中都可以到石上游观，属于修禊（xì）习俗。从题刻内容看，有放歌竹枝词的习俗，如云阳石脊石宋宣和丙午（公元1126年）人日陈似题诗中"拂石四题鸡子卜，舣（yǐ）舟立听竹枝音"之句；淳熙丙申（公元1176年）人日宋南等题诗中有"曲米杯浓真旧味，竹枝歌好更新音"。(《三峡库区川江水文石刻与

古代巴渝修禊习俗》，载《文史知识》1997 年第 4 期）

中村乔认为，人日登高赋诗的性质与九九重阳节登高相同，是为了祓（fú）禳，其特征是在高爽的地方眺望。与在水边的祓禳洗去过去的污秽相对，在高处眺望在于祓除现在及未来发生的不祥。人日登高，正值年初，可以说是祓禳一年的不祥。此说是符合实际的。

## 鬼鸟

《荆楚岁时记》说："人日夜多鬼鸟过，人家槌床打户，捩（liè）狗耳，灭灯烛以禳之。"（《岁华纪丽》引）这种令家家户户敲击床铺和房门、揪起狗耳朵使它叫唤、熄灭灯火蜡烛来驱逐的怪鸟是什么呢？人们为什么要驱逐它呢？该书隋杜公瞻注引旧题晋郭璞所著《玄中记》告诉我们，此鸟名姑获，一名天地女，一名隐飞鸟，又名夜行游女。喜欢攫取人家的小孩去抚养，遇上有小儿的人家，就在小孩衣上点血作为标记，世人称之为鬼鸟。另据《太平御览》所引《玄中记》，文前部分讲姑获鸟夜飞昼藏，衣毛为飞鸟，脱毛为女人，一名钩星。唐人段成式《酉阳杂俎》所记，还说夜行游女胸前有乳，喂小孩子不可露处，小孩的衣服不可露晒，如果毛落在衣上，当为鸟祟。特别指出，有人说鬼鸟是产死者所化。由上可知：从晋到唐，姑获鸟的传说内容不断增加，深化着一个主题，就是姑获鸟为害儿童，姑获鸟由难产而死者变成，意在说明生殖人口的不易，我想是人日节生殖崇拜、求子信仰的产物。

鬼鸟还有另外一说。唐韩鄂《四时纂要》在论述人们禳除鬼鸟风俗后，说鬼鸟是九首之虫。此鸟在《酉阳杂俎》也有记载，称为“鬼车鸟”，相传该鸟昔有十首，能收人魂，一首为大犬噬，秦地天阴，有时有声，声如车鸣。据此，人日夜的鬼鸟，又有九头的鬼车鸟之说。虽然鬼车鸟能摄人魂，危害人的安全，但畏惧犬，所以七日夜要以犬吠禳之。

正月禳鬼鸟的风俗，旨在强调人家特别是儿童的安全，以使人口蕃盛，仍是人日造人主题的表现。

## 七宝羹·煎饼

《荆楚岁时记》说人日“以七种菜为羹”。根据唐《金谷园记》记载，人食此羹，可无万病。推定此俗是人们祈愿无病息灾，保障人体健康。

宋代人日仍有吃菜粥的风俗。宋人有关人日的诗歌中留下了这方面的记载。宋祁《人日》诗：“彩胜香羹乐上春”，香羹应当是菜粥。唐庚《人日》词中：“挑菜年年俗”，讲摘菜准备做羹。沈遘（gòu）《人日书事》：“藜（lí）羹一啜君休笑，犹胜家无种藿（huò）田。”说明作者在人日吃了野菜粥。

直到明清时期，人日节吃菜羹的风俗还有。明何乔远《闽书·风俗》说福建泉州风俗："人日宋人以是日取菜果七样作羹，名七宝羹。"同治江西《瑞州府志》卷二说，人日"各以辛菜治羹，曰七宝羹。自此男女各勤其职，谚云'吃了七宝羹，各人做零星'"。

人日还有食煎饼的风俗。《荆楚岁时记》引晋人郭缘生《述征记》还说："北人此时食煎饼，于庭中作之，云薰天，未知所出。"南朝以后，该俗在文献中间或记载，如《唐六典》卷四讲："节日食料，正月七日、三月三日煎饼。"《契丹国志》卷二七说："人日，京都人食煎饼于庭中，俗云薰天，未知所从出也。"民国年间《续修陕西通志稿》卷一九八记载，华阴县尚有此俗。从资料看，人日食煎饼的习俗流行于北方。我认为"熏天"之俗既然在人日，同女娲神话有关。女娲的故事中，要点是造人和补天，"薰天"就是以火克服天漏之水，煎饼是为了补天，这些民俗在于纪念女娲造人，是女娲造人及天穿节风俗渗入人日节所致。关于天穿节，我们将在第五部分论述。

# 立春

“一年之计在于春”，道出了农业社会春天的重要性，春之始实际上是年之始，中国古代政府和民间均十分重视立春，典型地反映出古人的季节观念。

## 东郊迎春

儒家经典《礼记·月令》基于阴阳五行学说，制定了四时、方位、五帝神的关系。请看下表：

| 季节 | 日在 | 帝 | 神 | 五德 | 方位 | 服色 |
| --- | --- | --- | --- | --- | --- | --- |
| 春 | 甲乙 | 太皞 | 句芒 | 木 | 东郊 | 青 |
| 夏 | 丙丁 | 炎帝 | 祝融 | 火 | 南郊 | 赤 |
| 季夏 | 戊己 | 黄帝 | 后土 | 土 | 中央 | 黄 |
| 秋 | 庚辛 | 少皞 | 蓐收 | 金 | 西郊 | 白 |
| 冬 | 壬癸 | 颛顼 | 玄冥 | 水 | 北郊 | 黑 |

《礼记·月令》说到孟春：

是月也，以立春，先立春三日，太史谒之天子，曰某日立春，盛德在木，天子乃斋。立春之日，天子亲帅三公九卿、诸侯大夫，以迎春于东郊，还反，赏公卿诸侯大夫于朝。命相布德和令，行庆施惠，下及兆民。

据《后汉书·祭祀中》所说“迎时气，五郊之兆”，可知天子于五方亲行的大礼，目的是迎气，迎春就是迎春气。《礼记·月令》的上述理论，奠定了古代四时理论的模型，影响了中国古代四时礼节。至于迎春礼，不过是其中之一。但由于立春是四时之始，是四时之礼中最受重视的，民间也最重视立春，遂使立春成为超出四时其他节气的节日。

中国古代首先按《礼记·月令》制定迎春礼仪的是汉朝。西汉平帝元始年间（公元1～5年），因为王莽的奏言，曾定都城长安四方和未地（中央）的五郊之兆。东汉明帝永平年间（公元58～75年），“兆五郊于洛阳四方”。东汉形成了完整的迎春礼仪。《后汉书·祭祀中》说：“立春之日，迎春于东郊，祭青帝句芒。车旗服色皆青。歌《青阳》八佾舞《云翘》之舞。及因赐文官太傅、司徒以下缣各有差。”青帝是五帝之一，在东方之位司春，句芒是其辅佐之神。除了京师外，郡县也进行迎春。《后汉书·祭祀下》说：“立春之日，皆青幡帻，迎春于东郭外。令一童男冒男巾，衣青衣，先在东郭外野中，迎春至者，自野中出，则迎者拜之而还，弗祭。三时不迎。”郡县迎春是特殊礼仪，其余夏、秋、冬三时不迎。《后汉书·礼仪上》还记载了郊、郭之外迎春的布置，“立青幡，施土牛、耕人于门外，以示兆民，至立夏”。

汉以后行迎春礼仪的朝代，除唐玄宗一度亲迎外，一般派官员进行。迎气祭祀中配祀和从祀略有变化。

宋以后，立春前一天要有迎春牛的活动，人们称之为迎春，并与立春日的鞭春（打春）区别开来。《梦粱录》记载：“立春前一日，以镇鼓锣吹妓乐迎春牛，往府（指临安府）衙前迎春馆内。”以仪仗器乐队伍迎春牛，形成欢乐的气氛，成为迎春的

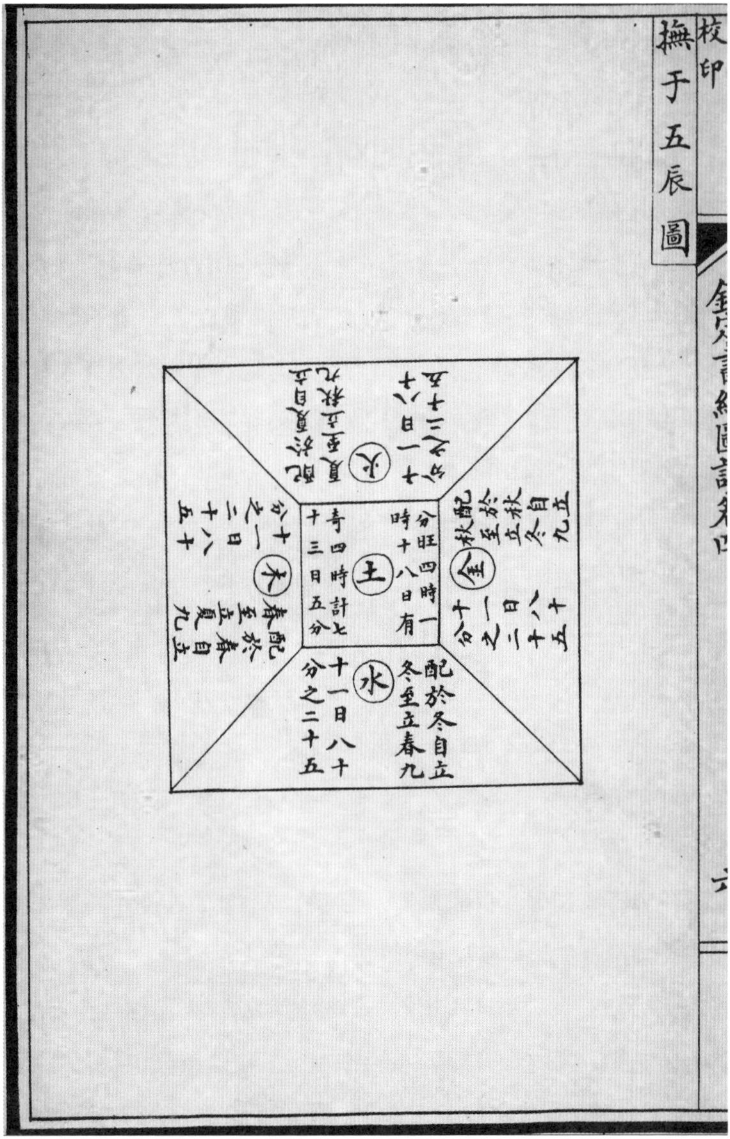


光绪刊本《钦定书经图说》之“抚于五辰图”

特色。

明清时代国家明确规定了迎春的礼仪。明俞汝楫编《礼部志稿》卷二二《进春仪》记载，永乐中定：“每岁，有司预期塑造春牛并芒神。立春前一日，各官常服，舆迎至府州县门外，土牛南向，芒神在东西向。”清代继承了明代这种规定。

明清时代各地的迎春仪式更为热闹。田汝成在《西湖志余》卷十五为我们描述了嘉靖年间杭州的迎春活动：立春前期，县官督委坊甲，整理什物，选集优人、戏子、小伎，装扮社伙，如昭君出塞、学士登瀛、张仙打弹、西施采莲等，竞巧争华，教习

天津杨柳青年画“游春仕女图”

数日，谓之演春。可知以如此丰富的社伙迎春，一定会吸引居民观看的。明代的迎春欢娱情形是普遍的，不仅像杭州这样的大城市，在小县城也是如此，如河南嘉靖《尉氏县志》说：“县宰率僚属人等迎春于东郊，散春花、春鞭，县中各色行人及诸伎艺巧饰，呈其技能，作乐戏剧，倾城士人从观焉。县中设有春宴。”明清时代迎春由乐伎等扮演杂剧、社伙出郊迎土牛是普遍性的。

百姓向迎春队伍的土牛撒谷豆麻以讨吉利是迎春又一景观。一是求散小儿病。崇祯浙江《嘉兴县志》说：“居人竞以米豆撒春牛背，曰打春。仍抢拾所撒归，以为利市并小儿稀痘之谶。”嘉靖广东《惠州府志》记载：“以麻豆、赤米掷牛，云散瘟疫。”嘉靖山西《曲沃县志》讲：“豆撒于土牛，散小儿病。”二是祈丰收。嘉靖浙江《萧山县志》记载：“迎春日竞看土牛，老稚集于街衢，户以米粟撒于芒神、土牛之身，以祈丰稔。”

## 春牛芒神

前面提到，东汉不论京师和郡县，在立春日均于城郭门外竖青幡，置以泥土所制“土牛”和“耕人”，“以示兆民”。牛与耕夫表明，这是向百姓劝耕。一年之计在于春，做好春耕对于农业社会来说，是非常重要的事情。置土牛、耕夫以劝农也见于后代。北齐时，立春前五日，于州大门外之东，造青土牛两头和耕夫、犁具。立春，有司迎春于东郊，竖青幡于青牛之傍。这里讲土牛是两头，青色，还有犁具，耕夫的职责更为突出，详于汉代的记载。

值得注意的是，作为耕人、耕夫的土偶，在唐宋时代神像化。唐人白居易《白氏六帖》卷一“立春”将偶人称为“策牛人”，北宋的《岁时广记》称偶人为“牧牛人”，说他是“太岁”。所谓太岁即有岁星之称的木星，东方木佐神为句芒，迎春仪中的偶人是指木神句芒。于是人们将原来“土牛耕夫”演变为“芒神土牛”。

土牛的颜色也发生着变化。北齐时的土牛是青色。到唐代，《开元礼》规定在王城四门设的土牛，涂五方之色，各州县的春牛也根据位于京师的方向，涂相应的五方之色。宋代又有新的变化。北宋仁宗时定《土牛经》，规定依据每年干支的五行色，分别在牛的不同部位涂色，由唐的一牛一色变为一牛多色。偶人也根据立春日的干支定其服色。

实际上，《土牛经》对制作土牛、芒神的规定有很多讲究，也为明清时代所继承。《清会典》规定：土牛式，胎骨用桑柘木，身高四尺，应四时；长三尺六寸，应三百六十日；头至尾长八尺，应八节；尾长一尺二寸，应十二月；鞭用柳杖，长二尺四寸，应二十四气。以本年天干为头角耳色，地支为身色，本年纳音（古乐十二律为黄钟、太簇、姑洗、蕤宾、夷则、无射、大吕、夹钟、仲吕、林钟、南吕、应钟，每律有宫、商、角、徵、

清·焦秉贞绘《耕织图·耕图》

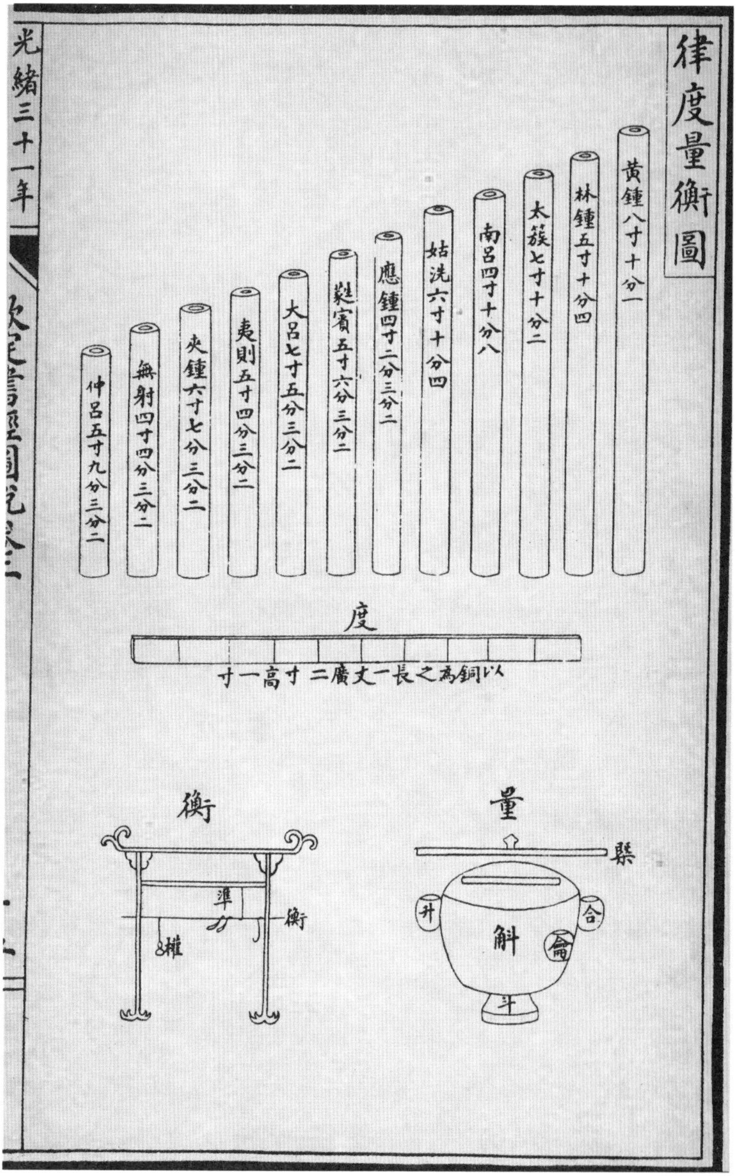

光绪刊本《钦定书经图说》之“律度量衡图”

羽五音，合六十音。以六十甲子相配合，按金、火、木、水、土五行之序旋相为宫。称为纳音）为蹄尾肚色，以立春日干为笼头色。枸用桑柘木，索则寅申巳亥四孟日用麻，子午卯酉四仲日用苎，辰戌丑未四季日用丝。造牛以冬至后辰日于岁德方取土，如甲年东方甲位，乙年西方庚位，以此类推。

芒神式，身高三尺六寸，象征三百六十日，服色以立春及支受克为衣，如支辰是子，取土克水，色用黄；以克辰为腰带，取木克土，色用青。头髻用立春日纳音，如甲子乙丑日纳音属金，则平梳两髻在耳前；属木在耳后，属水左髻在耳前，右髻在耳后；属火右在耳前，左在耳后；属土两髻皆在顶正中。罨耳以立春时从卯至戌昼时，用手提。再分卯巳等属阴，右手提；辰午等属阳，左手提。从亥至寅夜时，则或揭或掩，寅时揭从左，亥时揭从右，子丑二时全戴。鞋裤行缠亦从立春日纳音，属金木系鞋裤行缠，金则缺左悬在腰左，木则缺右悬在腰右，属水俱全，属火俱无，属土则但着裤，无鞋与行缠。至芒神之老少，则视其年支，四孟老，四仲壮，四季少。

位于北京的中国第一历史档案馆，现存有光绪三年、五年、三十四年不同年份的“春牛芒神图”，图中的春牛、芒神着色各不相同，正反映了上述有关礼制。

由岁和立春日的干支定色，随着各年颜色不同，也就产生了验占的风俗。地方志为我们留下了不少记载。嘉靖广东《惠州府志》说，“以牛之头腹与芒神衣服之色而验占岁之丰歉、人之吉凶”。嘉靖湖南《常德府志》也“以牛首红白等色，占水旱等灾；

《春牛芒神圖》光緒三年（漢文）
Spring Ox and Planet Jupiter (3rd year of Guangxu's reign) with Chinese inscriptions

《春牛芒神圖》光緒五年（漢文）
Spring Ox and planet Jupiter (5th year of Guangxu's reign) with Chinese inscriptions

《春牛芒神圖》光緒三十四年（漢文）
Spring Ox and Planet Jupiter (34th year of Guangxu's reign) with Chinese inscriptions

第一历史档案馆藏清朝“春牛芒神图”

以句芒鞋帽占寒燠晴雨”。有的记载更为具体，乾隆河南《新蔡县志》：“占水旱、人苦乐，芒神跣足则旱，着履则潦，衣红人炎，开顾艰食”。

## 打春求吉

宋代在迎春的第二天即立春行打春仪。《东京梦华录》卷六记北宋开封府于立春前一天：“开封、祥符两县，置春牛于府前。至日绝早，府僚打春。”《梦粱录》卷一记临安府于立春日“侵晨，郡守率僚佐以彩仗鞭春”。鞭春，就是打春。

河北省赵县范庄的“鞭春”仪式　庄孔韶摄于 1999 年

明清时代普遍行鞭春礼。崇祯《嘉兴县志》说：“至日有司率诸执事祭芒神，各执彩杖鞭土牛，曰鞭春。”鞭春是作为官府礼仪的一部分，有一定的规定，兹以清代为例，至日清晨，陈设祭品，各官朝服祭句芒神，通赞导至拜位，唱：就位鞠拜，兴；拜，兴。初献爵，再献爵，三献爵。读祝文，文曰：三阳肇泰，万象回春，盛德在木，斗柄建寅，惟神实司，斯民是戴，谨以酒果，用申奠献。尚享。读毕，通赞又赞，擂鼓，赞，鞭春各官击牛者三，复导至芒神前揖，平身，礼毕。（同治《新城县志》卷五）

鞭春礼打碎的土牛是人们争抢的对象，以此求得吉利。人们认为春牛之土有以下作用：第一，祝丰收。唐末李涪《刊误》说春牛既碎，人们各持其土“以祈丰稔”。清代江苏《如皋县志》

卷十也说农民拾碎土，“布田祝丰年”。第二，宜蚕、畜。宋代《岁时杂记》就有得土牛之肉者，其家宜蚕的说法。明崇祯浙江《嘉兴县志》说：“乡人竞取土块置牧圈桑根，宜蚕畜。”除了宜蚕外，还有畜，天启安徽《来安县志》：“争取春牛土□育鸡雏。”河北威县、广平等地也认为取鞭春仗打蚕苗可宜蚕。第三，却虫。宋代《岁时广记》卷八引《琐碎录》说，取春牛泥撒檐下，不上蚰蜒。嘉靖《威县志》记载，当地人民竞取春牛土，涂灶却蚁。万历安徽《滁阳志》也记载：“又取春牛塗灶，辟虫蚁。”

## 春盘

东晋时代已有“菜盘”之说。东晋人李鄂，于立春之日命以萝卜、芹菜“为菜盘”，互相馈赠。（唐《四时宝镜》引）

唐代又有春盘、五辛盘等名称。唐《四时宝镜·食生菜》说：“立春日春饼生菜号春盘。”（《说郛》本）白居易《会昌六年立春日人日作》说“盘蔬饼饵逐时新”，正是立春吃的蔬菜和春饼在一起的春盘之俗。另外杜甫《立春》有“春日春盘细生菜”之句。关于吃生菜的意义，孙思邈《齐人月令》说：“立春日，食生菜，取迎新之意。”（《古今事文类聚》前集卷六）春盘又称五辛盘，《唐摭言》说，安定郡王于立春日作五辛盘。（《岁时广记》引）五辛盘当是用五种有辛味的生菜拼合而成的。

宋代将春盘多称作辛盘，文献的记载也比唐代详细。北宋《岁时杂记》说：立春前一日，大内出春盘并酒，以赐近臣。盘中的生菜，染萝卜为装饰。可知萝卜是春盘中的菜。此外，韭菜是宋代春盘的重要菜种。苏轼《立春》诗谓："春盘得青韭。"黄庭坚《立春》也有"韭苗杏煮饼"，这些诗篇或许证明宋人立春喜食韭菜。

明代春盘仍在流行，地方志往往记载当地有"饤（dìng）春盘"之俗。不过明人更盛行吃春饼、萝卜，并有"咬春"之说。嘉靖《清苑县志》称："咬白卜曰咬春。"正德江苏《江宁县志》记载："迎春日啖春饼，谚云咬春。"而嘉靖河北《广平府志》则把吃春饼、萝卜称作咬春。大量方志记载立春"茹春饼"，根据当时的风俗，应该说吃春饼不单单是吃饼，往往是要夹着生菜。比如崇祯福建《汀州府志》说，"春饼：汀人于立春日会亲宾享燕为春饼，用葱、菜、肥肉切细，卷而食之。贫家买于市，以应节候"。

清代立春日饮食风俗沿袭明代。《帝京岁时纪胜·正月》详细记载了春盘的构成："新春日献辛盘。虽士庶之家，亦必割鸡豚，炊面饼，而杂以生菜、青韭芽、羊角葱，冲和合菜皮，兼生食水红萝卜，名曰咬春。"民间所食菜恰好五种，承继了五辛盘的传统。

## 春胜·春幡·宜春帖

三国晋初人傅咸《燕赋》说："四时代至，敬逆其始，彼应运于东方，乃设燕以迎至。"可知此时有剪燕风俗，表达迎接春意。宗懔《荆楚岁时记》载有南朝立春活动："悉剪彩为燕以戴之。"与宗懔同时代的梁人刘孝威有《剪彩花绝句》，可知当时除了剪彩燕外，还有剪花风俗。

唐代诗歌中有不少歌咏立春的篇章，反映出唐人盛行剪彩，在"彩花""彩燕"之外，还有其他饰物，如崔日用《奉和立春游苑迎春应制》诗中说："瑶筐彩燕先呈瑞，金缕晨鸡未学鸣。"剪彩中有鸡的图形。李远《立春日》有"钗斜穿彩燕，罗薄剪春虫"。可知还有作春虫的活动。鸡为报时之禽，虫在春天萌动，鸡和虫的图形表示春天到了和人们的迎春。

宋代流行"春幡"。宋人编《锦绣万花谷》记载："立春日，士夫之家剪纸为小幡，谓之春幡。或悬于佳人之头，或缀于花枝之下；又剪为春蝶、春钱、春胜以为戏。"纸幡引人注目，从记载看，成为剪彩中的主要内容，有一定的普遍性。春蝶、春钱也是新颖的剪彩，春胜，当时指传统的发饰彩燕、彩花。《岁时广记》卷八有"簪春幡"一类，引《提要录》说："春日，刻青缯为小幡样，重累凡十余，相连缀以簪之。"宋诗中歌咏春幡春胜

安徽合肥出土南唐幞头上插有镂花银片的木俑

的不少，如苏轼有《次韵刘贡父春日赐幡胜》诗，苏辙《春日》说“插髻小幡应止示”；黄庭坚《春日》有“酥滴花枝彩剪幡”之句；晏殊《御阁》：“彩幡双燕祝春宜”；《内廷》：“双金缕胜延嘉节，五彩为幡奉紫廷”。宋代还兴朝廷赐大臣春幡、春胜之俗。《东京梦华录》说：“宰执亲王百官，皆赐金银幡胜。入贺讫，戴归私第。”《武林旧事》卷二记载，立春日“赐百官春幡、胜，宰执亲王以金，余以金裹银及罗帛为之，系文思院造进，各垂于袱头之左入谢”。

明清时期仍有立春日戴春幡、春胜之俗，但整个来说此俗衰落了。

陕西安塞剪纸“挂帘十二生肖”

立春还有贴宜春帖风俗。此俗起源很早，傅咸《燕赋》记载："御青书以赞时，著宜春之嘉祉。"已有写宜春的活动。《荆楚岁时记》说立春之日要"帖宜春二字"更为明确。至唐代孙思邈《千金月令》记载："立春日贴宜春字于门。"宋人称宜春纸为"春帖子"。宋诗中反映出当时赐宜春字相当流行。如夏竦《皇后阁》："彩幡红缕宜春字，永奉宸慈亿万年。"晏殊《东宫阁》："春幡乍帖宜春字，翠旗初迎入律风。"崔正言《再继立春韵》："辄莫更书春帖子，年来双眼眩昏花。"明清时代也有贴宜春字的风俗，如嘉靖河北《河间府志》就有记载。总起来看此俗衰落了，这可能同元旦盛行贴春联有关。

# 上元

正月十五日是一年中第一个月圆之夜，古代称夜为宵，故称“元宵”。正月十五日、七月十五日、十月十五日又分别是春、秋、冬三季的第一个月圆之夜，又称“三元”，即上元、中元、下元。正月十五日为上元，有张灯之俗，所以名之为“灯节”。

与三元节日配合的有“三界”与“三官”民俗

## 灯节之源

上元灯节的起源，有一个从元旦设庭燎到设灯，从元日张灯到望日张灯，又受佛教影响将张灯普及的过程。

中国古代有“庭燎”之礼。根据《周礼·秋官·司烜氏》记载，古代国家有大事，供给竖在门外的大烛和门内的庭燎，为众照明。在东汉时期，我们已看到元日朝会既设燎又有张灯的情形。《宋书·礼一》记载，“臣案魏司空王朗奏事曰：‘故事，正月朔，贺。殿下设两百华灯，对于二阶之间。端门设庭燎火炬，端门外设五尺、三尺灯。月照星明，虽夜犹昼也。”王朗所说的“故事”，是指东汉的礼仪。当时的灯火很可观，殿下两阶间的灯有“两百”，数量很多，而端门外的灯高达“五尺、三尺”。正月朝会的灯火在晋傅玄的《朝会赋》中也有反映：“前三朝之夜半，庭燎晃以舒光，华灯若乎火树，百枝之晃晃。”（《太平御览》卷二九）赋的后两句告诉我们，灯是布置在枝上的，点亮了像“火树”，实际上是一种灯树。如此，则前文所引汉代的五尺、三尺之灯，也应该是此类灯树。《邺中记》讲后赵武帝石虎正日朝会，于殿前设百二十支灯，以铁为之，是置灯于铁架上。五代王仁裕《开元天宝遗事》卷下记载：“韩国夫人置百枝灯树，高八十尺，竖之高山，上元夜点之，百里皆见，光明夺月色也。”也是延续了这一传统。

南朝梁时，正月十五日已有张灯之举。简文帝《灯赋》中说："何解冻之嘉月，值蓂荚之盛开。草含春而色动，云飞彩以轻来。"(《汉魏六朝百三家集·梁简文帝集》)"解冻之嘉月"指孟春一月。蓂荚是从月朔开始，日生一荚，至十五日生满十五荚，此后从十六日开始，又日落一荚，至月末落完。所以"值蓂荚之盛开"，是说十六日。与解冻和草含春色的嘉月合起来理解，正是指正月十五日。与《列灯赋》同时，梁时吴均在《咏灯》诗中有"能方三五夜，桂树月中生"，所谓三五是"三五一十五"，即上元月。同样可证明南朝梁正月望日夜有张灯的活动。

梁之后的陈朝，也有歌咏灯的诗作传世。陈后主《宴光壁殿咏遥山灯》描述的"山灯"规模很大，其灯火辉煌"如月""疑星"，似是上元观灯。陈后主还有一首《三善殿夕山灯》诗，与前诗同被宋人蒲积中归入上元诗，这是可以认同的。另外陈的江总也有一首歌咏三善殿的《三善殿夜望山灯》："百花疑吐夜，四照似含春，的的连星出，亭亭向月新。""含春""向月"似乎说这是上元日所咏。这也可证明陈后主咏三善殿的诗可能是上元日的。胡三省《通鉴》注说："上元燃灯，或云以汉祠太一自昏至昼故事。此说非也。梁简文帝有《列灯诗》，陈后主有《光壁殿遥咏山灯诗》，则柳彧所谓近世风俗是也。"(《陈纪九·长城公至德元年》)否定了上元燃灯起源于汉代祀太一之说，认为与魏晋南北朝的"近世"上元夜张灯有关。

正如中村乔所指出的，在这些诗赋中，完全看不到佛教的色彩，所有的灯树不过是替代自古以来的庭燎。上述资料说明，那种认为上元张灯是受佛教影响所致的观点，至少在南朝以前尚难以成立，上元张灯有中国古代自己的习俗。

北朝的正月十五另有特点。《隋书·柳彧传》记载了开皇三年（公元 583 年）柳彧要求禁断正月十五日娱乐逾度的上书，可知隋都长安的正月十五日夜是一个大型的以娱乐为主的节日，流行角抵之戏，其中讲到“燎炬照地”，是古代庭燎的传统，而未载张灯之事；“人戴兽面”的记载表明有傩戏表演；“缁素不分”说明除大量普通民众外，还有和尚参加。文中所述的风俗有两个关键：一个是时间上系“近代以来”，因其讲都城长安之事，而隋出自北朝系统，所以当是指北朝。另一个是空间上讲京邑外还“爰及外州”。外州是何处呢？《隋书·长孙平传》记载，开皇中相州刺史长孙平被免职，原因是正月十五日百姓大戏，与柳彧描述的风俗一致。相州治邺（今河北临鄣）属北朝旧地，盛行正月十五日夜演戏欢娱。

邺曾是拓跋鲜卑族东魏、北齐政权首都，而北朝拓跋鲜卑族正月十五日夜有“相偷”之戏（《魏书·孝静帝纪》）。从后来女真族于十六日夜，契丹族于正月十三日、十四日、十五日夜三天“放偷”来看，拓跋鲜卑族的“相偷”是互相随便偷窃之意。根据这些事实，吕一飞认为，相偷戏的传统从魏、齐绵延至隋，愈发热闹。在北朝，正月十五日已成为民间一盛大节日。当时全社会参与的夜间欢庆活动，在汉晋史书中没有记载，在南朝史书中也没有记载，断定元宵节起源于北朝（吕一飞《胡族习俗》，书目文献出版社 1994 年版，第 217~223 页），我想拓跋鲜卑族的正月十五日相偷风俗为北朝正月十五日注入欢庆气氛是事实，但还不能说元宵节起源于北朝，因上元节与第一个月圆之夜是密切相关的，北朝正月十五日的风俗主要是娱乐，并未有关于月亮和灯的活动，而南朝正月十五日张灯的活动虽未普及民间，但却渊源有自。因此就上元节形成角度看，魏晋南北朝无疑是一个重要时期，但不能说此节起源于北朝或南朝，只能说南北方均有一些活动为上元节的形成注入活力。南北朝这一历史阶段是上元节形成期。

事实上，上元节形成中还有另一重要因素，即佛教的影响。隋炀帝《上元夜于通衢建灯夜升南楼》诗中说："法轮天上转，梵声天上来，灯树千光照，花焰六枝开。"使我们看到"灯树"是布置在"法轮""梵声"的佛教活动中的。不仅如此，隋文帝开皇三年的正月十五日禁令，到隋炀帝时被破坏了。大业六年（公元 610 年）正月，"帝以诸蕃酋长毕集洛阳，丁丑，于端门街盛陈百戏，戏场周围五千步，执丝竹者万八千人，声闻数十里，自昏至旦，灯火光烛天地；终月而罢，所费百万。自是岁以为常"。胡三省注："丁丑，正月十五日。今人元宵行乐，盖始盛于此。"炀帝时代的正月十五日将陈百戏和"灯火"结合在一起，如胡注所云，元宵行乐，始盛于此，即初步形成了元宵节。前引炀帝诗的题目中出现"上元"一词，按照道教的说法，上元是天官赐福之时，要有宗教活动。正月十五日张灯称为上元可追溯于此时。当然，元宵节不可能一下子形成于炀帝时期，它必须有节

天津剪纸“天官赐福”

日的民俗基础，根据以前的分析，可知它同魏晋南北朝时代正月十五日风俗的发展有直接关系。同理，佛教自东汉传入中国，在魏晋南北朝时代发展，隋炀帝燃灯受到的佛教影响，也应当有一个历史和民俗的基础。就是说，上元燃灯隋代以前已经受到佛教影响了。

关于燃灯与佛教的关系，古人已经指出。《事物纪原》卷八《放灯》条引北宋释赞宁《僧史略》：“《汉法本传》曰‘西域十二月三十日，是此方正月望，谓之大神变，白汉明帝令烧灯，表佛法大明也’。一云因汉武祭五畤，通夜设燎，取《周礼》，司烜灯烧燎照祭祀，东汉以为佛事。”文中所说汉明帝之事得不到证

清刻本《隋唐演义》插图“玩花灯乐与人同”

明，但佛教中大神变日即满月正相当于汉族正月十五日，为汉族元宵的民俗融合佛教提供了基础。

如果说佛教对于上元燃灯的影响在隋代以前由于缺乏资料还近乎推理的话，那么唐代资料可以较充分地说明此点。《旧唐书·睿宗本纪》先天二年（公元713年）条说："初，有僧婆陁请夜开门燃灯百千炬，三日三夜。皇帝御延喜门观灯纵乐，凡三日夜。左拾遗严挺之上疏谏之，乃止。"可见佛教是正月十五日燃灯的提倡者。现存唐代敦煌寺院文书中同燃灯节有关的记载很多，"由支出粮油的用途显示，灯节的主要行事是在寺窟燃灯，有专设燃灯僧，寺主、僧官都上窟来贺节"。敦煌遗书中还保存多篇《燃灯文》，是供官民们祝节诵读的。敦煌的灯节筹备，"运用传统的民间社邑形式，组成燃灯社，则社众捐助，支援灯节"。（张弓《敦煌春月节俗探论》，《中国史研究》1989年第3期）可见燃灯是佛教重要活动。其原因何在呢？《涅槃经》说涅槃时，有八恒河沙的诸天女等，复以七宝而为灯树，以种种宝珠为灯明。讲释迦圆寂时天女建灯树。佛教是重视燃灯的，此事如与大神变日满为正月十五的说法结合，对于在中国宣扬佛法争取民众是很适宜的，佛教不会不利用。在扬州，"十五日夜，东西街中，人宅燃灯""当寺佛殿前建灯楼；砌下、庭中及行廊侧皆燃油，其灯盏数不遑计知""无量义寺设匙灯、竹灯，计此千灯。其匙、竹之灯树构作之貌如塔也，结络之样极是精妙"。（圆仁《入唐求法巡礼行记》卷一）扬州民间和佛寺正月十五日燃灯既有普遍性，而且从灯制的高水平来看，灯节形成已为时不短。上元灯节在唐代正

《彩绘帝鉴图说》之“观灯市里”

式形成了，佛教借助了中国古代正月十五日的传统，巧妙地宣传并融入佛教，并给节俗以很大的影响。也可以说，佛教促进了正月十五日张灯之俗的普遍化和正式形成。

## 灯节之流

唐朝把正月十五日作为“燃灯”节日。天宝三年（公元744年）规定：“每载依旧正月十四、十五、十六日开坊市燃灯，永为常式。”（《唐会要》卷四九《燃灯》）奠定了后世灯节的基本日

数。唐末乱世，上元燃灯废，五代梁时恢复，仍因唐制。（《旧五代史·梁太祖本纪》）

《宋史·礼一六》说，唐以后常于正月望夜开坊市门燃灯，宋因之。关于宋代的灯期，王栐《燕翼贻谋录》卷三说："太祖乾德五年（公元967年）正月甲辰诏曰：'上元张灯旧止三夜，今朝廷无事，区宇乂安，方当年谷之丰登，宜纵士民之行乐。其令开封府更放十七、十八两夜灯。'后遂为例。"宋代全国承旧制放灯三日，而都城开封则是五日。另外《宣和遗事》记载："元宵灯烛，至宋开宝年间，两浙钱王又献两夜，展浙灯十七、八两夜，谓之五夜。"

南宋时期，综合《梦粱录》《武林旧事》的记载，可知杭州为五天，起于十二日止于十六日，因哲宗和神宗的向皇后分别死于正月十二、十三，此二日为忌日，国家禁止娱乐，民间私下可作为节日。临安以外的地方，灯节一般是三天。

宋代灯节十分热闹，灯的品种繁多，仅据范成大《上元纪吴中节物俳谐体三十二韵》可知，当时灯市兴盛，百姓张灯形式有洞门灯，灯的式样有莲花灯、桥灯、犬灯、鹿灯、万眼灯、琉璃球灯、栀子灯、葡萄灯、大方灯、月灯、小球灯、大滚球灯、马骑灯、长灯、狱灯。除张灯外，民间社火、划旱船也是节日娱乐项目。

宋代还产生了上元节赏灯谜的活动。《武林旧事·灯品》："又有以绢灯剪写诗词，时寓讥笑，及画人物，藏头隐语，及旧京诨语，戏弄行人。"所谓隐语即谜语，藏头是将谜底隐在每句的开

清初刊本《春灯谜记》插图“龙灯”

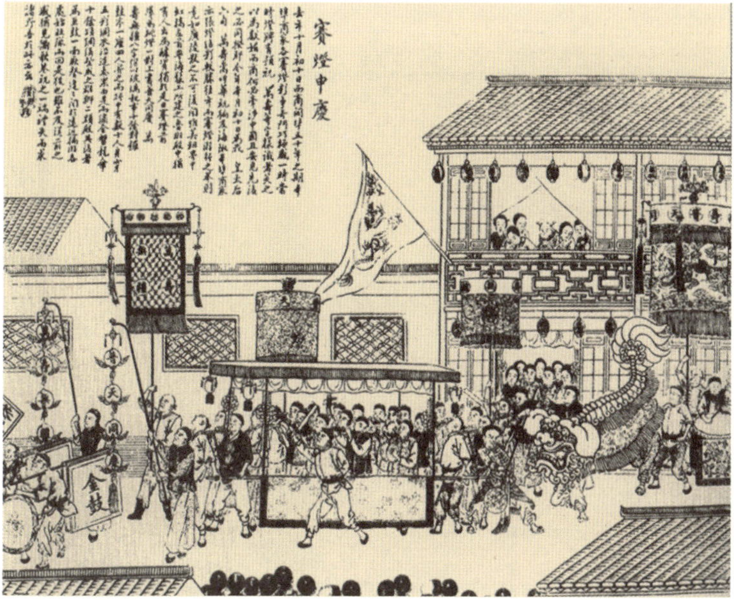

清《点石斋画报》之“赛灯申庆”图

头，故名藏头，是隐语的一种。

明朝的上元节，永乐时（公元 1403~1424 年）曾规定为三天。但从现存明代中后期地方志看，各地节期不同。北方一般是十四日至十六日三天。“正月十四日试灯，十五日正灯，十六日残灯”。（嘉靖《太康县志》）南方时间较长，尤以闽、浙、苏为最，如浙江杭州府仍是五天；嘉兴府是十二至十八日，七天；绍兴府是十三至二十日，八天；福建建宁是十二至十七日，六天；福州府是十三至二十日，八天；延平府尤溪县是初十至二十日，十一天；江苏太仓从初八九至二十止，计十二三天。

明代灯节中，张灯、观灯、猜灯谜更加普遍。各地的灯市普

明崇祯年间刻本《金瓶梅》第 42 回“逞豪华门前放烟火”插图

走百病
(荊楚歲時記)燕城正月十六日夜婦女群遊。其前一人持香辟人。名辟人香。凡有橋處。相率以過。名走百病。
每日古事畫
閏二月十六日

走百病

及，每逢过节，除各家张灯外，邻里街坊还合作制作灯棚，也有热心者出面敛资组织专门的赏灯之处。万历浙江《会稽县志》说：“民则比户接竹棚悬灯，悉出土制，若购自他方者，球彩错之，好事者复箕敛，于市要区为烟楼、月殿、火戏、鳌山，集珍聚奇，箫鼓歌讴，彻旦不息。”为我们记叙了上元灯节的张灯情景。具体就灯具而言，嘉靖湖南《常德府志》说：“上元剪纸为灯，糊以竹格，饰以五彩，有绣球、走马、莲花诸类，虽无闽浙刻丝剪绢等项，亦颇精巧。”看来常德的灯虽精巧，但闽、浙的灯更为有名。灯谜活动的普及性，也可见于《常德府志》：“好事者作灯谜，夜则相聚以猜，名曰打鼓灯。”

放烟火是明代上元节的又一重要景观，增加了节日的热闹气氛。正德《琼台志》记载了海南的烟火：“官衙烧火树银花，巧藏故事、生禽，炮仗声震不绝。乡落男妇二三十里者入城聚观，名曰放烟火。”烟火的种类丰富。江苏高邮的烟花爆竹有名，万历《扬州府志》说：“高邮州火炮制作淫巧，尤为糜费，或数百为团，或径尺为筒，远近争诧为奇。”

清代灯节时间北方基本上仍是以三天为主，南方时间较长，但比明代略短，一般为五六天。通常是十三、十四日张灯，十五日正灯，十六、十七日落灯。灯节内容与明代相比没有太大的差别。

值得一提的是“走百病”风俗。此俗元代已经出现，周用有《走百病》诗：“都城灯市由来盛，大家小家共节令。诸姨新妇及小姑，相约梳妆走百病。”（转自光绪《宁津县志》）明清时代在正月十六日傍晚盛行“走百病”活动，走百病又叫散百病、游百病、遣百病、除百病等，一般是登高走桥，赴庙行香，说是可以去除疾病。参加者在一些地区是男妇结伴，也有相当多的地区是女人甚至病妇进行。清人褚人获认为，“正月十六日，古谓之耗磨日，官私不开仓库。唐张悦诗云：‘上月今朝减，流传耗磨辰。还将不事事，同醉俗中人。’金与元国俗，正月十六日谓之放偷，契丹呼为鹘里叵，华言偷时也……而燕地正月十六夜之走街，恐亦遗俗也。”（《坚瓠续集》卷二）聊作此俗起源之一说。

## 祈蚕与紫姑卜

正月十五日还是中国古代的祈蚕日。《荆楚岁时记》记载：“正月十五日，作豆糜，加油膏其上，以祠门户。”从字面看，似乎这是祭祀门户之俗。不过该书注引梁时吴均《续齐谐记》说：

吴县张成夜起，忽见一妇人立于宅东南角，谓成曰：“此地是君家蚕室，我即此地之神。明年正月半，宜作白粥，泛膏其上以祭我，当令君蚕桑百倍。”言绝而失之。成如言作膏粥。自此后大得蚕。

细读此文，可知作膏粥是为了祭蚕神以宜蚕，并无置膏粥于

清·焦秉贞绘《耕织图·采桑图》

门之事。后世在门上置粥，也是表示祀蚕。诚如中村乔所说，祀蚕桑是祀门户的本义。

《荆楚岁时记》还记载：“今州里风俗，望日祭门，先以杨枝插门，随杨枝所指，仍以酒脯饮食及豆粥插箸而祭之。”（《初学记》卷四引）又说：“世人正月半作粥祷之，加肉覆其上，登屋食之。咒曰：‘登高糜，挟鼠脑，欲来不来，待我三蚕老。’则是为蚕逐鼠矣。”这两则史料均出自北朝系统杜公瞻的注，根据中村乔的看法，后一则是华北的风俗，逐鼠的祈蚕是咒逐使蚕茧大乱的老鼠，祝福多丰。用粥糜可能是受到南方影响，而以肉代替油膏与南方有异。前一则是于门户迎阳气的活动。这种祀门以迎阳气，在东汉末的《独断》《四民月令》中均有记载。而《四民月令》记述华北风俗。杜公瞻注很可能继承了这个系统，以杨枝所指祭祀，意味着在福祥来的方向祭祀。

正月十五日祈蚕风俗中，还有卜紫姑的活动。《荆楚岁时记》说："迎紫姑，以卜将来蚕桑，并占众事。"紫姑卜的故事出自南朝刘宋时期刘敬叔的《异苑》：相传紫姑神曾是妾，为正妻所嫉恨，经常让她做秽事，紫姑在正月十五日气愤而死，所以人们在这一天做成紫姑的形象，在厕所或猪栏边迎接她，祝告说："你丈夫不在家，曹夫人已回娘家了，紫姑你可出来。"紫姑神显灵能占众事，卜未来蚕桑。这个故事说明刘宋时代已有迎紫姑占蚕桑众事的风俗，紫姑是作为厕神发挥作用的。中村乔认为，如同中国民间乞如愿风俗一样，厕所和生产有密切关系，厕所带来的粪土对于农桑有重要作用。人们相信悲愤非常之死，其灵必强盛，如汉代戚夫人死于厕，后人也视之为戚姑神。关于祈蚕信仰和正月十五的联系，他认为正月十五日作为一岁中最初的满月，具有特殊意义，有占月之俗。月是阴性，其神为嫦娥，而蚕桑也是女性的工作，如《续齐谐记》所说，蚕室之神也是女神，作为厕神的紫姑是女神，在初望之日，会有效用的。

紫姑神在唐诗中有所反映。熊孺登《正月十五夜》："紫姑神下月苍苍。"李商隐《上元夜闻京有灯恨不得观》："身闲不睹中兴盛，羞逐乡人赛紫姑。"唐代上元节的紫姑神信仰可见一斑。

明刊《三教搜神大全》中的紫姑

宋代资料说明，紫姑神的信仰同扶乩结合。北宋沈括《梦溪笔谈》卷二一说，“世传：正月望夜迎厕神，谓之紫姑。亦不必正月，常时皆可召。予少时见小儿辈等闲则召之以为嬉笑……近岁迎紫姑仙者极多，大率多能文章歌诗，有极工者，予屡见之。”紫姑成为小儿嬉笑、成人著文写诗之具，丧失了神圣性，变成一种游戏，神性发生了很大变化。南宋《夷坚三志》壬卷三《沈承务紫姑》具体讲了召迎紫姑的方法：“以箕插笔，使两人扶之，或书字于沙中。”宋代紫姑成为扶乩所召之神。南宋范成大《上元纪吴中节物俳谐体三十二韵》有“箕诗落笔惊”句，自注：“即古紫姑，今谓之大仙，俗名筲箕姑”。还说：“俗谓正月

《中国民间信仰》之“紫姑神”

百草灵，故帚、苇、针、箕之属皆卜焉，多婢子辈为之。”用于箕卜的紫姑，成为等同于扫帚姑、针姑、苇姑一类的卜神。其中箕帚、针是妇女日常所用之物，与人们生活关系密切，用来占卜似乎容易发挥效力。这种帚苇针箕卜一直流行于明清江浙一带。

明清时代的上元紫姑卜信仰仍普遍，紫姑卜主要用于喜凶、祸福、丰歉。紫姑与蚕桑的关系，在桑蚕产地仍可看到，如杭州地区上元节，“乡间则有祈蚕之祭”。（田汝成《西湖志余》卷一五）紫姑卜的方法，据明末《帝京景物略》卷二记载：

望前后夜，妇女束草人，纸粉面，首帕衫裙，号称姑娘。两童女掖之，祀以马粪，打鼓，歌马粪乡歌。三祝，神则跃跃，拜不已者，休；倒不起，乃咎也。男子冲而仆。

这种紫姑卜，应当是承继传统的方法。

## 从豆糜到元宵

正月十五日的饮食有特点。《续齐谐记》所讲吴县张成的故事里，祈蚕所用“膏粥”是白米粥上放油脂而成。《荆楚岁时记》所载是豆粥上加油脂。

隋杜公瞻注释《荆楚岁时记》说北方迎阳气活动中，在豆粥里插箸而祭；而祈蚕之俗则是作粥，并在上面覆肉，沿袭了南朝正月十五日食粥传统。

唐宋时代兴起吃面茧。《开元天宝遗事》卷下《探宫》条记载，唐朝都城长安“每至正月十五日，造面茧，以官位帖子，卜官位高下”。《岁时杂记》更详细地反映了北宋首都汴京上元吃面茧的风俗。可知面茧是肉馅或素馅的馒头。馅中放入写着官品的纸签或木片，以占将来官位高低。或选取古今名人警句中可以占前途的吉祥词句。南宋江西吉水杨万里用《上元夜里俗粉米为茧丝，书吉语置其中，以占一岁之祸福，谓之茧卜，因戏作长句》题诗，其中说：“小儿祝身取官早，小女只求蚕事好”；“心知茧卜未必然，醉中得卜喜欲癫”。（《诚斋集》卷五）上元日吃面茧以象蚕茧，吃面茧及茧卜源于祈蚕古俗。唐宋时代茧卜内容更广，增加了卜官位和祸福内容。

唐宋还有另外的上元食俗。《太平广记》记载了一位唐代尚食局造䭔子手，从其技法中可知，䭔子用软面包枣馅油炸而成。吃起来“其味脆美”，即今天的炸元宵。《岁时杂记》记载北宋汴京上元节的两种食物，一种是“焦䭔”，最为流行，其大者称为“柏头焦䭔”。当时卖䭔必鸣鼓，谓之“䭔鼓”。另一种是“圆子”，即煮糯米丸，以糖为臛（huò，内羹），谓之圆子。南宋范成大《上元纪吴中节物俳谐体三十二韵》也记载了这两种食物：“宝糖珍粔籹（jū nǚ）（䭔指吴中谓之宝糖䭔，特为脆美）”；“捻粉团栾意（团子）”。可见团子是实心米圆，即北宋时的圆子，团与圆意同，实为同一食品。宝糖䭔与北宋的焦䭔为一类，均是䭔，就是唐代的油炸䭔。所以“脆美”是其特征，而“焦䭔”之焦，是说它的皮因油炸而焦脆。䭔应当有馅。从食品原料来看，圆子、团子用糯米制成，主要流行于南方，而䭔南北方都流行，可能北方用小麦粉制成，南方则是以米面为之。

明清时代，自古以来的上元食品均有程度不同的存在。最流行的是元宵类食品，仍分为两类，如正德《松江府志》记载上元夜“以油䭔、珍珠圆子”为节食。其制法：“簸米粉为丸，曰‘圆子’。用粉下酵裹馅，制如饼式，油煎，曰‘油䭔’。”（《清嘉录》卷一）圆子类在江浙一带流行，又称为灯圆、灯团、团圆；䭔因方言的原因，又称“堆”。嘉靖《太仓州志》说：“家和米粉为丸，又煎粉饼曰油堆，或相馈遗为节食。”广东省“煎堆”，“以糯粉为大小圆，入油煎之，以祀先及馈亲友”。（屈大均《广东

清代外销画之“吃元宵”

新语》）明代还出现了汤团、元宵的名称。明末《明宫史》记北京上元节“吃元宵，其制法，用糯米细面，内用核桃仁、白糖为果馅，洒水滚成，如核桃大，即江南所称汤圆者”。汤圆此名至今盛行南方。而元宵之称不仅流行北方，还广及南方。早在正德《琼台志》中就记载：“元夕于二、三日间以糯粉搓丸，小者煮浸糖水，大者裹以蔗糖，名元宵丸。”元宵丸，是因上元夜之名元宵而称食品的，食品的形状仿月为圆形，寓意家人团圆。元宵除自己食用外，也是祀神享先节物，人们还往往互相馈赠。明清时期安徽、山西、陕西、山东等地还保留了上元吃面茧的食俗。

# 天穿与填仓

天穿节与填仓节既是两个节日，同时又节期相近甚至相叠，关系密切，故放在一起讨论。

## 天穿节的由来

天穿节节期有正月二十日、二十三日两说，一般认为该节起源于女娲补天的神话传说。最早记载天穿节的资料是东晋王嘉所撰《拾遗记》，清代所修类书《渊鉴类函》卷一三《岁时部》记载，“补天穿。《拾遗记》云：‘江东俗称正月二十日为天穿日，以红缕系煎饼置屋上，曰补天穿。’相传女娲氏以是日补天故也。”由此可知，东晋时正月二十日已有补天穿的习俗。宋代南城（今江西南昌）人李觏《正月二十日俗号天穿日以煎饼置屋上谓之补天感而为诗》说：“娲皇没有几多年，夏伏冬愆任自然。只有人间闲妇女，一枚煎饼补天穿。”（转自赵杏根选编《历代风俗诗选》，岳麓书社 1990 年版，第 47 页）诗序所记天穿节的日期，以煎饼置屋上的习俗与《拾遗记》的记载相同，可知此节东晋以来一脉相传。诗中还提到以煎饼补天穿是妇女所为，并把此节同“娲皇”即女娲联系起来。看来清人“相传女娲以是日补天”的说法，宋代已然。

天穿节为正月二十三日说。清人俞正燮《癸巳类稿》卷一一“天穿节”条记载：“宋葛鲁卿胜仲《蓦山溪词——和朱刑掾〈天穿节〉》云：‘天穿过了，此日名穿地，摸石俯清波，竟追随新年乐事。’明杨慎《词品》引之，云：‘宋以前正月二十三日为天穿日，言女娲氏以是日补天，俗以煎饼置屋上，名曰补天穿。’今其俗废久矣。”可知宋代天穿的次日为“穿地”日，有水中摸石习俗。根据杨慎的说法，宋代以前已有正月二十三为天穿日的情形，同样也是由女娲补天的神话形成节俗。明代对正月二十三日为天穿节也有记载，正德修陕西《朝邑县志》卷一《风俗》说：“二十三日置煎饼屋上补天，是日仍不得食米。”这条资料还透露出天穿日有不食米的风俗。

明代地方志虽然有天穿节的记载，但是极少。至清代，地方志中有关天穿节的记载多起来，可知天穿节主要流行于陕西、山西和河南。绝大多数地区的天穿节是在正月二十日，如陕西省的乾隆《富平县志》、乾隆《临潼县志》、乾隆《同州府志》、乾隆《蒲城县志》、光绪《高陵县志》，山西省的康熙《解州志》、同治《阳城县志》、光绪《河津县志》，河南省的嘉庆《渑池县志》的记载。但也有其他日期的，陕西光绪《渭南县志》记载为正月二十一日，陕西道光《咸阳县志》记载为正月二十三日，河南光绪《重修灵宝县志》记载为正月二十日。清代天穿节的风俗与前代相同，一些地区也有补地之说，如前引乾隆《富平县志》说：“二十日，置面饼屋宇上下，曰补天地。”嘉庆《渑池县志》记载：“二十日，撂煎饼房屋上，并置地上，名曰补天补地。”值得注意的是广东增城也有天穿节，而从日期到内容与北方略有不同。嘉庆《增城县志》卷一《风俗》记载：“十九、二十两日名天机癞败，挂蒜以辟恶，又作馎饦祷神，曰补天穿。”清代地方志中风俗志有关天穿节的记载说明，前引清人俞正燮说天穿节

“今其俗废久矣”是不确切的，此说可能符合江南地区，但在北方和南方个别地区是不适宜的，若从整个历史过程看，天穿节可能是逐渐衰落的。清代方志较多记载此节，这大概是清人所修志书重视岁时节日记载的反映。

关于天穿节的由来，东晋以降的资料多说是源自女娲补天的传说。女娲之名，始见战国成书的《楚辞·天问》：“女娲有体，孰制匠之？”而女娲补天的神话，出自西汉淮南王刘安与其门客共撰《淮南子》。该书《览冥训》篇记载：“往古之时，四极废，九州裂，天不兼覆，地不周载，火爁（làn）炎而不灭，水浩洋而不息。猛兽食颛民，鸷鸟攫老弱。于是女娲炼五色石以补苍天，断鳌足以立四极，杀黑龙以济冀州，积芦灰以止淫水。”神话学家袁珂指出：“女娲补天，其目的无非治水。‘积芦灰’已明言‘止淫水’。其余之事：‘断鳌足’‘杀黑龙’，乃诛除水灾时兴波逐浪之水怪；而‘炼石补天’所用之‘石’，亦堙洪水必需之物。故谓女娲补天禂知最初所传，当亦系治水。”（袁珂《中国神话传说词典》“女娲条”，上海辞书出版社1985年版，第44页）从是说，则治水在于治“天穿”之水，故炼石补天。民间以煎饼补天，是模拟女娲炼石补天的巫术行为。

天穿节的日期与女娲补天神话主旨是一致的。叶春声指出：“考‘天穿’日即二十四节气中的‘雨水’日，一般在每年阳历二月十九日，阴历正月十九至二十三日左右，是日‘天一生水’，多半有雨，故谓之‘天穿’。这是古代科学不发达对气象的一种解释。”（叶春声《广州岁时节令通考》，载《岭南文史》1984年第

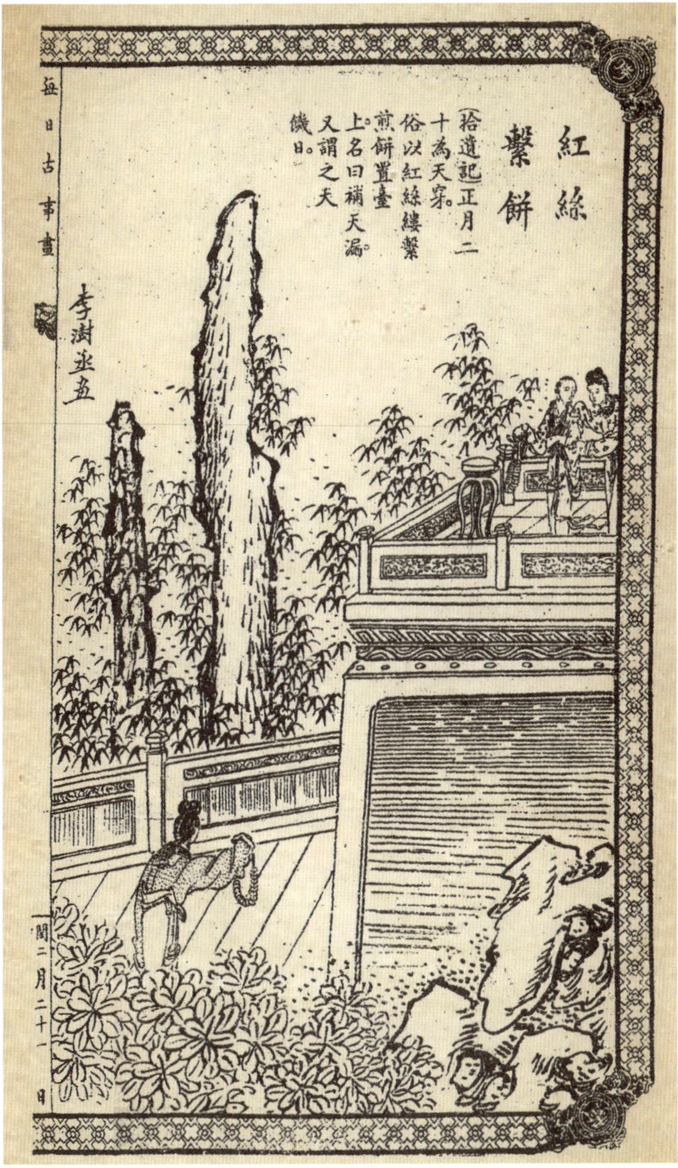
红絲繫餅
〔拾遺記〕正月二十為天穿。俗以紅絲縷繫煎餅置臺上。名曰補天漏。又謂之天穿日。
每日古事畫
閏二月二十一日
李樹丞五

红丝系饼

2 期）天穿日与二十四节气中的“雨水”日期一致，天穿节作为人们对“雨水”期间开始有雨之自然现象的解释是成立的。而女娲补天的神话透露出古人把下雨归结为天漏的结果，因此，女娲补天即治水的神话势必会和人们对“雨水”节气的认识结合，这就是天穿节的由来。还有资料可以佐证笔者的这一观点。民国年间修的陕西《安塞县志》记载：“二十日，家家吃煎饼，名曰补天。二十三日夜，家家院内打火，又淋搌布水于火上，谓之‘炼干’。”火上淋搌布（即抹布）水，立即会蒸发，以火克水。虽然与将煎饼放在屋上象征补天方法不同，但异曲同工，目的是相同的。“炼干”之俗属于女娲“炼五色石以补苍天”的交感巫术行为。天穿节融合了女娲补天传说和人们对“雨水”节气的认识。

天穿节形成于何时呢？根据女娲补天的神话见于汉代资料，中国二十四节气的划分起源于黄河流域，春秋时代已定出春分、夏至、秋分、冬至四大节气，秦汉间二十四节气已完全确立，成为农事活动的主要依据；现存文献对于天穿节的记载是在东晋，且已经成俗，我们推断，天穿节可能形成于汉代。

## 天仓·添仓·填仓

明清时期的正月，北方还有天仓节。因天与添、填音同，且添、填为动词，可接名词为宾语，所以天仓，也叫作“添仓”“填仓”。天仓是此节的原始意义，而民间以“填仓”一词最为流行。该节多数地区为两次，二十日为小天仓，二十五日为大天仓或名老天仓，一般以大天仓为重，许多地方填仓节只过一次，一般就是在二十五日；河南省填仓节是在十九日，如果过两次节，则是日为小填仓；河南辉县、林县特殊，大填仓分别是二十一日、二十四日。总而言之，天仓节以正月二十五日最为普遍，确定在这一天的原因是，光绪二十六年修山东《宁津县志》指出：“其日以二十五者，盖法天生成之积数。”此语的根据出自《易经·系辞上》：“天一地二，天三地四，天五地六，天七地八，天九地十。天数五、地数五。五位相得而各有合，天数二十有五，地数三十。”即五个奇数的天数之和为二十五。二十五为天数，所以把正月二十五日作为填仓日。

天仓，星官名，属娄宿，共六星。《晋书·天文志》说：“天仓六星，在娄南，仓谷所藏也。”更确切地说，“仓谷”所藏之星是“胃星”，如《史记·天官书》所记载：“胃为天仓。”唐张守节正义，“胃主仓廪，五谷之府也。占：明则天下和平，五谷丰稔；不然，反是也。”看来胃星负责粮仓，关系着五谷丰歉，是人们需要祈卜的。仓廪不仅事关天象，也与人体相关，这种观念起源很早。战国末期成书的《黄帝内经·素问·灵兰秘典论》认为：“脾胃者，仓廪之宫，五味出焉。”即因胃可包容五谷，所以是仓廪之宫。东汉许慎《说文解字》也解释胃为谷府。古人将对人体的认识比附天象，认为胃星是天仓。诚如前引光绪《宁津县志》作者所说：“以胃星为天仓，所谓以人合天也”“而吾乡则以

填仓

灰画仓囷之形，而置种粒于中，仍仰观天象而祈年”，道出了天仓节的来历。古人基于天仓之说，又产生了仓神。光绪《宁津县志》引《春秋纬》说：“天廪仓神名均。”而后世俗传仓神则有韩信、萧何等人。

天仓节的风俗正是基于上述理论展开的。首先是要作仓存粮。明嘉靖所修河北《霸州志》卷九《风俗》记载：“二十日、二十五日以灶灰围囤形，中撒五谷，以砖石压之，名曰填仓。”这是取天仓藏谷之意，以兆丰年。清雍正（公元1723~1735年）山西《朔州志》也记载：“炭灰布地，剜窑、盖窑，名为天仓。”作仓，同治河北《盐山县志》等将其称为“打囤”。由作仓引申出添加贮藏的风俗，道光（公元1821~1850年）山西《直隶霍州志》记载：“各家囤添粮、添水、点灯焚香以祀仓神。”道光山西《大同县志》又有“乘此日籴米而以添仓者”的记载。这是取填“天仓”之意。既然要添仓，也就忌讳出财。乾隆山西《长子县志》说是日“忌出喜入”。乾隆河南《辉县志》：“二十一日为填仓，前十九日为小填仓。赀财必谨，即人口亦不轻令出入。”由于作仓置粮祈盼丰收，自然想到防止老鼠耗费粮食，乾隆山西《平阳府志》就说当地“夜不张灯，俗呼鼠忌”。

其次是祭仓神。嘉庆山西《介休县志》说：“造面作人如仓神状。”清富察敦崇《燕京岁时记》也说：“每至二十五日，粮商米贩致祭仓神，鞭炮最盛。”不仅祭仓神，凡能存物者皆祭。光绪山西《榆次县志》记载：“二十日，各家以谷面为抟，昏夜燃灯，祀仓、箱、篚（lù）之神，曰填仓。二十五日，昏夜燃灯焚

河北内邱版画“仓官 仓王”（纸马）

香，曰老填仓。”燃灯除了“照虚耗”的作用外，也有祭神的含义。此外，道光河北《南宫县志》认为用灯是取五谷丰登之义。仓神亦名仓官，乾隆陕西《府谷县志》说：“夜用米面作灯盏，或作人物捧盏，名曰仓官。”咸丰河北《固安县志》记载：“正月二十五日，俗以仓官诞辰，用柴灰摊院落中为囤形，或方或圆，中置爆竹以震之，谓之胀囤，又谓之填仓。”

再次是饮食方面的变化。清潘荣陛《帝京岁时纪胜》说：“念五日为填仓节。人家市（买）牛羊豕肉，恣餐竟日，客至苦留，必尽饱而去，名曰填仓。”乾隆河北《永平府志》也记载：“是日必具食餍饱。”在山东淮县，“天仓二字，邑中俗习天或转为填，仓则转音为嗓，于是以‘天仓日’为填嗓日，谓宜以美食填嗓，故每届是日，家家食物较平时必加丰腴”。这是填腹中的胃仓。

明清时代填仓节与天穿节有相混的现象。有人认为填仓节起源于天穿节。这是由于天仓节与天穿节日期相同或相近；二节名称发音也接近；加上天穿节起源虽早，但在明清衰落，而天仓节却兴起于明清。比如在山西省，明嘉靖《曲沃志》卷一《风俗》说：“二十，作煎饼，邀婿填仓。”填仓节的名称下是天穿节的风俗，二节已混。清同治《阳城县志》记载：“新正念日前夕，各家以粱、黍为屑作饼，虔祀仓官，名曰补天穿，俗曰添仓。咸于室隅处燃灯，名曰照鼠嫁。”把添仓作为天穿的俗称，而所记风俗事项，糅合了天穿节和添仓节。一般来说，上述混合是将天穿节更改为天仓节。所以地方志中记载多数如前举《曲沃志》一样，把煎饼说成是填仓风俗。

# 晦日·中和·二月二

正月的最后一天和二月的初一、初二这相连的三天曾分别是晦日、中和、二月二三个节日，下面分别论述。

# 晦日

晦日是指阴历每月的最后一天，即大月三十日、小月二十九日，正月晦日作为一年的第一晦日即“初晦”，受到古人的重视。

南朝梁的《荆楚岁时记》记载：“元旦至于月晦，并为酺（pú，出食饮酒）聚饮食。士女泛舟，或临水宴乐。”看来划船或到水边宴乐是正月的习俗。北朝也有此俗，魏齐时代的卢元明、魏收分别有诗《晦日泛舟应诏》，描写了春游的情景。可知当时泛舟是君臣一起进行的活动，大臣还要赋诗祝贺，而且泛舟更明确是在晦日进行。实际上，到水边不仅仅是宴乐，隋朝杜台卿《玉烛宝典》说，正月初一到月底，人们都做些菜肴聚饮，泛舟游玩。士女都到水边洗裙子，倒点酒在水边，用来解除灾厄。说明人们在水边还有祓禊的活动。值得注意的是上述活动在隋代进一步集中在晦日进行。杜公瞻注解《玉烛宝典》正月祓禊说，当今之世，人们“唯晦日”到河边消灾解厄，妇女有的还去洗裙子。

唐代的晦日已成为重要节日。唐德宗贞元四年（公元788年）九月诏说：“今方隅无事、烝庶小康，其正月晦日、三月三日、九月九日三节日，宜任文武官僚选胜地追赏为乐。”（《旧唐书·德宗下》）把正月晦日作春游的节日提倡，德宗向官员赐钱，并“永

隋·杜台卿《玉烛宝典》书影

为常式”。

唐人重视晦日，有大量诗歌描写它。《晦日高文学置酒外事》的组诗中，诗人郎余令有“三春休晦节，九谷泛年华”；解琬有“欢娱屡晦节，酩酊来还家”；宋之问的《桂州陪王都督晦日宴逍遥楼》有“晦节高楼望，山川一半春”；岑参的《晦日陪侍御泛舟北池得寒字》有“春池满复宽，晦节耐邀欢”等诗句，讴歌春游、泛舟、聚欢的情形。

唐代晦日仍有祓禊活动。沈佺期《晦日浐水侍宴应制》诗说：“素浐接宸居，青门盛祓除。”讲长安东门外浐水边的祓除活动。张说《晦日》诗有“晦日嫌春浅，江浦看湔（jiān）衣”；严维的《晦日宴游》有"晦日湔裾俗，春楼置酒时"的诗句，反映了水中洗裙的习俗。

唐代还具有袚除意义的陆上晦日送穷活动。这在唐诗中也有所反映，李郢《正月晦日书事》有"盐米妻儿夜送穷"之句。杜甫《晦日寻崔戢李封》中的"引客看扫除"，也是描写"送穷"。特别是姚合有专门歌咏送穷的诗歌《晦日送穷》，他说："年年到此日，沥酒拜街中，万户千门看，无人不送穷。"沥酒当是送穷的习俗。"万户千门看，无人不送穷"表明送穷活动非常流行。

此外，文学家韩愈还著有《送穷文》，开篇说："元和六年正月乙丑晦，主人使奴星结柳作车，缚草为船，载糗（qiǔ）与粻（zhāng）牛系轭下，引帆上樯。三揖穷鬼而告之曰……"虽然此篇系自嘲穷困不达的文字，但所说的"穷鬼"是有民俗基础的。唐代文学家李邕《金谷园记》说："高阳氏子瘦约，好衣敝食糜。人作新衣与之，即裂破，以火烧穿着之，宫中号曰穷子。正月晦日巷死。今人作糜，弃破衣，是日祀于巷，曰送穷鬼。"（北京大学钞本《荆楚岁时记》，转引自刘桂秋《唐代的"送穷习俗"》，载《文史知识》1988年第12期，又韩鄂《岁华纪丽》引文有异）可见传说穷鬼是颛顼（zhuān xū）（高阳氏）之子，喜欢穿破衣服，喝稀粥。由于为他送葬，留下了"送穷"之名，习俗是作糜、弃破衣、祀于巷。韩愈在文中说他要送的是智穷、学穷、文穷、命穷、交穷五鬼，非《金谷园记》所说穷鬼。其数为五，不知是否有民俗基础，而这五种类型是他的发明。

宋代送穷还有在正月其他时间进行的。一是在初六，北宋

云南版画“五鬼”（纸马）

《岁时杂记》载：“人日前一日扫聚粪帚，人未行时，以煎饼七枚覆其上，弃之通衢，以送穷。”（《岁时广记》引）这个送穷之俗，实为迎人日举行。二是二十九日，《图经》记载，安徽“池阳风俗，以正月二十九日为穷九日，扫除屋室尘秽，投之水中，谓之送穷”。（《岁时广记》引）此《图经》，中村乔推测是宋苏颂的《图经本草》。此俗后世也称作“窈（yǎo）九”，明谢肇淛《五杂俎》卷二说：“闽中以正月二十九日为窈九，谓是日天气常窈晦然也。家家以糖枣之属作糜铺之……窈也，穷也，皆晦尽之义也。”据

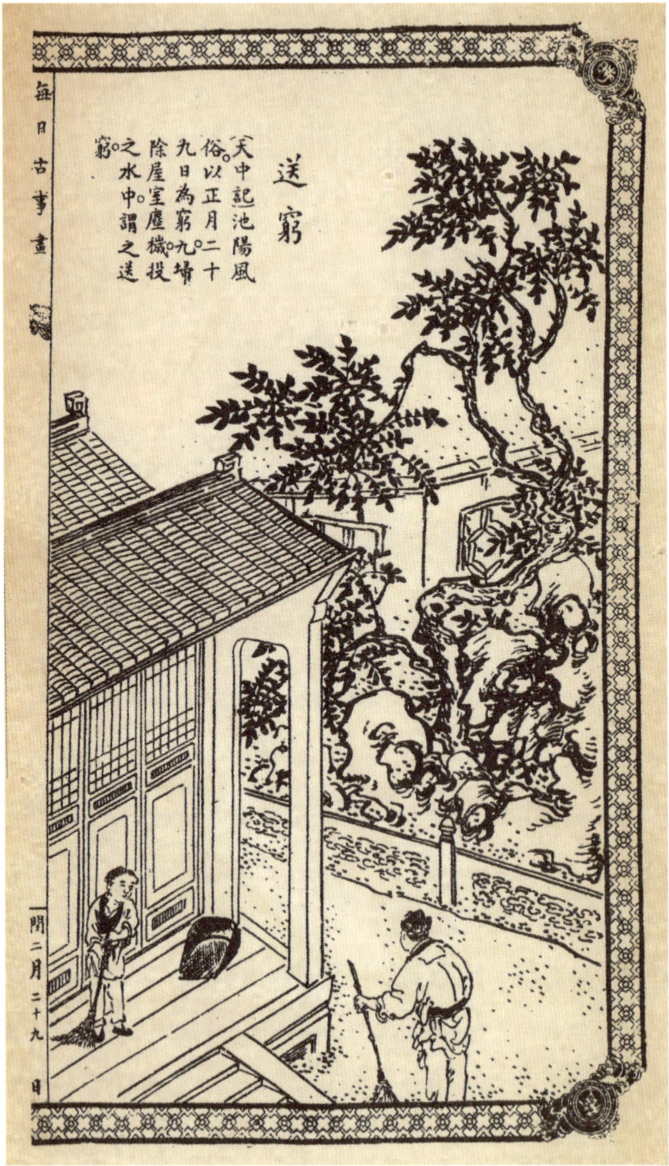


“送穷”图像

此，则送穷有将最后一日送走之意，而晦字又有阴暗、暗气之意，送穷也是将这些不好的东西送走。

明清时期破五的送穷风俗承继了唐宋晦日送穷传统。由于唐代以中和节取代晦日节，晦日节遂衰落，其中送穷风俗逐渐移向正月初五。其证据一是明清时期定于五日五更（戊时）送穷，谓之“送五穷”，与文学家韩愈送五鬼诗文的流传有很大关系。其二是破五送穷与晦日送穷习俗相近，比如唐人于晦日送穷，又于二月二日“迎富”，而清乾隆修山西《大同府志》记载：“五日，剪彩纸为人，小儿拥抱戏通衢，曰‘送穷’；有攫而去者，曰‘得富’。”很像是将晦日与二月二的活动移入初五。又如道光陕西《咸阳县志》记载：“五日，剪纸人、破衣，以残饭置僻处，曰送穷。”作糜、弃破衣均是唐人送穷之举。清咸阳送穷中，虽“残饭”和“糜”不尽相同，但也符合穷鬼所食之物，与唐俗大致相同。再如清同治山西《河曲县志》记载：“初五日，俗谓之破五。黎明，扫室中尘土污秽送于巷口，焚香燃爆，名曰送穷。”扫尘土送于巷口的行为明显地与《图经》和《金谷园记》所述风俗一脉相承。此种风俗一直流传到近现代，民国陕西《中部县志》记载：“五日未明，束纸为人、舟车、糗饵，送之通衢，谓之送穷。”所说的舟车、糗饵均是韩愈送穷文中的描写。而民国陕西《续修南郑县志》更明确指出：“五日，扫除门庭尘积炮滓，弃衢，亦韩退之‘送五穷’故事也。”

# 中和

二月一日是中和节，始于唐德宗贞元五年（公元 789 年），这是一个由唐政权创立的节日。据《旧唐书》记载，该年正月诏书说，德宗以汉代崇祀三月上巳、晋朝重视九月重阳，皆“与众共乐，咸合当时”。而二月春方发生，“勾萌毕达，天地和同”，为了“俾其昭苏，宜助畅茂”。于是以二月一日中和节，代替正月晦日节。这样中和与上巳、重阳成为新的“三令节”，依照旧例，有逢此三节于曲江赐宴之举。德宗还规定中和节政府休假一日。当时又根据宰臣李泌的建议，规定中和节令百官进农书、司农献穜稑（tóng lù，分别为先种后熟和后种先熟谷类）之种，王公戚里上春服，士庶以刀尺赠送，村社作中和酒，祭勾芒神以祈丰年谷熟。

这个人为制定的中和节，将二月一日前一天的晦日废掉，旨在弥补二月无节的缺陷，不过人为设节也是以一定民俗活动为依据的。德宗在诏书中说二月一日是“天地和同”之日，李泌建议中也多是迎春、重农的事项。所谓“勾萌毕达”是说草木的芽苗都长出了；而“天地和同”也就是阴阳和同、阴阳持中，这是自古以来的思想。东汉后期产生的道教经典《太平经》就说：中和主调和万物，阴阳要在中和，天地阴阳只有沟通中和之气，才能

句芒、蓐收（西汉）

相受共养万物。概括地说，就是“天地中和同心，共生万物”。所以中和节表达的就是天地、阴阳持中和同、万物资始的思想。关于中和与四时节气的关系，符载说：“中和，王节也，万国承之乐洪庆也。夫天地之大德曰生，发生之盛气曰春，春之于孟也，萌动而方微，于季也，发泄而过强，唯仲春木德乃茂沃，生人之恺乐，洗万物之枯槁，当三阳之正中，凝四气之太和，以正星鸟，以推律度。”（《全唐文》卷六九〇）能够反映阴阳和同、三阳正中的仲春节气，唯有春分。符载说“以正星鸟，以推律度”，就是古代以春分标记时间确定节气的反映。春天是万物之始的季节，立春虽是春天到来的标志，但真正体现春天到来的是春分，气候转暖，万物复苏。由于春分成为二十四节气之一，已非特殊

四川崇庆出土东汉“伏羲女娲画像砖”

节日，三月三日又有上巳节，而“寒食多与上巳同时”，所以二月没有重大节日，比起正月的诸多节日更显空缺，废晦日立中和从节日分布上有其合理性，结果造成德宗“欲以二月名节，自我为古”（《新唐书·李泌传》）的结果。

中和节的事项中，“司农献穜稑之种”来源于《周礼·天官·内宰》的说法：孟春，诏告王后率领六宫的人，将各种播殖的谷类的种子献给王者。献种与进农书都表示重农，上春服是贺春。《新唐书·李泌传》说还要作宜春酒，也是贺春之意。勾芒既是春神也是社神，祭祈丰年。至于赠送刀尺，我们可以根据唐诗里的描述做一些分析：吕渭《皇帝移晦日为中和节》中说："赐尺下新科，历象千年正。"在《中和节诏赐公卿尺》组诗中，陆复礼说："欲使方隅法，还令规矩同。"李观有句："岂止寻常用，将传度量同。"诗中的历象、规矩、度量等词汇，与《新唐书·李泌传》赐尺"谓之裁度"之意相符，是应中和之名的表示。

中和节还有另一重要习俗"献生子"。朱胜非《绀珠集》说："人家以青囊盛百谷果实更相馈遗，务极新巧，宫中亦然，故谓之献生子。"献生子表达的是由"献穜稑"祈年到祈盼生育的观念。

宋代尚有唐人中和节的流风遗韵。《梦粱录》记载，二月一日民间有"献生子"之俗，"禁中宫女，以百草斗戏。百官进农书，以示务本"。《武林旧事》说中和节"唐人最重，今惟作假，及进单罗御服。百官服单罗裳而已"。

宋以后中和节基本消失，极个别地方尚有余绪。《帝京岁时纪胜》记载，京师于二月一日以江米为糕，上印金乌圆光，用以祀日，绕街遍巷叫卖，称为太阳糕。其祭神云马，题曰太阳星君。焚帛时，将新正各户张贴之五色挂钱，摘而焚之，曰太阳钱粮。都人还有游左安门内太阳宫的习俗。事实上，《尚书·尧典》就有春分恭敬礼拜日出的记载。祭日供品太阳糕中的鸡，其起源甚古，《山海经》中有金乌载日神话，新石器时代的考古出土文物已有其图形，乌变成了三足乌。古人的太阳崇拜表现为祭祀乌神。清人太阳糕上印"金乌圆光"反映的正是此俗。《燕京岁时

甲申夏日治題

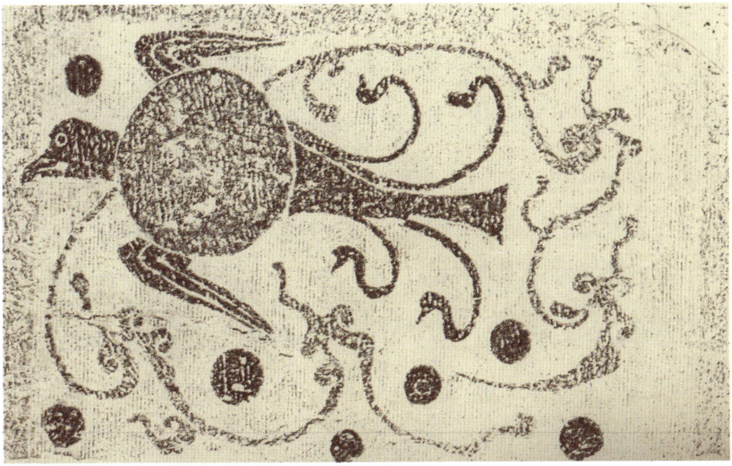

左：故宫博物院藏清代宫廷画家金廷标绘《群婴斗草图》
右：河南南阳出土“阳鸟星宿画像”

记》又说太阳糕上做一只一寸长的小鸡，这是由于日出鸡鸣的缘故，实质也是太阳崇拜的观念。

## 二月二与龙抬头

中村乔指出，选择二月二日的观念，在隋朝至唐初这一时期已经出现。当时孙思邈著《千金月令》说，“二月二日取枸杞煎汤，晚沐，令人光泽，不病不老”。(《遵生八笺》卷三引）中唐时二月二日有出郊外游玩的春游活动，如白居易有以“二月二日”为题的诗歌：“二月二日新雨晴，草芽菜甲一时生，轻衫细马春年少，十字津头一字行。”描写春游的青年很多，在渡口都排列成一队行走的情形。从中唐至晚唐的诗人韩琮在题为《二月二日游洛源》的诗中说：“旧苑新晴草假苔，人还香在踏青回。”唐末五代初李绰《秦中岁时记》记载：“二月二日，曲江采菜，士民游观极盛。”由上可知，唐代民间有二月二日春游踏青之俗，采菜是其中的一种活动。

宋代也流行二月二春游采菜，甚至以“挑菜节”“踏青节”命名二月二日。宋代的《壶中赘录》说：“蜀中风俗，旧以二月二日为踏青节，都人士女络绎游赏，缇幕歌酒，散在四郊。”（《岁时广记》卷一引）可知北宋初年二月二日春游之盛。而北宋哲宗、徽宗时张耒“二月二日挑菜节，大雨不能出”的题诗，使我们了解到挑菜在二月二日重要到名节的地步。南宋周密《武林旧事》卷二有《挑菜》项，记载当时宫中还举行挑菜的御宴。挑菜之俗在宋以后一直流传下来。

二月二日还有“迎富”之俗。唐末五代之际韩鄂《岁华纪丽》说：“昔巢氏时，二月二乞得人子，归养之，家便大富，后以此日出野，曰采蓬，兹向门前以祭之，云迎富。”此迎富之俗实际上包含两层意思，一是巢人乞子以得富，二是出野采蓬门前祭之。后一习俗来源可追溯到东汉崔寔《四民月令》所记正月之俗：“百卉萌动，蛰虫启户，乃以上丁祀祖（道神）于门，及祖祢，道阳出滞，祈福祥焉。”二者均祭祀于门，迎富、祈福祥略有差异；实质都是求吉祥。二者的联系还可通过后世风俗证明，明陈堦（即阶）的《日涉编》二月二日条引《蜀志》说：四川省顺庆府风俗，每岁是日郡人从太守出郊，谓之迎福。看来明代出郊是唐代出野的延续，迎富本来应该为迎福，有可能乞子得富的传说附会于迎福的风俗之中。这种在郊野进行的春游活动，诚如中村乔所说，是从春季祓除行为引出的风习，祓除行为发展出去不祥招吉祥的观念。

唐代二月二日春游之俗的流行，同改晦日为中和节有密切关系。前面提到唐德宗贞元四年曾提倡在晦日春游，中和节确定后，春游之俗也移入。唐朝恒例于二月一日在长安曲江池赐宴，都人于是日游赏曲江。唐末李绰《秦中岁时记》所说“二月二日曲江采菜，士民游观极盛”，更是中和节都人曲江春游移向二月二日的证明。

元明清时期，二月二日除踏青活动外，盛行“龙抬头”风俗。目前已知最早记载“龙抬头”风俗的，是元代的《析津志·岁纪》：“二月二日谓之龙抬头。五更时，各家以石灰于井畔周遭糁（shēn，谷类制成的小渣）引白道直入家中房内，男子妇人不用扫地，恐惊了龙眼睛。”明清时代龙抬头的风俗主要有以下几项：一是引龙。或各家早起汲水，谓之引龙；或以灰引至门，叫作引钱龙；或开庙门祭龙神，名为引龙。引龙反映了人们渴望风调雨顺的良好愿望。二是煎饼贴符。嘉靖河南《尉氏县志》说：“二月二日，俗名龙抬头，谓惊蛰也，各家贴符禁语，及摊煎饼食之，以厌胜蛇蝎、蚰蜒，不使近人。”煎饼体现的是通过把食品煎来煎去、翻来覆去，高温加工，以震慑春天萌动的害虫。三是以灶灰围屋等。嘉靖河北《广平府志》记载：“二月二日撒灶灰围房禁蝎”，还“于雷始发声，取东墙土收之，能疗蝎蜇”。四是打扫卫生。河南商城嘉靖志说当地通过扫室以避蛇虫。五是忌针。富察敦崇的《燕京岁时记》说：“闺中停止针线，恐伤龙目也。”上述风俗的主要内容是引龙祈雨和以煎饼、灶灰等抑制害虫，而抑制害虫是配合“惊蛰”“雷始发声”的季节特点。

山东潍县版画“引进钱龙”

惊蛰是冬眠百虫苏醒开始活动的节气，汉代以后其时间在二月初。民间认为这时龙也同百虫一起苏醒、抬头。其实此龙如陈久金所指出，是指二十八宿中的东方苍龙，每年二月春分以后的黄昏龙角星从东方地平线出现，这时整个天龙的身子尚隐没在地平线下，故称龙抬头。而在正月之前的整个冬季，东方苍龙星座在黄昏时均隐没在地平线下，人们认为这是龙在蛰伏。将龙视为神灵，同秦汉以后苍龙星座出现在东方的时间推迟有关，春分前的节气是惊蛰，自然更容易同龙联系起来。龙抬头的风俗不可能突然产生，元代之前它已存在于祭祀社神勾龙中。中村乔认为，华北龙抬头风俗是社祭加上惊蛰的观念。随着社祭的衰退，移向龙神庙祭祀，龙神庙的祭祀是祈雨，其简略化便产生了“引龙回”。

## 社日与土地神诞

社神即土地神，属于自然崇拜。《公羊传·庄公二十五年》记载：“鼓用牲于社。”《左传·昭公二十九年》说：“共工氏之有子曰勾龙，为后土。”“后土为社”。可知先秦时代社神起源于后土信仰，勾龙为社神，击鼓用牲祭祀社神。《礼记·郊特牲》讲：社，祭土，用甲日，即用日之始。这个日之始在同书《月令》中是定在二月的元日，即二月初一。

汉代有关社祭资料多起来，我们可以对社祭有进一步了解。《白虎通义·社稷》记载："王者所以有社稷何？为天下求福报功。人非土不立，非谷不食。土地广博，不可遍敬也。五谷众多，不可一一而祭也。故封土立社，示有土。尊稷五谷之长，故封稷而祭之也。"可知社为"封土"之坛的祭土施设，祭之以求福报功，就是春祈秋报的一年两次春秋社祭。汉代从天子到王侯，以至县乡里均有社，国家的社制外，民间还立私社。《汉书·五行志中》注说，国家规定二十五家为一社，而民或十家五家共为田社，是为私社。社神已被拟人化，《后汉书·方术传下》讲费长房能"驱使社公"。《汉书·陈平传》记载了陈平视祭分肉的故事：里中社祭，陈平负责割肉，分肉甚均。里父老夸奖他割肉很好。陈平说，假使我能够负责天下，也如同分肉一样公平。这个故事使我们了解到社祭要用供肉，祭毕大家分肉吃。因此社祭需要一定的费用方可进行。《汉书·食货志》说："社闾尝新春秋之祠，用钱三百。"大概是指社祭时公里人民的祭社负担。

汉以后仍实行二月、八月两个社日的春秋社祭。关于社祭的时间，晋嵇含《社赋序》说，汉在二月卜丙午日，魏在二月择丁未日，晋朝是一月酉日为社。这是各因其行运，《魏书·礼志一》载魏春秋社则是用戊月。隋唐继承了北魏这一规定。宋朝规定立春和立秋后的第五个戊日为社，春秋社大约在春分或秋分后五天之内，元明清实行唐宋旧制。就春社而言，基本是在二月举行。

《荆楚岁时记》为我们留下社祭的具体情形。可知春社这一天，周围邻居结集起来，举行仪式祭祀社神，杀牛宰羊献祭酒。

在社树下搭棚屋，先祭神，然后共同享用祭祀过的酒肉。

社日在唐代盛行，唐诗中有关描写很多。反映出村闾社祭时，照例置鼓以聚众。社祭要备酒，祭毕饮社酒。自古相传，“社祭饮酒治聋”，社祭还有祭肉，祭毕要分食。唐代还责成社首收税。唐代帝王常在社日赐臣僚羊酒、海味、酒面、粳米及蒸饼、环饼等，常衮、白居易、高骈等人都在社日上状，感谢朝廷对自己的额外赏赐。一般来说，春社致祭乃是祈求神明保佑风调雨顺。民妇在社日还有停止做针线的“忌针”习俗（张泽咸《唐代的节日》，载《文史》第三十七辑，中华书局1993年版）。

宋代的社日习俗同于唐代。梅尧臣《春社》诗集中反映了社祭的情形：“年年迎社雨，淡淡洗林花；树下赛田鼓，坛边伺肉鸦；春醪朝共饮，野老暮相哗；燕子何时至，长皋点翅斜。”值得注意的是宋代土地信仰盛行，洪迈的《夷坚志》中关于土地的传说相当多。宋代各地设置土地神的祠庙，这种土地祠庙是社公之外另立的，又与社同属于土地信仰。

明清时代社祭在北方衰落，南方仍然盛行，同时土地庙进一步普及。这同明朝制度有一定关系，朱元璋要求各地城市建城隍庙，乡村设土地庙，还规定每里一百户，立坛一所，祀五土、五谷之神。更为引人注目的是，从明代开始，江南地区把二月二日定为土地神诞日。万历时李一楫的《月令采奇》、崇祯时出版的《闽书》都说二月二日是土地神生日。土地神诞还影响到社祭，嘉靖浙江《淳安县志》说，乡间于二月二日祭里社。顾禄《清嘉录》的记载更为详细：“（二月）二日，为土地神诞，俗称土地公

光绪刊本《钦定书经图说》之“平秩东作图”

公，大小官廨皆有其祠。官府谒祭，吏胥奉香火者，各牲乐以酬。村农亦家户壶浆以祝神釐，俗称田公、田婆。”土地信仰与社祭的混合，在嘉靖江苏《六合县志》的记载中更为明显：“二月遇社日，各坊巷具牲醴祭当境土地神，谓之土地，社祭毕会饮。秋八月遇社日亦然，主社者每社日一易。”就明清各地方志记载来看，大多记载社祭是在社日，祀社神以祈年。社祭时的社会很热闹，嘉靖浙江《武康县志》说：“春社，清明前数日，各村率一二人为一社会，屠牲酾酒，焚香张乐，以祀土谷之神，乃如若装扮师巫、台阁，击鼓鸣锣，插刀拽锁，叫嚣豗（huī）突，如颠如狂。”春社的事项，嘉靖安徽《石埭县志》记载很详，除祭社神外，还有浸谷种、祭新墓、治蚕诸俗。

# 花朝

花朝节所在日期各地有所不同，或为二月初二，或在二月十二，或是二月十五。

## 中春花朝

二月十五日为花朝节的正式记载始于唐代。唐人所作《提要录》记载："二月十五日为花朝。"（明人陈耀文《天中记》卷四引）二月十五日有"二月半"之称，时值仲春，唐人视之为特殊的日子，中唐以后留下了歌咏是日的诗句。杜甫《慈恩寺二月半寓言一首》说："二月韶春半，三空霁景初。"把二月半作为春季之半。温庭筠以《二月十五日樱桃盛开，自所居蹑履吟玩竟召王泽章洋才》为题，有"静应留得蝶，繁欲不胜莺"之句，可知二月十五日有赏花戏蝶之举。再如柳宗元《柳州二月榕叶落尽偶题》诗说："宦情羁思共凄凄，春半如秋意转迷，山城过雨百花尽，榕叶满庭莺乱啼。"表现出对春半与百花的强烈意识。韦同则《仲春赏花》一诗也反映了赏花是二月的重要活动。由上可知，中晚唐人对二月十五日有一种中春意识，赏花已经成为一种风气。二月半中春是同八月半中秋相对应的。中唐诗人徐凝《二月望日》说："长短一年相似夜，中秋未必胜中春。"花朝正是基于这种时间的对称意识产生的吧。

关于花朝一词的含义，陈元靓（jìng）《事林广记》说："二月十五为花朝，《风土记》云'言浙间风俗，春序正中，百花竞放，乃为游赏之时，花朝月夕，世之所常言，月夕乃八月十五日'。"

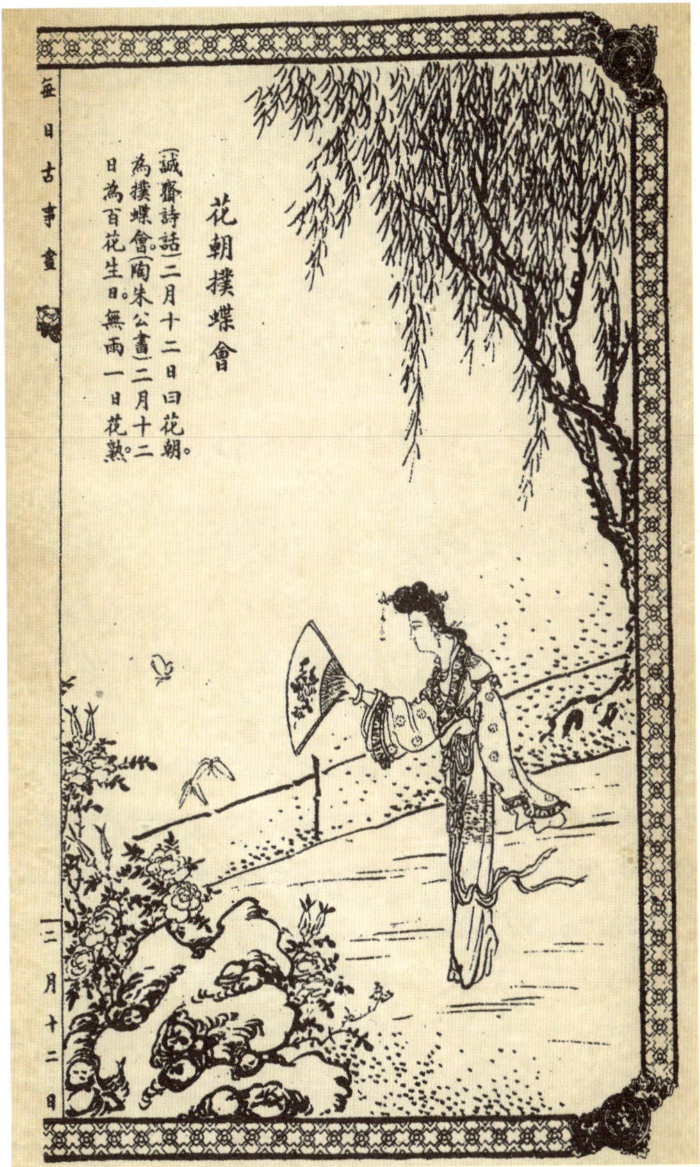
每日古事畫
花朝撲蝶會
（誠齋詩話）二月十二日曰花朝。為撲蝶會。（陶朱公書）二月十二日為百花生日。無雨一日花熟。
二月十二日

“花朝扑蝶会”

中村乔指出，此《风土记》出自宋人之手。从中可知，花朝是针对八月十五日的月夕而言。宋代的花朝风俗，开封府举行“扑蝶会”（《佩文韵府》引杨万里《诚斋诗话》，原文系此事于二月十二日下，中村乔指出为二月十五日之误）。《梦粱录》卷一说，仲春十五日为花朝节。浙江风俗，以为春序正中，百花争放之时，最值得游赏，都人皆往钱塘门外玉壶、古柳林、杨府、云洞，钱潮门外庆乐、小湖等园，玩赏奇花异木。特别是包家山桃开浑如锦障，极为可爱。此日帅守、县宰率僚佐出郊召父老赐酒食，劝以农桑。可见宋代花朝节除了赏花之外，还有地方政府的劝农活动。

明代资料中也反映了花朝节的一些风俗。北直隶《宣府镇志》说，宣化府村民于花朝节相遗五谷瓜果之种，谓之“献生”（《日涉编》卷三引）。这是移入了唐宋中和节之俗。明人李一楫《月令采奇》记载，二月十五日乃劝农之日，是日晴和主丰，风雨主歉。以是日晴雨占农作物丰歉。

清代湖北宜昌府、湖南宁远县、江西瑞州府等地是以二月十五日为花朝节的。花朝有赏花等娱乐活动，同治《瑞州府志》记载：花朝节“采百花醋饮赋诗，各学徒争饮，师长谓之花朝酒”。花朝还有些人生礼仪风俗，宜昌府东湖有“民间多于是日嫁娶，幼儿穿耳”。（同治《宜昌府志》卷一一）

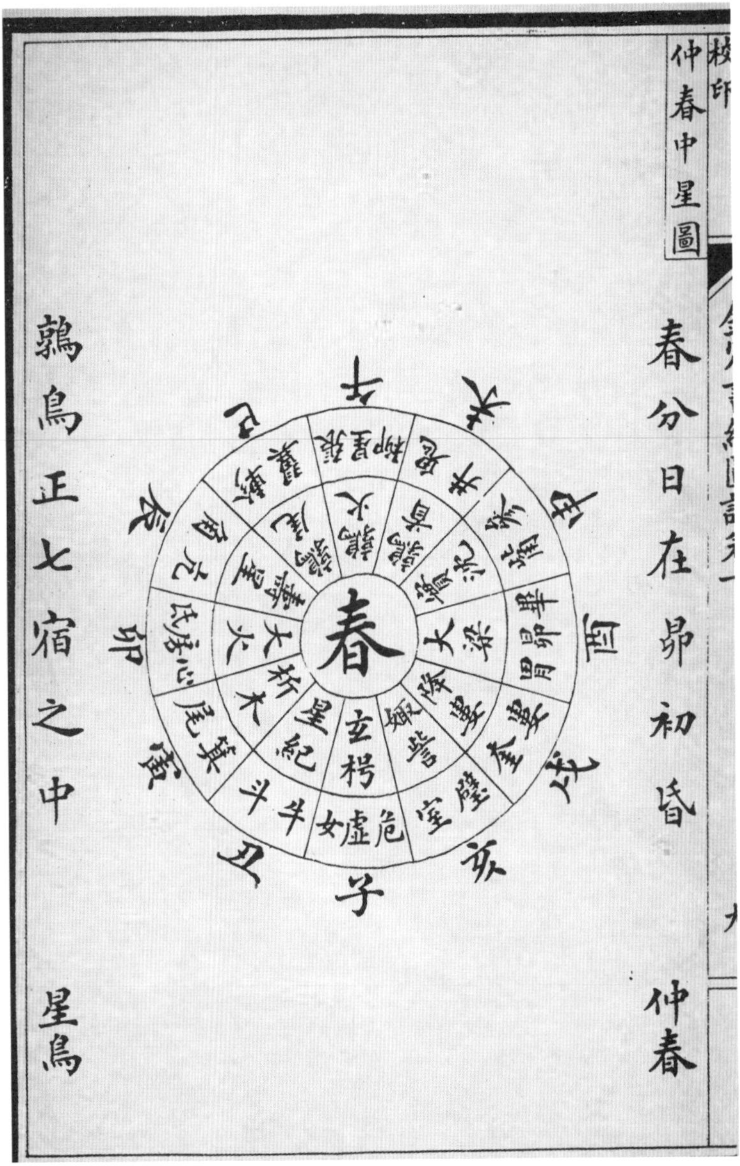


光绪刊本《钦定书经图说》之“仲春中星图”

## 百花生日

南宋时代苏州有花神庙，在花神生日进行祭祀。明代王鏊《姑苏志》卷五九记载，宋平江府（苏州）衙门内有百花庙，兵马都监韩子师“夜闻鼓笛喧訇，问何处作乐，老兵言，后园百花大王生日，府民年例就庙献送”。苏州建花神庙的传统沿至明清时期，顾禄《桐桥倚棹录》卷三载，虎丘有两座花神庙，旧庙在桐桥内，明洪武中建，“祀司花神像，神姓李，冥封永南王，旁列十二花神”。新庙在虎丘寺东，建于乾隆四十九年，祀向乾隆皇帝进花之郡人陈维秀。顾禄在《清嘉录》中还说百花生日时“虎丘花神庙，击牲献乐，以祝仙诞，谓之花朝”。这个作为百花生日的花朝，时间在二月十二日。根据明《月令采奇》把二月的十二日和十五日分别称为“百花朝”和“花朝”的用语，可以看出，宋以来苏州地区流行建花朝庙，是为了二月十二日纪念百花生日。

关于苏州地区所祭十二花神的来历，众说不一。据晚清吴友如《十二花神图》，一月是梅花神柳梦梅，二月是杏花神杨玉环，三月是桃花神杨延昭，四月是蔷薇花神张丽华，五月是石榴花神钟馗，六月是荷花神西施，七月是凤仙花神石崇，八月是桂花神绿珠，九月是菊花神陶渊明，十月是芙蓉花神谢素秋，十一月是

清乾隆时期“花神庙”图

山茶花神白乐天，十二月是腊花神老令婆。

明清江浙地方志记载了一些十二日花朝活动。嘉靖《太仓州志》说：“二月十二日花朝，儿女裂彩绡，遍系花果树，曰百花生日。”反映出以十二日为花朝的盛行，此节有在花果树上附以彩绢之俗。万历《昆山县志》记载：“十二日花朝，天气晴明，则百果、五谷无损。”与宋代十五日花朝农占之俗相同。浙江也有此俗，崇祯《嘉兴县志》也说：“十二日为花朝（俗呼百花生日），以是日晴雨占果实盛衰。”

清代十二日花朝也很流行。顾禄《清嘉录》记载：“十二日为百花生日，闺中女郎剪五色彩缯，粘花枝上，谓之‘赏红’。”该活动显然与明《太仓州志》享花果树之俗一脉相传。关于此俗

正月花神柳梦梅

的起源，《清嘉录》引《镇洋志》说：“以十二日为崔元徽护百花避封姨之辰，故剪彩条系花树为幡。”又加按语：“然郑还古《博异记》载徽事，只云春夜，不言月日。”据《博异记》，崔元徽在唐天宝年间，于洛苑东邻接受因每年春受东风之害的花精之请，画日月五星图立朱幡以避东风，时在二月二十一日。显然此徽事被后人附会于二月十二日百花生日之俗中了。在北方，《帝京岁时纪胜》记载：“十二日传为花王诞日，曰花朝。幽人韵士，赋诗唱和。”

此外，二月二日为花朝的记载，见于明代方志。崇祯浙江《乌程县志》说：“二月二日花朝，士女皆摘蓬叶插于头，谚云‘蓬开先日草，戴了春不老’。”另外嘉靖浙江《淳安县志》记载：“二月二日，东西坊市为会，多以花丽相高，其间有露台，甚奇巧，然亦观上人好尚而为之，乡间于是日祭里社。”所记城中两坊市风俗当与乌程志所载类似。不过此日乡间则是祭里社，耐人寻味。

花神的信仰与节俗唐宋始盛，它是植物自然崇拜拟人化的反映，不过花朝节风俗更多体现的是娱乐功能，受士人和姑娘重视。

# 文昌诞

## 文昌神信仰的形成

关于文昌神的由来，《史记·天官书》记载："斗魁戴匡六星曰文昌宫：一曰上将，二曰次将，三曰贵相，四曰司命，五曰司中，六曰司禄。"结合诸家注释和其他资料，可知文昌神信仰基于古人天体自然崇拜及对宇宙秩序的思考，古人从形状上观察将北斗七星中勺的部分比喻为筐，更重要的是把斗魁戴匡六星与人间社会秩序相联系，赋予主宰人间的功能。并比照人间的政府，视其为天府，系天之精灵所聚，传播天的法度，命名为文昌宫，六星各司其职。文昌六星是一种广义的解释，汉以后流行的文昌则是狭义的看法。《周礼·春官》谈到大宗伯"燎祀司中、司命"，据郑玄注可知郑众以司命为文昌星，而郑玄认为司中、司命是文昌宫的第五、第四星。应劭《风俗通义·祀典·司命》也把司命作为文昌神，并说"今民间独祀司命"，看来其信仰汉代已在民间相当普及。北宋真宗年间张君房所编道教类书《云笈七签》也以文昌星神为司命之神。

宋元间道教把四川梓潼神附会为文昌帝君。据常璩《华阳国志》卷二记载，梓潼神在东晋以前是恶子信仰，已有学者指出恶子神可能源于古老的雷神信仰。综合宋代的文献记载，可知梓潼当地又传说恶子姓张，系蛇精。张恶子仕晋战死而庙存，曾迎唐

清道光《阴骘文图证》插图“文昌帝君像”

明皇于蜀，追命左丞相。又助唐僖宗，封济顺王，北宋真宗咸平四年（公元1001年）因助官军被追封英显王。南宋绍兴年间，又不断加封“武烈”“忠佑”“广济”的封号，成为“英显武烈忠佑广济王”八字封号。嘉定六年（公元1213年）改封“英显武烈文昭忠济王”。梓潼神的父母和妻子从北宋徽宗时起受到各种追封和加封。梓潼神的影响在宋代扩大，传至川外。而且除地方守护神的性质外，还具有预知科举仕进的功能。元代道士遂假托梓潼降笔为自传《清河内传》，称周初降生于黄帝后裔，以后历代显化，玉帝命其掌生死爵禄。梓潼神与文昌神功能合一，元仁宗延佑三年（公元1316年）加封“辅元开化文昌司禄宏仁帝君”，人遂以文昌帝君称梓潼神。元朝末年贡师泰说：“梓潼神，祠在蜀郡梓潼县，累封辅元开化文昌司禄宏仁帝君，今郡县所在亦多祀之。”（《玩斋集》卷七）可知文昌帝君已被相当多的地方官员祭祀。

## 文昌神信仰的传播与普及

明代的文昌神信仰在社会上进一步普及。值得注意的是国家对梓潼神信仰的抑制，根据《明史·礼志》记载可知，明初学校沿袭元代旧有礼俗，英宗时新修京师梓潼帝君庙并遣官致祭。孝宗时代强调梓潼地方神的原有品格，将之与文昌六星信仰分开，取消国家的祭祀和学校的祠祀。至于民间的梓潼神信仰，仍然有视梓潼神为“文事”之神的情形。

文昌神信仰借助明朝崇奉北极真武而传播。玄武七宿被后人奉为真君，宋真宗避讳，改为“真武”。靖康初年，加号“佑圣助顺灵应真君”。道家附会说：真武为净乐王太子，修炼武当山，功成飞升。奉上帝命镇北方，被发跣足，建皂纛玄旗。朱元璋平定天下，以真武阴佑为多，曾经于南京建庙崇祀。规定每年以三月三日、九月九日用素羞，遣太常官致祭。朱棣靖难成功，为感谢真武神助，又于京城并武当山重建庙宇。明朝称真武神为“北极佑圣真君”，两京岁时朔望各遣官致祭，而武当山又专官督祀事。明朝以湖北武当山专祠北极，附以百神，以北极真武成为统领文昌之神。穆宗时在士大夫的主张下，“依北极祠文昌”，在武当山“得隙地于三公峰之阳”而建堂。堂成汪道昆写有祠记，汪道昆还为安徽休宁白岳齐云山的文昌祠写有祠记，记文开篇就谈到了北极真君与文昌的关系，可知文昌是由于位居北斗而被特祠的。

文昌信仰善书开始普及。明代文昌信仰与倡导暗中行善施德与人以至福的阴骘思想结合，在明中叶出现了不少此类善书，现存最早的阴骘文是十五世纪中叶松江人颜廷表编的《阴骘文注案》。阴骘文即《文昌帝君阴骘文》，以文昌帝君扶鸾降笔写成，又称《丹桂籍》，丹桂喻科举及第，因文昌神主功名禄位故名。《文昌化书》在当时也颇为流行，士大夫以之劝善行教化，维护传统的伦理纲常。《文昌化书》的流行与地方官、士大夫为移风易俗而神道设教有密切关系。

明后期文昌祠设立明显增多。笔者从明人文集等资料中收集到有关文昌祠的24个事例，主要集中在万历以后，说明文昌神信仰的发展，万历时王世贞即指出其发展状况："今天下所在有祠。"（王世贞《弇州续稿》卷一六〇）文昌祠分布地域较广，计有南北两京所属地区、山东、山西、河南、江西、湖广、浙江、福建、广东、广西，南北方都有，反映出文昌神信仰的空间展开。博罗县、德州、大名府的事例说明学校有文昌祠，学校并没有因孝宗取消梓潼帝君祠祀而不建文昌祠。文昌祠的设立一般是为了振兴文运，也有人言及文昌神的多种功能，如吕维祺在记中说文昌："掌人间桂籍、嗣胤、名爵、福禄、寿夭、贵贱、地府、水曹诸事。"（《明德先生文集》卷一〇）可见文昌神的功能多样化。

明代中后期开始普及的文昌神信仰持续至清代。清初即有人说："文昌之祠遍天下。"（朱鹤龄《愚庵小集》卷九）清代文昌信仰普及化的一个更重要的标志是惜字会的普及化，因文昌信仰要求人们敬惜字纸。诚如乾隆时陆耀所说："近人又因文昌之社，而有惜字之会，推其所以惜字之故，仍不出媚神以求富贵。"（《清经世文编》卷六九）

清代文昌信仰的普及化与政府的倡导有关，清朝自嘉庆元年（公元1796年）爆发的五省白莲教大起义由盛而衰，清朝政府和士大夫深切感到了民间宗教对统治秩序的威胁，为了振兴文运，战胜"邪说"，他们抬出文昌神以"福国佑民"。其经过是，嘉庆五年教军进兵梓潼，据说"望见祠山旗帜，却退"。后来"潼江寇平"，清军取得川西战役的胜利。或许是战事恰在梓潼，被清军

《劝善图说》之“敬惜字纸”图

附会，消息传至京师，嘉庆帝借此搞了一场宣传战。他亲自书写“化成耆定”额，用彰异绩。并在京师地安门外明成化年间文昌祠的旧址，重新修建文昌祠，祭祀文昌帝君。嘉庆六年夏祠成，他躬谒行九叩大礼。依照关帝庙祀典定出每年以二月初三文昌帝君诞日为春祭，秋祭选定吉日，同时设立“文昌帝君先代神位”致祭。嘉庆六年皇帝不仅在京师建成文昌庙为天下先，而且下诏全国崇奉文昌帝君，更要求地方上祭祀文昌，推动了各地文昌祠庙的设立与祭祀，清代文昌信仰以此为契机而普及全国各个地方。咸丰六年（公元1856年）文昌帝君与关帝一体升入中祀。清朝后期的皇帝还不断亲谒文昌庙行礼，计有咸丰七年、同治十二年、光绪十三年几次。这些举措进一步加强了文昌神信仰的影响。

## 文昌诞节的地域分布与形态

正是以上述情形为背景，清代形成了文昌诞节。我从三百余部明代地方志搜集的约130种地方志岁时节日资料里，只发现崇祯《嘉兴县志》卷一五记载二月三日为梓潼帝君诞。而在清代地方志风俗志岁时节日资料中，看到大量清人以二月初三为文昌帝君诞辰士人进行文昌会活动的记载，说明该日已成为清代的一个节日。丁世良、赵放主编《中国地方志民俗资料汇编》，按地区分为六卷，岁时节日资料丰富，我们据此分地区论述清代文昌诞

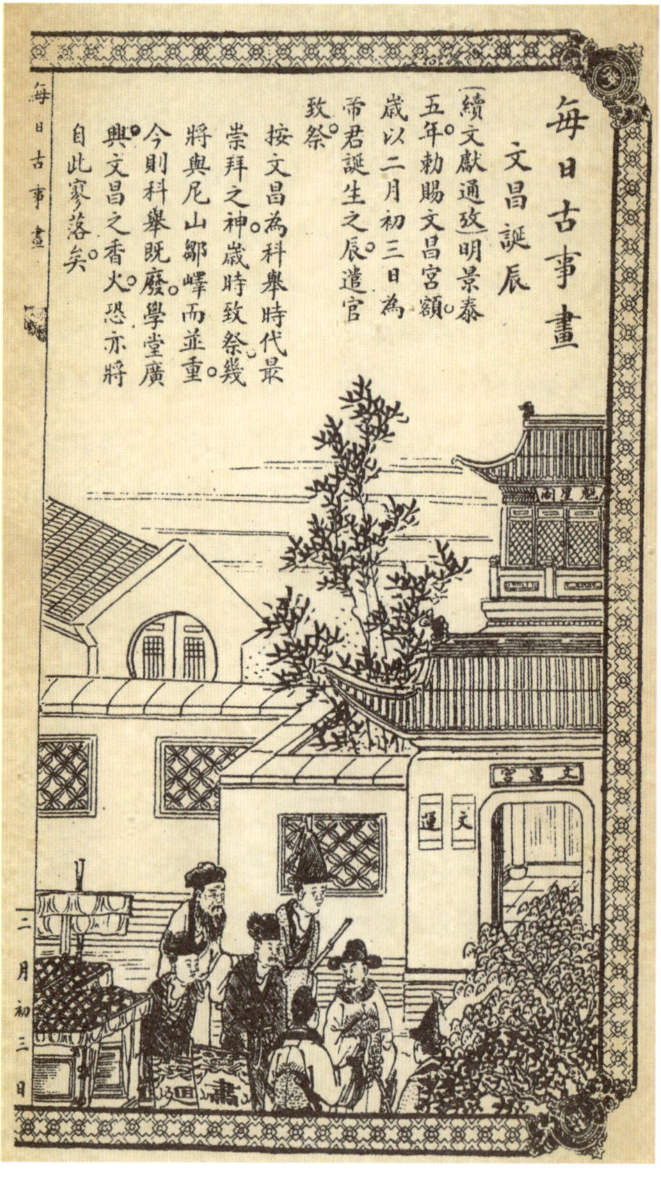
每日古事畫
文昌誕辰
（續文獻通考）明景泰
五年。勅賜文昌宮額。
歲以二月初三日為
帝君誕生之辰。遣官
致祭。
按文昌為科舉時代最
崇拜之神。歲時致祭。幾
將與尼山鄒嶧而並重。
今則科舉既廢。學堂廣
興。文昌之香火。恐亦將
自此寥落矣。
每日古事畫
二月初三日
文昌宮
文運

“文昌诞辰”图像

节的形态。

华北地区，嘉庆以前华北地区已有文昌诞节，嘉庆以后继续发展；分布在今北京、天津、河北、山西地区，文昌的祭祀者主要是绅士，敬神一般要演戏庆贺。祭祀文昌也有一起祭祀魁星、奎星兼及城隍的情形。

东北地区，偌大的东三省仅辽宁锦州两县两部民国所修方志有文昌诞节记载，这是由于东北原属满族控制地区，没有文昌神信仰，至晚清汉人大量涌入后，才有了文昌神信仰。

西北地区，文昌诞节主要是嘉庆以后发展起来的，分布在陕西、甘肃，以陕西占绝对多数。作文昌会的主要是士人，但是“无长幼”“士民”“邑人士”的记载表明普通民众也有相当参与。文昌诞节的活动以文娱为主。

西南地区，嘉庆朝是该地区文昌诞节的重要发展时期，如嘉庆《邛州志》说：“文昌寿诞，近入祀典，士子亦有演戏庆祝者。”文昌诞节事例的地区分布为四川、贵州、云南三省区，以四川为多。梓潼神的家乡是四川，传说他就是文昌，故四川的文昌诞节普及最快。比较而言，邻近四川的云贵两省也是文昌信仰的普及地区。四川方志的文昌诞节记事较其他省区丰富，说明作为节日这里有相当好的民俗基础，因为其文昌诞节多是作为梓潼帝君诞节进行的。四川的文昌诞节除了士人积极参与外，比较具有群众性，演戏庆贺较为普遍；其他文娱活动也兴盛，如盐亭县、酆都县、太平县要迎神赛会。贵州毕节县的游神队伍很有观赏性，大理县的欢庆气氛浓烈。文昌神也被作为祈子之神，《温江县志》《盐亭县志》就有这方面的记载。士人的文昌会比较兴盛，所谓文昌会，主要是举行宴会，《金堂县志》记载了当地各学每年轮流举办的规定，很制度化。

西南地区文昌诞节有“洞经会”及里社建清醮、傩活动。同治四川《涪州志》、民国贵州《绥阳县志》、光绪贵州《普安厅志》有这方面的记载，明清时代南方一些地方以二月二日为社诞日，以上地区二月初三里社建清醮祈谷、以傩驱疫活动，是将春社活动放在文昌诞节进行的结果。所谓“洞经会”也是以春社禳除灾祟的建醮为基础的，光绪四川《盐源县志》说二月初二“城内及盐井文昌会，谈演《大洞仙经》，盖越嶲有紫府飞霞，故俗尤恭敬”。洞经会因“谈演”《大洞仙经》故名，出现于清末民初；形式是“谈演”，具有表演性质；其功能兼具逐疫和庆祝；洞经会也近似善会组织。其本质是春社受到了道教以及文昌信仰的影响。

中南地区，文昌诞节也以嘉庆以后为多，分布在河南、湖北、湖南、广东、海南等地区，以河南为多。文昌诞节的内容也以士人作文昌会宴饮相聚、演戏敬神为主。值得注意的是文昌神诞节与北方社日龙头节的混合，仪封县和兰考县农民在二月初三祀土谷是社日活动，而辉县龙头节祀文昌神，是把文昌诞节提前一天进行。遂溪县于中秋祭文昌，当是文昌信仰与秋社结合的产物。

华东地区，文昌诞节是乾隆以后发展起来的，有文昌诞节的三种乾隆修方志分属山东乐陵、江苏通州、安徽含山不同省区，很说明问题。另外，民国《法华乡志》说当地旧在观音寺举行文昌会，后寺毁，乾隆十九年（公元1754年）在满月阁重塑文昌像礼敬。民国《月浦里志》说月浦向无文昌像，乾隆二十九年自罗店迎至东镇东岳庙西隔壁。这些乡里志反映文昌信仰在基层社会的传播，法华乡和月浦里均有文昌塑像置于其他寺庙，这是其特点。文昌诞节分布地区为上海、山东、江苏、浙江、安徽、江西、福建、台湾，以江浙地区为多。苏松地区文昌信仰兴盛，嘉道时苏州人顾禄《清嘉录》卷二《文昌会》说家乡的文昌信仰已遍及各阶层和会馆、善堂组织。民国浙江嘉兴《双林镇志》说当地咸、同兵燹以前遇文昌生日，士人集奎文阁、南询庵及碑亭三处行拜祝礼，也可见文昌信仰较为盛行。《月浦里志》《江阴县志》还记载在八月初二、三秋社祀文昌神，这是秋社之祀，与春社对应，说明文昌神信仰的发展。华东地区文昌诞节的敬惜字纸活动特色鲜明，光绪《常昭合志》、民国《江阴县志》均说是日士子举行惜字会，这是在江苏。即使是开发较晚的台湾，也流行此风。在嘉庆初年开辟的今宜兰地区，道光年间成书的《噶玛兰厅志》有详细记载。华东地区的文昌神信仰深入基层社会，除了前举的上海地区乾隆时代乡里的文昌神信仰资料外，同治江西《会昌县志》说当地“文昌会，城乡皆有之”。乡村也有文昌会。宣统山东《清平县志》讲：“文昌诞辰，家设香烛庆贺。”文昌信仰更深入家庭。这些不同时期方志的记载，说明随着时间的推移，文昌信仰普及愈深。华东地区文昌神诞节的主要活动是士人的文昌会，文昌会的社团性在加强，如同治江西《会昌县志》称赴会者为“社友”。

## 文昌诞节的特点

清末废科举及民国建立，文昌神信仰受到扼制。民国《渠县志》卷五说："光绪末废科举，文昌帝君祀典遂停。"我在大量民国修地方志中只发现47种有文昌诞节的记载，而且集中在西南、华东，说明文昌诞节的衰落。诚如不少民国修方志所说，旧有的文昌神信仰"今废"，如华北的《蓟县志》、中南的《陕县志》、东南的《高雄县志》即是。但也有一些方志仍记载了文昌诞节，说明此俗的存在，在有的地方已扎根民间，如民国四川《合江县志》介绍当地"神道"时所说"民国初，文昌祀典已废，而民间祀之如故"，便是证明。

文昌诞节的空间分布广泛，除了边陲的少数民族地区以外，遍布全国。文昌诞节最为流行的地方似乎是京师、四川及邻近地区、江浙地区，其原因在于：京师是政治中心和文化中心，川省附近接近文昌的化身梓潼神的诞生地，而且梓潼神具有地方守护神的品格，江浙则是科举最盛地区，崇尚人文。

文昌诞节节期稍有差异。文昌诞日为二月三日，清代的文昌诞节基本上是在该日进行，不过也有在其他日子进行的。一些地方是二月二日，这一天作为节日与社祭有关，清代北方以该日为龙头节，南方则是社诞日，因与文昌诞仅隔一天，故易合并；从

清“先师孔子行教像”

功能考虑，二节均为祈福，也有一致性。个别地方在二月初一进行，该日曾为中和节，后与春季社祭融合，文昌诞节并入也可以理解。八月二、三日也有祀文昌的，则是为了与春社期间祭文昌对应。上丁日本是祭祀文圣孔子之日，因文昌神性主文，与孔子一致，甚至被视为“文祖”(《嵩明州志》)，故一并纪念。

文昌诞节强化了士大夫的凝聚力和对地域社会的影响力。文昌神信仰者主要是作为文化人的士大夫，清朝官方文昌诞节的确立，推动了文昌神信仰的普及，使士大夫的这一信仰“合法化”和具有正统性，真正成为他们的“职业神”。纪念文昌神诞的文昌会是集体行为，具有组织化的社团性质，加强了士大夫的群体意识和团结，惜字会兴起于嘉道之际与此有密切关系。文昌诞节的确立，抬高了“文化”的地位，也提高了士大夫的地位，文昌诞节上士大夫的活动在证明他们是社会的精英，是地方社会的领导者。清代文昌诞节在基层社会的普及，普通民众的广泛参与，都说明士大夫的影响力在加强，百姓接受士大夫的影响并模仿其行为，文昌诞节也成为社区重要的文化活动。

# 上巳

上巳，又称元巳，作为节日特指三月上旬的巳日。此日古代有“祓禊”等风俗，三国魏以后，为了便于记忆，“上巳”固定在每年的三月初三。

## 上巳由来：祓禊与求子

上巳之巳是十二地支的巳日。劳干在《上巳考》提出，用地支系日，可能与腊祭有关，腊祭用戌日是汉代承袭秦国的风俗，秦国始为腊是在秦惠王十二年（公元前326年），也可能受到了战国“建除家”择日方式的影响，因为上巳是清洁、清除一类的节令，若用“建除家”的方式计算，三月（辰月）上巳是“除”日，正合清除的意义。

所谓建除家，是以建除十二辰定日吉凶者。《淮南子·天文训》说：“寅为建，卯为除，辰为满，巳为平，主生；午为定，未为执，主陷；申为破，主衡；酉为危，主杓；戌为成，主小德；亥为收，主大德；子为开，主太岁；丑为闭，主太阴。”十二辰中六吉六凶，满所在之辰，平所在之“巳”都属于凶的范畴。“巳”为凶也反映在其他文献中，《尔雅》说：太岁“在巳曰大荒落”。《周礼·地官·大司徒》也说：“大荒大札。”大荒，即大凶年。辰巳为凶的观念反映在古人生活中，《后汉书·郑玄传》记载，东汉献帝建安五年（公元200年）岁在庚辰，这年春季郑玄梦见孔子对他说：“起！起！今年岁在辰，来年岁在巳。”郑玄醒后以谶验合，知命当终，果然不久去世。北齐刘昼在《高才不遇传》中对此评论说：“辰为龙，巳为蛇，岁到龙蛇贤人嗟。”

“兵避太岁”戈上的“泰一锋”

既然有凶，就谋求破除之法。《越绝书》记载：“天运历纪千载，一至黄帝之元，执辰破巳。”这大概是两凶相遇强者胜，故以满破平吧。如此，明彭大翼《山堂肆考》说：三月建辰，则巳为除日，故“‘上巳’一曰‘上除’”，揭示了“上巳”一词由来和性质。上除之除，即破除之义，与破义相同。晋左思《齐都赋》有“上除”的用法：“太阳季月、上除之辰，无大无小，祓于水阳。”上巳也称作“除巳”，与“上除”同义，如东汉蔡邕《禊文》讲：“洋洋暮春，厥日除巳。”（以上据林恭祖《曲水流觞话上巳》，载（台）《故宫文物月刊》1986年第4卷第1期）

化凶为吉的破除之法就是祓禊。《周礼·春官》有“女巫掌岁时祓除衅浴”之句，东汉郑玄注：“岁时祓除如今三月上巳如水上之类。衅浴，谓以香薰草药沐浴。”《诗经·郑风·溱洧》歌颂了在溱水、洧水岸边男女热闹的交往，东汉薛汉的《韩诗外传》说：“郑国之俗，三月上巳，之溱洧两水上，招魂续魄，秉兰草拂不祥。”（《宋书·礼志二》引）兰的作用与香草薰身、草药沐浴相同，也是祓除不祥。上巳的这一风俗战国时代已有。至于汉代的上巳节，司马彪《后汉书·礼仪志上》说，三月上巳，“官民皆洁于东流水上，曰洗濯祓除，去宿垢疢（即病），为大洁”。看来祓除活动就是到水边沐浴清洁，去掉疾病和不祥。《荆楚岁时记》说三月初三这一天，采摘鼠曲草，用蜜汁加粉调和，做成饼团，可以治疗时气病，认为三月初三与不好的时气相连。

上巳还被解释为求子。孙作云《关于上巳节二三事》（收入孙作云《诗经与周代社会》，中华书局1966年版）认为，“上巳”的“巳”字即“子”字，“上巳”即“尚子”，上巳的最初意义是为了求子。上巳节与商族的高媒祭祀、以燕为图腾的原始信仰有关。《史记·殷本纪》记载，商族始妣简逖吞鸟卵，因此怀孕生下契。行浴就是祓禊。简逖被奉为高媒神，祭祀她，在后代演变为上巳节的祓禊求子。后代上巳节还有曲水浮卵之戏，也应追溯到东夷诸族以鸟为图腾、传说他们的始妣吞鸟卵而生子的原始信仰。

上巳临水“浮卵”之俗，多见于魏晋南北朝记载。晋张协《洛禊赋》讲禊日“祓除于水滨”“祈休吉，蠲百疴”“浮素卵以蔽水，洒玄醪于中河”。晋潘尼《三日洛水作诗》有“羽觞乘波

清《点石斋画报》之“洗脚大会”图

进，素卵随流归”之句。

浮卵的变相是浮枣。梁萧子范《家园三日赋》说：“浮绛枣于泱泱”；庾肩吾《三日侍兰亭曲水宴》也说：“参差绛枣浮”。

上巳求子之俗还从其他方面体现出来，如《三辅黄图》卷四说汉代长安有“百子池”，上巳时人们在此张乐，显然是求子之地。四川的不少地方乞子是在上巳进行的。简州北有玉女灵山，上有石乳房流水，宋代“每三月上巳日，有乞子者，漉得石即是男，瓦即是女，自古有验”。（乐史《太平寰宇记》卷七六）宋代金堂县有一井，“每岁三月三日蚕市之辰，远近之人祈乞嗣息必

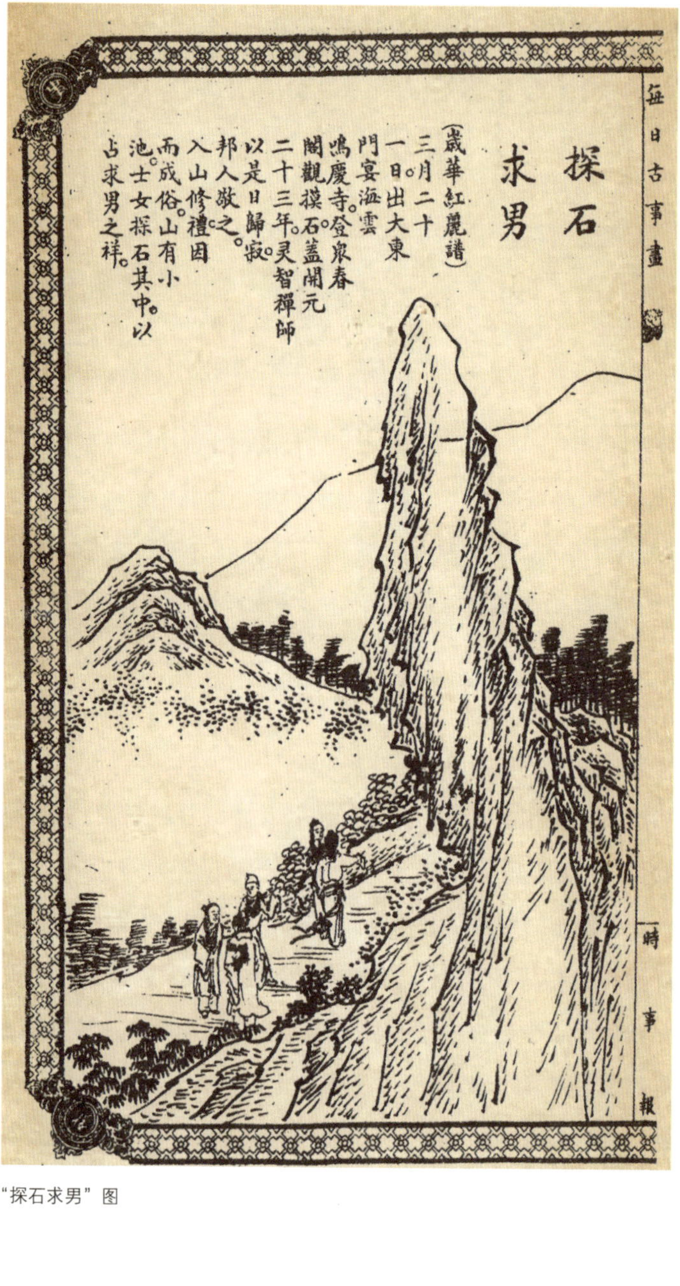
探石求男
（歲華紅麗譜）
三月二十一日。出大東門宴海雲鳴慶寺。登衆春閣觀摸石。蓋開元二十三年。灵智禪師以是日歸寂。邦人敬之。入山修禮。因而成俗。山有小池。士女探石其中。以占求男之祥。
每日古事畫
一時事報

“探石求男”图

于井中，探得石者为男，瓦砾为女”。（宋·张君房《云笈七签》卷一二二《道教灵验记》）而成都北门外有山，上有小池，三月三日“投石其中，以占求子之祥”。上述事实说明求子确是上巳节的主要内容。

## 流杯聚会与射礼·踏青

上巳水边的活动，还有娱乐性的曲水流杯之戏。《荆楚岁时记》说：“三月三日，士民并出江渚池沼间，为流杯曲水之饮。”即在弯曲的溪中，将盛着酒的杯子浮于水上漂流，借流水传杯，人们各自守候一处，酒杯漂到谁的地方，谁就取饮赋诗，借此取乐。这种漂浮的酒杯，两侧有一对耳朵或翅膀，称作“羽觞”。曲水流杯又称曲水流觞。晋南朝的诗篇描述了这类习俗。张华《太康六年三月三日后园会》第二首有“羽觞波腾”之句；前引潘尼诗中说“羽觞乘波进”；鲍照《三日》诗中“临流竞覆杯”的描写；而庾肩吾《三日侍兰亭曲水宴》的“百戏俱临水，千钟共逐流”，记述了流杯的盛大规模。这些诗句反映出当时曲水流杯的普遍性。以上以曲水流杯为契机，朋友藉此常聚会，这类雅集最著名的要数晋代王羲之和四十二位朋友三月三日相聚会稽山阴兰亭修禊的故事了。《兰亭集序》专门记述了此事，为人们津津乐道。

一十一人詩兩篇成
一十五人詩一篇成
一十六人詩不成各
飲酒三觥

左司馬孫綽
春詠登臺亦有臨流
懷彼伐木宿此良儔
脩竹蔭沼旋瀨縈丘
穿池激湍連濫觴舟
右一
流風拂枉渚停雲蔭
九皐鶯語吟脩竹游
鱗戲瀾濤攜筆落
雲藻微言剖纖毫時
珍豈不甘忘味在聞
韶 右二
潁川庾蘊
仰想虛舟說
俯歎世上賓
朝榮雖云樂
夕斃理自因
王獻之

明·永乐《兰亭修禊图》

王宿之
在昔暇日味存
林領今我斯遊
神怡心静
嘉會欣時游豁
尒暢心神吟詠
曲水瀨渌波轉
素鱗
鎮軍司馬虞說
神散宇宙内
形浪濠梁津
寄暢須臾歡
尚想味古人
府主簿后綿
叅軍孔熾
任城呂系

乾隆花园禊赏亭流杯渠

流杯本是野外溪畔所为，后来人们修备专门的园池进行。据东晋郭豫生《述征记》载，洛阳城广场门北，即是魏明帝的流杯池。今存清代流杯之处不少，如北京的故宫乾隆花园、中南海、潭柘寺、香山等地都有微型亭子或微型水渠。水渠是在石基上凿成迂回曲折的沟槽，皇帝题写匾额为“禊赏亭”“流水音”等，一般通称流杯亭。可见曲水流杯之俗传至清代。值得一提的是，台北新建故宫博物院，在正馆左前方建“至善园”，园有八景，之一便是流觞曲水，对岸为兰亭，左侧立兰亭序碑，以此代表中国传统的优秀文化。

唐代的三月三日成为一个主要以春游为中心内容的节日。上巳是唐代三大节日之一，在节前五天，按照官吏职位高低，分别赏给一百至五百贯的宴会费用。上巳日皇帝照例赐宴曲江亭，人民也到曲江行乐。王维《三月三日曲江侍应制》："奉迎从上苑，祓禊向中流"，即是曲江宴会的写照。崔颢《上巳》诗："巳日帝城春，倾都祓禊晨。"描写出长安祓禊倾城出动的盛况。而杜甫《丽人行》："三月三日天气新，长安水边多丽人"，反映出姑娘对此节的热衷。

唐以后流觞聚会的禊饮之俗渐衰。南宋范成大《观禊帖有感三绝》说："三日天气新，禊饮传自古，今人不好事，佳节弃如土。"哀叹禊饮之不振。

北朝至唐，上巳还有射箭的礼俗。陆翙（huì）《邺中记》记述后赵石虎在邺城筑有华林园，三月三日与公主妃嫔"临水施帐幔，车服灿烂，走马步射，宴饮终日"。梁的庾信到北周后作《三月三日华林园马射赋》，序中说，三月三日乃命群臣陈大射礼，虽行祓禊之宴，即同春蒐之仪。这种马上射箭的春猎礼还见于北齐，属于北朝游牧民族南下后与中原礼俗的结合。

唐代上巳的大射礼盛于宫廷。《唐会要·大射》记载了太宗、高宗、玄宗时代多次举行大射。《旧唐书·许景先传》还把上巳称为"赐射节"。赐射是对射箭出色者赐马、绫、布帛等，因为费用的问题，开元八年（公元720年）在许景先的建议下废止了大射。

春游时节也少不了踏青。唐初孙思邈的《千金月令》记载，三月三日，要向尊长上踏青鞋履。使用专门的鞋子踏青值得注意，当有特定的寓意。唐末五代李淖《秦中岁时记》说："上

清《点石斋画报》之“踏春赘谭”图

巳，赐宴曲江，都人于江头禊饮，践踏青草，曰踏青。”可见踏青是上巳节的一项内容，而践踏这一侵凌青草的有意行为，透露出与祓禊的性质相同，在于去除不祥。唐人上巳踏青草是相当流行的，孙棨《北里志》说，上巳日张住住家人俱踏青，就是一个证明。

宋以后禊饮不盛，踏青之俗虽不如清明，也有一定规模，主要是春游的娱乐活动。宋人周必大诗句“修禊归来却踏青，临流谋野两关情”，将修禊与踏青分离开来，专门踏青。《全元散曲》描绘出上巳春游的娱乐气氛：“修禊潭，水如蓝，车马胜游三月三。晚归来，酒半酣，笑指西南，月影娥眉淡。”明弘治江苏

《吴江县志》记载："上巳日，郡人倾城而出，游于百湖山水间，邑亦有游者，是日喧盛，饮者、博者、交易者、闲观者，不下万人。"一幅热闹的春游图跃然纸上。清同治江西《瑞州府志》说，上巳"携酒盒郊游踏青，士民皆然"。郊游踏青已是上巳主要的风俗。

## 戴荠插柳·祀神·农占

宋代以后上巳节流行头戴荠菜花。南宋所撰《岁时广记》卷一九引《琐碎录》说，淮西人三月三日取荠花铺灶上及床席下，可避虫蚁，极有验。苏东坡《物类相感志·总论》："三月三日，收荠菜花置灯檠上，则飞蛾蚊虫不投。"这是在居室中布置荠花，以避蚊虫。明代方志多记载戴荠之俗，如嘉靖河南《商城县志》："三月三日，戴荠菜花，喜岁丰之兆。"嘉靖河南《永城县志》："男妇多出采荠花插之终日，俗云避眼疾。"田汝成《西湖游览志》："三月三日，男女皆戴荠菜花。谚云'三春戴荠花，桃李羞繁华'。"苏州太仓和安徽和州、滁阳诸地方志也有戴荠的记载。明代戴荠是表达"岁丰"和"避眼疾"的愿望。

清代有关戴荠花的风俗，在顾禄《清嘉录》中有详细记载："荠菜花，俗呼'野菜花'。谚有'三月三，蚂蚁上灶山'之语，三日，人家皆以野菜花置灶陉上，以厌虫蚁。侵晨，村童叫卖不绝。或妇女簪髻上，以祈清目，俗呼‘眼亮花’。”又据乾隆河南《新蔡县志》：“戴荠花，盖以丰年甘草先生，故戴之，喜岁丰也。”

荠菜花驱虫明目的效用在南唐陈士启《食性本草》和明李时珍《本草纲目》中予以肯定。对荠的重视有更古老的传统，《诗经·谷风》有“其甘如荠”的说法。南朝鲍昭《三日》说：“时艳怜花药，眼净悦登台。”又说：“凫雏掇古荠，黄鸟衔樱梅。”表现出对荠的重视。用药使“眼净”，表达人们的一种追求，或许是后世戴荠明目的张本。

柳也是避虫求祥之物。段成式《酉阳杂俎》记载，唐中宗时，三月三日赐侍臣细柳圈，戴之可免虿（chài）毒。《新唐书·李适传》也说细柳圈避疠。还有插柳之俗，乾隆山西《武乡县志》说，三月三日“士人取柳枝遍插墙壁间，谓之驱毒蝎”。

此外还有其他风俗。《析津志辑佚·岁纪》说，元代大都人认为，三月三日可脱贫穷，居民以菽黍秸做成圆圈套头套脚，然后掷之水中，表示脱穷。贫穷是不吉祥的，除之符合祓禊的传统。而乾隆福建《永福县志》载：“采香草插门，以袚不祥。”或与古代上巳以香草薰身之俗有关。福建的上巳食俗也可注意，崇祯《海澄县志》记载：“采鼠草、麴草合粉为粿，荐祀之余，以相赠送。”令人想起《荆楚岁时记》中“取鼠麴汁蜜和粉，谓之龙舌料，以厌时气”的记载，此俗可谓源远流长。受佛教影响，供乌饭也在上巳节出现。万历福建《建宁府志》说：“乌饭，取南烛木茎叶，捣碎渍米为饭，成绀色以食，且各相馈遗，俗谓目

明刻本“目连挂灯荐拔母”图

连是日作此供母，故效其然。”

宋以后三月三日流行祀神活动。

宋代开始于三月三日祭祀北极佑圣真君。此神是道教将北极星人格化，道观祭之。据《梦粱录》记载，南宋人以三月三日为北极圣佑真君诞生之日，杭州佑圣观侍奉香火，当日降赐御香，修崇醮录。午时行朝贺礼，士庶烧香，纷集殿廷。诸宫道宇，俱设醮事，以祈国泰民安。诸军寨及殿司衙奉侍香火者，皆安排社会，结缚台阁，迎列于道，观者如堵。贵家士庶，亦设醮祈恩。贫者酌水献花。明田汝成《西湖志余》也记载了类似风俗，此俗一脉相承。杭州的佑圣之祭是很盛的。明代南北二京也有佐圣

明万历“玄天上帝像”

庙，三月三日遣官致祭。

三月三日的玄帝祭祀也于宋以后兴起。玄帝即玄武帝，又称为真武帝、荡魔天尊，是道教大神。玄武很早就是主北方的星辰，后改造为灵龟，宋代出现真武一词，南宋有真武入武当山修行的传说，被人格化。明代朱棣兴起于北方，对玄武崇敬有加，民间对其信仰更加普及。明代河南真阳、永城、夏邑、归德诸志均有三月三日祀玄帝的记载。清代乾隆甘肃《成县志》说，三月三日“步郊外踏青，兼降香真武庙”。真武信仰主要流行于北方。

三月三日有农占之俗。一是以天气占桑蚕。北魏贾思勰《齐民要术》卷五《种桑柘》引六朝以前书《杂五行书》说：“欲知

采桑（东汉）

蚕善恶，常以三月三日，天阴无日、不见雨，蚕大善。”继承这一传统，南宋《岁时广记》引《博闻录》说以三月三日晴雨，占桑柘贵贱。直到清代，湖北《江陵县志·气候》记载，以三月三日阴雨兆丰年，晴朗则旱，桑贵。谚云：“三月初三晴，桑上挂银饼，三月初三雨，桑叶有苔痕。”

二是以蛙鸣占农桑。南宋范成大《四时田园杂兴十六首》记叙晚春：“湔裙水满绿蘋州，上巳微寒懒出游。薄暮蛙声连晓闻，今年田稻十分秋。”（范注：吴下以上巳蛙鸣，则知无水灾）江南水稻之乡，通过上巳蛙鸣判断丰歉，蛙声不断是丰兆。明代万历《嘉兴府志》说：“三月三日闻蛙鸣，米贱。”米贱即是丰收。青蛙，又称田鸡，蛙鸣以占农事，又叫“田鸡报”。《清嘉录》记载，苏州农民于三月初三听蛙声于午前后，以占稔，谓之“田鸡报”。谚云：“田鸡叫拉午日前，大年在高田；田鸡叫拉午时后，低田弗要愁。”

# 寒食与清明

作为节日的寒食与清明，其日期是冬至后一百零五日及其以后第二天。

## 寒食的起源及其演变

说到寒食的起源，和介子推被烧死的故事与乞雨之俗有重要关系。

汉代蔡邕《琴操》说，春秋时代，晋国的介子推追随亡命的文公重耳19年，曾割自己大腿的肉给重耳充饥，重耳归国后论功行赏，不及介子推。子推于是隐居山西介休山中。后悔的文公呼喊不出子推，不得不放火焚山想逼出他来。但子推宁可抱木烧死。文公哀悼子推，为其断火吃冷饭，以后相沿成俗，令人五月五日不得举火。三国时曹操《明罚令》、晋朝人陆翙《邺中记》也都说寒食断火，起于介子推。

隋朝杜公瞻《荆楚岁时记》注怀疑这一说法，他说“据《左传》及《史记》，并无介子推被焚之事”。今人研究，介子推的事情最初见于《左传·僖公二十四年》《吕氏春秋·介立篇》《史记·晋世家》等，无焚死之说。焚死的记载见于《庄子·盗跖篇》、《韩诗外传》卷七、刘向《新序·节士篇》等。除《庄子》外，都是汉代的书，而《庄子·盗跖篇》成于秦汉之际，似乎焚死说在这时成立。而由于介子推焚死文公断火的说法，在东汉末蔡邕《琴操·龙蛇歌》才出现。

日本学者守屋美都雄在《寒食考》(《和田博士还历记念·东洋

史论丛》，讲谈社 1951 年版）中提出，介子推是以报恩教训和对君主消极反抗精神为要素构成的架空的人物，不是实在的人物。但是不仅仅为思维所产生，还有着实际的一些因素。介子推在《左传》中的记载是："遂隐而死。晋侯求之不获，以绵上为之田。"《楚辞·思美人》说："介子忠而立枯兮，文君悟而追求，封介山而为之禁兮，报大德之优游。"《史记·晋世家》中的介子推："使人召之，则亡。遂求所在，闻其入绵上山中，于是文公环绵上山中而封之，以为介推田，号曰介山。"据这些记载，介子推在隐居之后或死后，被封绵上的介山。介山（或作绵山）是太原南百公里外介休县南部的山，介子推难道不正是本来的介山的信仰对象吗？介山之神吸收了文公的说法，被封于介山的介子推的传说也就成立了。由介山信仰演成的介子推故事，后来扩大到太原地区。

守屋美都雄进一步指出，一说介子推死于五月五日，五月五日关于乞雨的事很多，介子推也是和乞雨有关系的人。在说明基于火星出现前的火的禁忌和火星出现之际为乞雨的火的禁忌两个理由方面，引入具有焚死的传说和把乞雨日期五月五日作为命日的介子推，是非常合适的。他关于寒食和乞雨、介子推和乞雨的观点富有启发性。

事实上，改火、分野与参星信仰也是寒食节形成的重要原因。

杜公瞻注释《荆楚岁时记》说："《周礼·司烜（xuān）氏》：'仲春以木铎循火禁于国中。'注云：'为季春将出火也。'

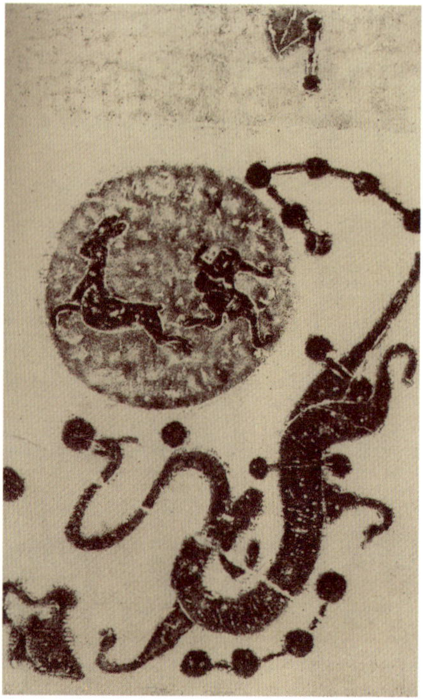

河南南阳出土“苍龙星座画像”

今寒食准节气是仲春之末。清明是三月之初，然则禁火盖周之旧制。”把《周礼》反映的禁火作为寒食的起源原因。基于此，日本学者重泽侍郎在《介子推》(《青木正儿博士还历纪念·中华六十名家言行录》)中指出，乞雨是火禁忌的要素。他就《后汉书·周举传》寒食之事中的“龙忌之禁”指出，此“龙”指二十八宿中的东方苍龙，此星与乞雨的云祭关系很深，具有和火不相容的性质。关于改火的季节，和司火的苍龙七宿的心星（火星）的隐现对应，寒食的季节与此大体一致。此外，前面已介绍了守屋美都雄关于断火和雩祭关系的论述。他们关于改火与乞雨关系的论述也给人以很大的启发。

陈久金也从天文出发解释寒食的起源。认为禁火、出火之“火”是指大火星，即商星，参星和商星是相对的，三月参则伏，则意味着火则见，也就是火出。自八月至来年二月，黄昏时都见不到大火星，故后人推广而统称为内火。所谓三月火出即是指大火星皆出东方。二十八宿的龙神位于农业生产中最关键的季节，受到人们对大火星的崇拜，便形成民间禁火、出火习俗。然而，正如中村乔所说，由春季论述寒食起源之说，基于魏晋以后的寒食是冬至之后一百零五日进行，这和《周礼》的《秋官·司烜氏》“中春以木铎修火禁于国中”、《夏官·司爟（guàn）氏》“季春出火民咸从之”的时期大略一致。但是，所见寒食风俗最古老的事例是后汉桓谭的《新论》和《后汉书·周举传》，因其在冬季进行，所以应该把寒食的古制在冬季进行作为其起源。

中村乔还指出，后世的寒食是由山西的地方风俗扩展的，故寒食的起源也应当由此中探讨。认为《后汉书·周举传》所说“旧俗以介子推焚骸，有龙忌之禁”的龙忌是忌鬼神，指介子推的神灵。并引守屋美都雄的观点：战国末以来分野说流行，使天界的星座和地上的区域对应，山西地区相当于参星的分野。因为参星和火星不相容，所以认为参星是守护神的山西地区的人们，对于应该是火星在地上显现的火，有其他地方所无的禁忌观念。进一步明确指出，山西有把参星作为守护神的参星信仰，因此在参星出现的冬季，为了参星而禁忌是火星在地上显现的火。

基于参星信仰和介子推信仰，中村乔将两者结合，特从禁火和乞雨两方面更为全面地阐述了寒食节的起源。《左传·昭公元年》有一段关于火星和参星关系的传说，接着讲：“山川之神，则水旱疠疫之灾于是乎祟之；日月星辰之神，则雪霜风雨之不时，于是乎祟之。”不时的雪霜风雨系星辰所司。这样一来，暴风大雨大雹属于参星。大约因为参星信仰，禁火以祈丰穰，如果犯此，由于异变田地就要被伤。另外，介子推原本被认为是介山之神，关系到水旱。卜辞中山岳是祈雨的对象，介子推的祈雨属性形成焚死的说法。商代有将巫烧死以请雨的习俗。已知寒食的重要因素是为乞雨的火的禁忌，汉董仲舒《春秋繁露》的求雨法有：“开神山、神渊、积薪、夜击鼓噪而燔之。”是燔积薪以祈雨。可见旱魃（bá）时，属于把巫投其中焚杀以请雨的古俗。介子推焚死的故事反映了这一古老的乞雨习俗，即本来是介山地方镇守神的介子推，随着作为介子推信仰扩大到其他地域，作为乞雨对象的属性被扩大了，同时结合着作为焚巫的习俗传承。另外，到了唐代，段成式《酉阳杂俎》卷一四说：太原“郡东有崖山，天旱土人常烧此山，以求雨。俗传崖山神娶河伯之女，故河伯见火，必降雨救之”。俗传暂且不论，烧山乞雨之俗自古以来见于太原地方，把文公烧山故事的要素求之于古俗是可以的。焚巫、烧山的古俗，无论如何是事关祈雨出现的，由此形成的焚死故事，在此具有了接近火的禁忌的条件，其结合是由于参星信仰衰退。和战国末汉代分野说的流行相反，焚火的风习经过时间的流逝，参星寒食的原意被忘却了。如此之事在民间习俗是常有的，这个空疏化的禁火寒食有必要注入新的动力，在具有介子推

河南南阳出土汉代“河伯出行图”

信仰的太原郡一带，其信仰与此结合。

后汉初桓谭《新论》说：“太原之民，以隆冬不火食五日，虽有疾病缓急，犹不敢犯。”这里的“不火食五日”在《周举传》中所见的后汉中叶的寒食，变成一个月。即便是有夸张，禁火时间延长当是事实，这一变化是由介子推信仰推动的。据曹操《明罚令》，太原一郡的这个风俗，是汉末扩大到上党郡、西河郡、雁门郡等山西一带。直到以后的东晋末扩大到山西之外。引人注目的是，《明罚令》的寒食时期变成了冬至后一百零五日的二三日之交，相当于二十四节气的清明，属于春季。此后晋朝孙楚的《祭介子推文》说：“太原，咸奉介君之灵，至三月清明断火寒食。”（《北堂书钞》卷一四三）从冬季向春季的移动是一大变化，其原因不详，有一点可以肯定，是由于完全脱离了参星信仰。在冬季进行就无必然性了，此时选择了清明节。

直至东晋时，限于山西地区的寒食风俗，此后次第扩展到其他地方。南朝梁时，在荆楚地区已能看到它的流行，变成了中国

河南南阳出土汉代“白虎星座画像”

的一般风俗。而且在隋代，久绝的改火仪式复活，作为寒食终了清明日出火的改火仪式，使寒食更盛，在唐代遂成为宫中的活动，原本兴起于太原地区的一个民间鄙俗，由于和经义结合，成为国家的节日。唐代来华日僧圆仁《入唐求法巡礼行记》说唐文宗开成五年（公元 840 年）山东文登县“寒食节，三日断火”。

宋代承袭唐风寒食亦甚，但是到了元代后次第衰落，明代虽存寒食之语，禁火习俗几乎绝迹。

## 从节气到节日的清明

清明作为节气，在汉代完备的二十四节气中已经出现，它位于冬至后一百零五日的第八个节气。由于是节气，所以有农时方面的活动。东汉崔寔《四民月令》说："清明节，命蚕妾治蚕室，涂隙穴，具槌、持箔、笼。"唐末五代韩鄂《四时纂要》也记载："清明之日，修蚕具蚕室，宜蚕。"可见汉以来人们认为清明是预祝蚕室的吉时。直到明清时期，"暖蚕种""祀蚕姑"仍是清明的农桑习俗。崇祯浙江《乌程县志》就说："其日农夫浸谷种，晚则育蚕之家设祭以禳白虎，门前用石灰画弯弓之状，盖却蚕祟也。"嘉靖安徽《石埭县志》则有"妇女制米茧祀蚕姑以祈蚕"之俗。

不过，清明作为节日广泛进行，并不是因为农时，而是改火观念的结果。前引晋孙楚《祭介子推文》说"三月清明断火寒食"，可知晋时寒食在距冬至一百零五日的清明。由于汉末寒食从冬季移到春天并选择了二十四节气的清明，所以到了南北朝末便将寒食后两天的一百零七日作为清明。一直沿袭到隋唐宋时代。明清时代的清明节既有继承一百零七日传说的地区，也有一百零六日和本来是清明节气的一百零五日的地方。清明错后在寒食终了，从清明节名称上便会给人一种开放的感觉。不仅如此，如中村乔所说，作为再点火日的一百零七天，清明是随着寒食的特别日子的意识开始的，名其日是必要的。决定作为再点火的一百零七日是隋初王劭的建议，复活了古代的改火仪礼。古代改火之意复活，其钻火日相当于寒食终了的出火，不仅表示这一出火，而且具有奉火的重要意义。这里，清明离开寒食，在岁时节日中占有独立的位置。

唐代清明由朝廷赐新火。谢观《清明日恩赐百官新火赋》

说："国有禁火，应当清明，万室而寒灰寂灭……桐花始发，赐新火于公卿……于时宰执俱瞻，高卑毕赐。"新火仍是平明而钻燧献入。钻火是在宫中进行，《辇下岁时记》记载的具体情形："至清明，尚食（内膳刁）内园官小儿（供奉禁苑者）于殿前钻火，先得火者进上，赐绢三匹、金碗一口。"唐诗中咏清明出火的作品很多，表现出寒食终了的喜悦心情。把出火作为改火的奉新火之义已经巩固。

宋朝宫中也有钻火之仪。宋敏求《春明退朝录》卷中说：唐时惟清明取榆柳之火，以赐近臣戚里。宋朝因袭了这一做法。南宋的《梦粱录》卷二也记载："寒食第三日，即清明节，每岁禁中命小内侍于阁门用榆木钻火，先进者赐金碗、绢三匹。宣赐臣僚巨烛，正所谓'钻燧改火'者，即此时也。"宋朝钻火之仪完全承袭唐代。

元以后见不到钻火之仪了。

## 墓祭

根据清代著名学者赵翼《陔（gāi）余丛考·墓祭》的研究，可知墓祭祖先起于春秋战国之际。最初祭墓只是在宗子出国的时候，庶子因无爵不能到宗庙祭祀，而临时采用的补救办法，是"望墓为坛而时祭"。战国时代，《孟子》讲齐人到国都临淄的东郭以外墓祭区讨酒肉的故事，反映出时人在冢墓间用酒肉致祭是经常的事情，祭墓已成习俗。

至少从秦汉之际开始，墓祭被称为“上冢”或“上墓”，且在岁时节日进行。《史记·留侯世家》说，张良在夏季的伏日和冬季的腊日墓祭传授他兵书的黄石公。《汉书·萧望之传》也说墓祭萧望之的时间是“岁时”。

墓祭至迟至唐代与寒食结合。唐高宗在《禁止临丧嫁娶及上墓欢乐诏》中说，当时“或寒食上墓，复为欢乐”。（《全唐文》卷一二）墓祭自古不合礼制，至玄宗开元二十年（公元732年）正式编入五礼，永为常式，受到国家的承认。玄宗增颁《许士庶寒食上墓诏》：“寒食上墓，礼经无文，近代相传，浸以成俗。士庶有不合庙享，何以用展孝思，宜许上墓拜扫申礼。”（《全唐文》卷三〇）唐穆宗时公布《定寒食假诏》，规定“其茔域在京畿者，自今任寒食假内往来，不限日数，若在外州，任准式年限请假”。（《全唐文》卷六五）进一步完善了寒食上墓制度。文中的“准式”，依《唐六典》规定，是五百里五年给一次拜扫假十五天，并除去往来路程所占天数。日僧圆仁《入唐求法巡礼行记》说唐武宗会昌二年（公元842年）山西五台二月十七日寒食节，“前后一日，都三日暇。家家拜墓”。十九日为“清明节”，但是未记有何习俗。需要指出的是，唐代本来法定假日寒食通清明给假四日，代宗大历十三年（公元778年）改为“休假五日”，德宗贞元六年（公元790年）“寒食、清明宜准元日节，前后各给三日”（白化文等《入唐求法巡礼行记校注》第446页），即放七天假。

唐代寒食墓祭风俗在唐诗中有所反映。中唐时期，杜甫《寒食行》：“寒食家家出古城，老人看屋少年行。丘垅年年无旧道，车徒散行入衰草。牧儿驱牛下冢头，畏有家人来洒扫。远人无坟水头祭，还引妇姑望乡拜。三日无火烧纸钱，纸钱那得到黄泉！但看垅土无新土，此中白骨应无主。”诗中反映出寒食到坟墓“洒扫”已是“家家”的行为，上坟时要使用纸钱，因不用火，据后世风俗可知撒掉或挂起来，还要为陇墓培新土。对于那些远行在外的人来说，要在水边“望乡拜”，即进行望祭。事实上，上述唐诗中描写的风俗一直流传到后世。另外，白居易《清明日登老君阁望洛城赠韩道士》诗中说：“冢墓累累人扰扰”，反映出唐代已有清明上墓之俗。而李绰《辇下岁时记》讲长安清明时“都人并在延兴门，看内人出城洒扫，车马喧闹”，说明唐末宫人在清明上墓。在唐代，上墓已是寒食至清明间的活动了。

唐代墓祭风俗传至宋元时期。《东京梦华录》说从寒食到清明此三日，人们皆出城上坟，尤以一百零五日最盛。反映出墓祭仍主要在寒食进行。元末费著《岁华纪丽谱》说寒食时节成都官府祭祀孤魂，民间有上冢风俗。看来宋元时期墓祭是寒食节的内容。

明代地方志保留不少寒食和清明二节的记载。一些地方志只记载寒食而无清明，寒食节的内容是扫墓，有的地方还保留了古代断火的传统，如嘉靖山东《夏津县志》说：“寒食断火祭墓，为秋千戏。”寒食的日期，嘉靖江苏《昆山县志》说“清明前三日为寒食”，崇祯浙江《嘉兴县志》则记载以“清明前二日有疾

《年节习俗考全图》之“清明扫墓”

风甚雨曰寒食节”。

很多地方志记载寒食和清明两个分立的节日，尤以北方为最。这种情况下，寒食节最主要的内容是墓祭。而清明节的主要内容则是折柳插门或戴首。

有的方志将寒食清明一起叙述，表示二节相混，如嘉靖河南《真阳县志》：“寒食，清明：墓祭、插柳、看花。”万历浙江《黄岩县志》：“清明，户插柳采蒿为寒食，扫墓而祭。”可知寒食节并于清明，寒食节以扫墓为主的性质也显而易见。

绝大多数明代方志只记清明一节，反映了寒食节逐渐消亡，并入清明节的现实，二节已融为一体。所以清明节表现出的主要风俗事项之一便是扫墓。全面反映扫墓风俗的地方志有嘉靖安徽《池州府志》："清明扫墓：季春朔日，士女诣墓所墓扫，祭毕加土于冢，挂楮标其上，馂（jùn）余而返。"

依据清代地方志的记载，可知扫墓已成为清明节最主要的内容。人们届时为祖先的坟墓除草添土，或在树枝上挂些纸条，或在坟上插一木棍，上挂纸条，带着祭品，焚烧纸钱，举行祭祀仪式，以寄托对死者的哀思。如果是新葬者，都在社前祭扫，当时流传着"新坟不过社"的谚语。

## 春游与娱乐

《荆楚岁时记》首次记载了寒食节有斗鸡、雕画鸡蛋和"斗鸡卵"的习俗，以及打球、打秋千和施钩的游戏。

先看《荆楚岁时记》对施钩所做说明。这种游戏是用吸水绳子做成轻巧相连的缆索，长达几里，鸣鼓为号，两端紧绷。春秋时，公输班游历楚国，曾发明过一种舟战的器械，船往后退就用它钩住，船往前进就用它抵住，因此能够及时超越对方。用钩作为游戏，料想是从这里来的。看来施钩之戏即拔河活动，兴起于楚地，寒食节传入楚地后成为该节游戏。

施钩之戏的意义是什么呢？《隋书·地理志下》说，南阳、襄阳有牵钩戏，俗言以此厌胜，用致丰穰。而唐玄宗《观拔河俗戏》诗序也讲：此戏必致年丰，故命北军以求岁稔。可知施钩之戏是祈求丰收的活动。唐代的拔河也在清明进行，武平一《景龙文馆记》记载了中宗于景龙四年清明幸梨园以臣下拔河为笑乐之事，当时在大麻绳两头系十余个小索，每索数人挽之。寒食拔河在唐以后很少见到，拔河脱离了寒食、清明。

再谈秋千之戏。《荆楚岁时记》注引《古今艺术图》说："秋千是北方山戎族的游戏，用来训练机灵轻捷的本领。"《事物纪原》记载另外一种说法：秋千是汉武帝后庭之戏，本为千秋，是祝寿之词，后倒语为"秋千"。关于打秋千的原始含义，中村乔认为，竞胜负的性质不明显，也许是竞高升，或是以跃动的动作鼓舞万物的繁殖。

寒食作秋千之戏在唐代盛行。五代王仁裕《开元天宝遗事》卷下记载，唐朝"天宝宫中，至寒食节，竞树秋千，令宫嫔辈戏笑，以为宴乐。帝呼为半仙之戏，都中士民因而呼之"。唐代寒食、清明的诗中有不少打秋千的句子。如韦庄《丙辰幸鄜州遇寒食城外醉吟》诗曰："满街杨柳绿丝烟，画出清明三月天。好是隔帘花树动，女郎撩乱送秋千。"可谓诗中有画，栩栩如生。

宋元时代荡秋千也很盛。王安石《清明》诗："东城酒散夕阳迟，南陌秋千寂寞垂。"万俟雅言《恋芳春慢》词："寒食近，蹴鞠（cù jū）秋千，又是无限游人。"都反映出宋代寒食、清明的秋千之戏。元《析津志》记载：二三月间的北京，上自内苑，中

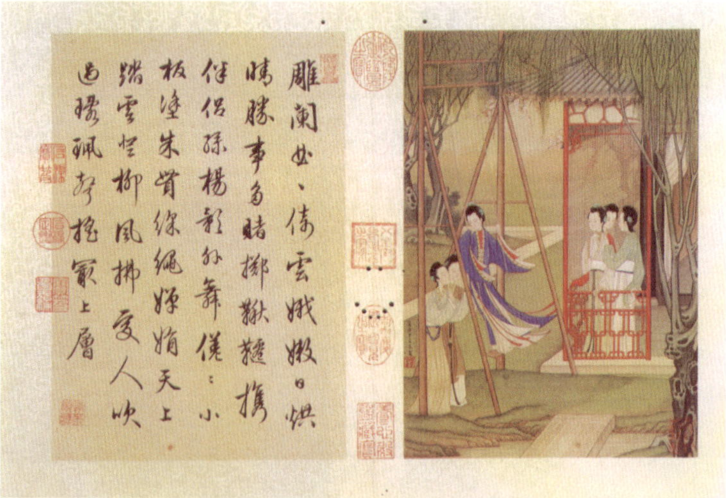

上：清·陈枚绘《月曼清游图册·杨柳荡千》

下：清·焦秉贞绘《仕女图》册页

至宰执，下至士庶，俱立秋千架，日以嬉游为乐。元代北京的秋千戏非常普及。

明清时代，荡秋千主要流行于北方，以女子从事为多。

至于打球运动，盛于唐代。古人踢球称为蹴鞠，鞠即球，外为皮制，内衬充气的动物尿泡。唐人仲无颇《气球赋》："寒食景妍，交争竞逐，驰突喧阗，或略地以丸走，乍临空以月圆。"描写了寒食踢足球时的情景。唐代还盛行打马球，称为"击鞠"或"打毬"，据《资治通鉴》记载，唐中宗"好击球，由是风俗相当"。1971 年陕西乾陵章怀太子墓中发现一幅打马球的壁画，反映了唐代的情景。妇女则骑驴打球。唐代妇女寒食节还有其他球戏，有一种与骑马打球相区别的"步打"，是徒步持杖打球的游戏，类似现代的曲棍球。王建《宫词》说："殿前铺设两边楼，寒食宫人步打球，一半走来争跪拜，上棚先谢得头筹。"还有一种"白打"，采用个人独踢或多人互踢的形式，王建《宫词》所说"寒食内人常白打"之句即指此。此外，唐代妇女寒食还流行抛接彩球的游戏。温庭筠《寒食节日寄楚望》记载："彩索拂庭柯，轻球落邻圃"；韦应物《寒食》讲"清明寒食好，春园百卉开。彩绳拂花去，轻球度阁来"的诗句，描写了"轻球"之戏。球戏是唐人寒食节的重要习俗。

宋代还保留了唐代寒食球戏之俗。《岁时杂记》说寒食节，京师少年多以花球棒击鞠为戏。又有儿童玩具，或以木或以泥，皆以华丽为贵。《东京梦华录》"触处则蹴鞠疏狂"的记载反映了京师球戏之盛。该书还记载了宫女击鞠表演，有骑驴"小打"和

《文物天地》所载唐代步打图

骑小马“大打”。此活动保留到南宋时代。寒食蹴鞠，中村乔认为同样具有祈求丰穰的含义。

斗鸡之俗起源很早。《庄子·达生》说西周宣王时，纪消子为王养斗鸡。《左传》载有季氏和郈（hòu）氏斗鸡的事。《战国策·齐策》讲临淄之民喜爱斗鸡。《荆楚岁时记》则反映了南朝斗鸡与寒食的结合。至唐代，寒食、清明时节斗鸡盛行。杜淹《咏寒食斗鸡应秦王教》一诗，反映出秦王李世民喜欢斗鸡，陈鸿《东城老父传》说：玄宗属鸡，而好朝服斗鸡，他为王子时，就“乐民间清明节斗鸡戏”。可知当时民间斗鸡之风很盛。而玄宗本人在宫中建鸡坊，选六军小儿百人，专习驯养训练，遇节庆表演皇家的斗鸡比赛。

雕画鸡蛋，依《荆楚岁时记》注中所记，古时富势人家，讲究的吃食是画有图形的鸡蛋。隋代还有在鸡蛋上染上蓝红等颜色，仍像雕刻的一样，辗转相送，也有放在菜盘和祭器里的。又引《管子》之说，雕刻鸡蛋然后染上颜色，是为了开发积藏，扩散万物。而张衡《南都赋》则把春天的鸡蛋列为滋补品。唐代仍保持镂鸡子风俗，《景龙小馆记》说："寒食，赐镂鸡子。"诗人骆宾王有《镂鸡子》诗传世。

隋代《玉烛宝典》说，斗鸡卵的游戏，特别盛行于城市里。《荆楚岁时记》注引董仲舒看法，认为鸡蛋类似人的心脏，因此斗卵就是斗心、斗智等。

斗鸡、雕画鸡蛋、斗鸡卵，都是竞胜负，中村乔认为，这反映的如同施钩等戏一样，是丰穰祈念的形式。拙见，即使此说成立，其实质是一种生殖崇拜的隐喻。

此外，唐宋以后，北方民间于寒食节还有放风筝的活动。

春游、踏青是流传至今的清明节俗。在古代，中村乔引宝颜堂本《荆楚岁时记》中"寒食，挑菜"以隋注"按，如今人春日之生菜"的记载，认为南朝楚地已有寒食春游的行为，是寒食、清明春游的先驱，其含义是迎新。笔者见到明嘉靖《河间府志》有清明日踏青、挑菜的记载，可旁证挑菜是清明春游的内容之一。

唐代寒食春游转盛。唐诗中留下了很多咏寒食诗中记载春游的句子。如元稹《寒食日》咏道："今年寒食好风流，此日一家同出游，碧水青山无限思，莫将心道是通州。"

从宋代开始，寒食清明的春游更变盛行，这同三月上巳的祓禊在宋代衰落有关。一般来说，上墓和春游一道进行，如嘉靖《六合县志》说，墓祭毕“缘此为踏青游”。但也有专事春游的。万历《扬州府志》记载：“清明前后三五日，郡人士女靓容冶服游集胜地，陆行踏青，舟行游湖。”弘治《温州府志》也记载：“人家皆以此日祭扫祖考坟墓，多邀亲戚朋友乘船，击鼓铿金似以游湖为乐者，思亲人子容或不然。”踏青、春游已成明清时代清明节的主要内容。

## 插柳与簪柳

前面谈到，唐代有寒食终了在清明出火之俗，朝廷要向大臣赐新火。宋胡仔《苕溪渔隐丛话》说：“唐时唯清明取榆柳之火，以赐近臣戚里。”此后，五代后周时“江淮间，寒食之日家家折柳插门”。（宋·谢维新《古今合璧事类备要》卷一六引《五代周书序》）此俗至宋转盛，宋代的《岁时杂记》说：“今之人，寒食节家家折柳插门上。唯江淮间尤盛，无一家不插者，北人之稍辨者，又加以子推。”此子推即子推燕，《东京梦华录》说：“寒食前一日谓之‘炊熟’，用面造枣䭔飞燕，柳条串之，插于门楣，谓之‘子推燕’。”南宋时，寒食插柳进一步在南方传播，《武林旧事》卷三说：“清明前三日，为寒食节，都城人家皆插柳满檐。”至明清时代，折柳插门主要是清明的风俗。

宋以后的折柳、插门之俗，一般认为是唐人将传火的柳条插于门前，以炫耀得火被后人仿效相沿成俗。我想至少可说唐代取火促进了插柳之俗普及。值得注意的是，插柳有古代其他民俗基础。北魏《齐民要术》卷五说正月里，取杨柳枝著户上，百鬼不入家。柳枝有避邪鬼的作用，唐中宗时三月三日上巳有赐侍臣细柳圈，带之以避虿毒瘟疫的事例，也是把柳作为避邪之物。明代地方志讲到插柳于门的作用时，一般都说是避邪，看来柳自古以来被认为是避邪之物而置于门的。不过也有其他说法，《梦粱录》说："以柳条插于门上，曰明眼。"

明清时代，不仅插柳于门，而且簪柳于首。簪柳在不同地区风俗有所不同，或男女皆戴，或妇女戴，或儿童戴，以戴柳为柳毛、柳尖、嫩柳、柳叶等。簪柳的用意有些不同说法。一说是为了保持青春，嘉靖湖南《茶陵州志》："人皆插柳枝，谓之记年华。"崇祯浙江《乌程县志》载民谚"清明不戴柳，红颜成皓首"。《清嘉录》卷三说："妇女结杨柳球戴鬌畔，云红颜不老。"另一说是防止变狗，《帝京岁时纪胜》载谚语"清明不戴柳，来生变黄狗"。

# 浴佛

浴佛节，是纪念佛祖释迦牟尼诞辰的节日。佛诞日有二月初八、四月初八二说；而浴佛活动在四月初八和腊月初八进行，尤以四月初八最为普及，实为中国的浴佛节。

辽代有二月八日祝贺佛诞习俗

## 浴佛活动的传入

佛教传入中国后，浴佛活动也随之而入。今传东汉安世高译《佛说温室洗浴众僧经》有佛劝人供养设浴洗僧的内容。至东汉末年，《后汉书·陶谦传》记载，笮（zé）融在广陵、彭城一带，大起浮屠（佛）寺，“每浴佛，多设酒饭，布席于路，其有就食且万余人”。可见当时浴佛盛会规模很大，浴佛活动成为扩大佛教影响、招徕民众的手段。广陵、彭城在今江苏境内，当时此地对佛教感兴趣者已为数不少。可惜的是上述资料未载浴佛的日期。

东汉之后浴佛活动进一步开展。在北方十六国时期，后赵石勒将诸稚子皆寄养寺中，每至四月八日，石勒亲自到诸寺灌佛，“为儿发愿”。（梁慧皎《高僧传·佛图澄传》）《魏书·释老志》说北魏太武帝曾“于四月八日，舆诸佛像，行于广衢，帝亲御门楼，临观散花，以致礼敬”。可知四月八日佛诞纪念有行像和散花活动。虽然未提浴佛，但至少说明太武帝对四月八日佛诞日的重视。南朝的浴佛活动较盛。《佛祖统纪》则记载了宋孝武帝在大明六年（公元462年）四月八日，于殿内灌佛斋神。皇宫之外，也有民间的事例，如王子鸾于四月八日建斋并灌佛；刘敬宣八岁丧母，四月八日见众人浴佛，“乃以项上金钱，为母灌佛”（《岁时

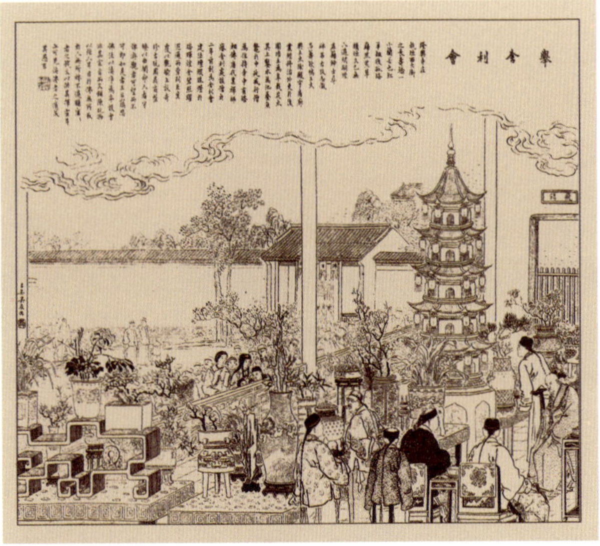

清《点石斋画报》之“举舍利会”图

广记》卷二〇《倲百金》,《舍项钱》)。另据唐韩鄂《岁华纪丽》引《荆楚岁时记》说，长江中游的荆楚地区，诸寺于四月八日各设会，用香汤浴佛，共作龙华会，以为弥勒下生之日。上述事例说明，浴佛活动在南北方都已开展。

关于佛祖诞生的故事，据《佛陀本生传》说，释迦牟尼是其母摩耶夫人梦见燃灯（弥勒）佛送他进母亲腹中而怀孕的。他出生时，有九条龙口吐香水，洗浴佛身，所以佛教要以香汤浴佛。后世视四月八日为佛祖诞生日或降胎日，而佛祖降胎是由弥勒佛促成的。以上就是广为流传的四月八日佛诞与浴佛的来源。

唐代广大地区主要是以四月八日作为佛诞日进行浴佛活动的。据《唐会要》卷八二载，唐朝政府以四月八日为佛诞日，并规定放假一天。顾况有诗句“四月八日明星出，摩耶夫人降前佛”（《全唐文》卷二六五《八月五日歌》），表明民间对四月八日佛诞日的认同。唐人的浴佛活动，据《岁华纪丽·四月八日》注引《高僧传》讲，是以都梁香为青色水，郁金香为赤色水，丘隆香为白色水，附子香为黄色水，安思香为黑色水，五色香水灌佛顶。此外还引《高僧传》，说释元高母寇氏，梦见僧持伞，香花满坐，便即怀胎，生四月八日，生有异香及光明照壁，迄旦乃散，因名灵育。佛教的这种说法，或许影响到后世妇女于四月八日乞子的习俗。

从东汉到唐代的四月八日活动来看，佛教的浴佛活动逐步深入中国，在社会上有一定影响，至唐代已初步成为全国性的民俗节日。

## 浴佛节习俗种种

浴佛活动还有腊月初八一说，宋代《岁时杂记》说，当时南方皆用四月八日灌佛，北人专用腊月八日（陈元靓《岁时广记》卷二〇《行摩诃》引）。到了清代，光绪湖北《荆州府志》载：“今人家浴佛亦有腊月者，而僧寺则四月为多。”事实上，宋以后的浴佛节主要流行在四月八日进行，且进一步深入民众生活。

浴佛节的首要活动是浴佛。寺院一般要举行浴佛活动。宋人金盈之《醉翁谈录》卷四描写了宋代开封相国寺浴佛活动，高僧用长柄金勺从盛香水的金盘中，“挹水灌浴佛子”。此俗也为后世沿袭，崇祯浙江《嘉兴县志》记载：僧尼以铜盂贮佛像，以小勺盛香水浇灌佛顶。一些地方浴佛是上门或沿街进行。《武林旧事》卷三说：“四月八日为佛诞日，诸寺院各有浴佛会，僧尼辈竞以小盆贮铜像，浸以糖水，覆以花棚，铙钹交迎，遍往邸第富室，以小勺浇灌，以求施利。”针对富室的上门服务，获利一定可观吧。而明嘉靖江苏《太仓州志》所记沿街进行的浴佛活动也以求利为目的，将浴佛收入称为“觅佛钱”。

四月八日佛寺还有斋会活动。信佛者踊跃赴会念经、吃斋。天启浙江《平湖县志》说，当地的男女吃素者全都参加，崇祯《嘉兴县志》也有这种说法。更多的记载则说“愚民”前去赴会。

浴佛后的水被认为有利福果之物，是人们求之不得的东西。前引《醉翁谈录》说：浴佛完毕，观者求浴佛水饮用或漱口。北宋都城汴梁（今开封）的十大禅院，各有佛斋会，煎香药糖水送人，名曰“浴佛水”。（《东京梦华录》卷八）《析津志辑佚·岁纪》记大都四月八日皇宫中的喇嘛奉送香水黑糕斋给皇帝。有的地方是饮甘草汤，明嘉靖福建《尤溪县志》记载：浴佛日，儿童饮甘草汤以消灾，其汤俱诸寺僧分给施米者的浴佛水。

给结缘豆也是佛寺四月八日浴佛活动的一项内容。明嘉靖江苏《江阴县志》说：“四月八日，浮屠氏浴佛，作糖豆遍馈礼佛者。”在北京有舍结缘豆的习俗。平时和尚拈豆念佛，一豆表示念佛号一声，有拈豆至石者。至四月八日将豆炒熟撒之，人们拾

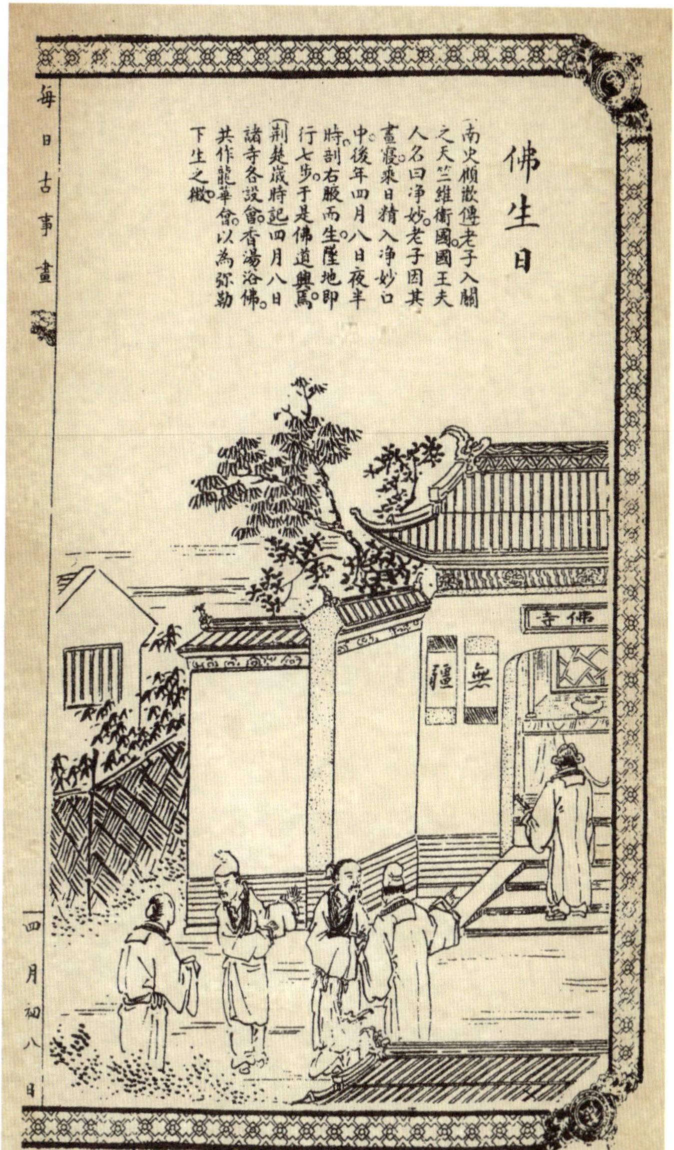
每日古事畫
佛生日
（南史顧歡傳）老子入關之天竺維衛國。國王夫人名曰淨妙。老子因其晝寢。乘日精入淨妙口中。後年四月八日夜半時。剖右腋而生。墮地即行七步。于是佛道興焉。
（荊楚歲時記）四月八日諸寺各設齋。香湯浴佛。共作龍華會。以為彌勒下生之徵。
佛寺
無疆
四月初八日

“佛生日”图像

到，也念一声佛，吃一豆。据说凡妇女不被丈夫和婆婆喜欢者，婢妾被主人和正妻摈弃者，则自咎说："这是自己前世不舍豆儿，没有结得人缘造成的。"（刘侗《帝京景物略》卷二）清代北京仍保留撒结缘豆风俗。寺院好善者，取青黄豆数升。宣佛号而拈之，拈毕煮熟，散给市人，称为"舍缘豆"，预结来世缘分。（《燕京岁时记》）

浴佛节也是妇女求子的重要时间。明代扬州四月八日有相约到尼庵拜礼及求子息还愿习俗。（万历《扬州府志》）北京郊区的高梁河有娘娘庙，四月八日佛诞日，妇人难子者前往乞灵。（万历《顺天府志》）

浴佛节还有一项重要习俗是吃乌米饭。乌米饭，亦叫青精饭，此俗同道家有关，梁陶弘景《登真隐诀》讲到，太极真人授王褒青精乾石䬾饭。（《岁时广记》卷一五《染青饭》所引）宋代寒食节有青精饭的记载，宋《零陵总记》说，杨桐叶细冬青，临水生者尤茂，居人遇寒食，采其叶染饭，色青有光。食之资阳气，"谓杨桐饭"，道家谓之"青精乾石䬾饭"。宋代湖南人把青精饭称为杨桐饭。前引《析津志》四月八日喇嘛向皇帝上"黑糕"或许就是这种"色青有光"的饭。如果是，则元代吃黑饭已同浴佛节结合。明代地方志记载，在南方广大地区浴佛节吃乌饭已成风俗。制法或用桐叶，如万历浙江《黄岩县志》说"人家采乌（梧）桐叶染饭青色，谓之乌饭"。或以南烛草，崇祯《乌程县志》记载："僧尼以南烛草染糯作黑饭供佛，因相馈送。"嘉靖安徽《石埭县志》也说："青精饭取南烛木叶捣汁，和水渍米成组色，蒸熟和芝麻、蜂蜜，按饭成大饼，割成方胜以食，复各相馈送。”以上乌饭有的是僧家作乌饭送于施者，更多的则是民间自制，互相馈送。至清代，浴佛节吃乌饭在南方仍十分盛行。

浴佛节还有吃不落夹等食俗，此俗盛于明代，安徽来安等地方志均有记载。不落夹是用苇叶包糯米、黑糖、蜜和红枣而成的一种类似粽子的食品，长三四寸，阔一寸，味道与粽子相似。“不落夹”一词的来源有两种说法：一说是从释氏名；另一说是由于其用不落叶包之，为角，名不落角，一名不落夹。(参见王仁兴《中国年节食俗》)此外，正德江西《建昌府志》载，四月八日“人家用百果作百和菜，亲邻传送，岁以为常”。

放生也是浴佛节的一项活动。《武林旧事》记载了南宋杭州西湖四月八日作放生会，舟楫甚盛，人们驾着小舟争相买龟鱼螺蚌放生。清代苏州仍能看到浴佛节放生活动，四月八日，当地人持斋礼忏，结众为放生会，有的人买龟鱼螺蚌，口诵往生咒放之，竟日不绝。(《清嘉录》)

《劝善图说》之“开笼放生”图

# 端午

五月初五是端午节，又称端五、端阳、重午、天中节。

## 药 俗

中国古代把五月特别是夏至节气视为不太吉祥的时候。《礼记·月令》讲夏至“阴阳争、死生分”。东汉郑玄疏注：“争者，阳方盛，阴气起也。”唐孔颖达疏：“死生分，阴气既起，故物半死半生。”《礼记·月令》进而提出君子安斋戒，掩身，节嗜欲声色，慎刑等。对于五月和夏至的认识，东汉崔寔《四民月令》记载：“五月，芒种节后，阳气始亏，阴慝（tè）将萌（慝，恶也；阴主杀，故谓之慝。夏至姤（gòu）卦用事，阴起于初，湿气升而灵虫生矣）；煖（xuàn）气始盛，虫、蠹并兴。”可见古人把五月看作阴气到达端点而亏，阴恶的害虫萌生之月。注中“夏至姤卦用事”之句，反映了古人对端午的认识同夏至观念相关。《易经》中有“姤卦”，孔颖达《正义》：“姤，遇也。此卦一柔而遇五刚，故名姤。”缪启愉解释说：“‘--’代表阴，‘—’代表阳。五条阳爻底下伏着一条阴爻，表明阴象已经在潜伏滋长。北半球‘夏至’昼最长，夜最短，过了夏至，夜就开始转长，即古人所谓‘夏至一阴生’。这正是姤卦所表示的现象。”（《四民月令》注释）也就是说，阴恶从五而生，五月五日被古人看作不吉利的恶时，而这恰恰是阳气运行到端点的端阳之时。

事实上，最晚在战国时，北方人把五月五日视为“恶月”“恶日”。齐国孟尝君生于五月五日，其父根据俗信，在降生时就要遗弃了他，幸亏其母私下抚养，才长大成人。反映出时以五月五日生子为不祥的观念。直到汉代也是如此，王充《论衡·四讳》记载：“讳举正月、五月子。以正月、五月子杀父与母，不得举也。已举之，父母祸死。”东汉《风俗通》所载五月五日诸事不吉的说法更多，如“俗云五月到官，至晚不迁”“五日盖房，令人头秃”“俗说五月五日生子，男害父，女害母”。从战国到两汉，五月五日一直是人们深恶痛绝的恶日，人们每逢此时要避恶。南北朝时代，《荆楚岁时记》说：“五月俗称恶月，多禁。忌曝床荐席，及忌盖屋。”仍把五月作为不吉祥的月份而有不少禁忌。直到明代，崇祯《嘉兴县志》仍说：“五月为恶月”，并引《礼记·月令》为证。当地民俗：“家悬神符，禁问疾吊丧诸不祥事，僧道诵经，五日作消灾令。”

积极对付恶月、恶日的办法是以药克毒。战国时代成书的《夏小正》记载：“此日蓄采众药以蠲（juān）除毒气。”《荆楚岁时记》也说五月五日要“采杂药”。众药、杂药，言其多，古人又称之为“百药”，认为五月初五采药最灵验，药越多，效越大。唐韩鄂《四时纂要》说：端午太阳还没有出来的时候，采摘百种草药的上截嫩头，嫩头的种类多更好，不限多少，一起捣烂，绞出浓汁；又拿三五升石灰，拌和到草汁里面，再捣熟，放在印模子里印脱成药饼子，晒干。治一切刀枪伤处和伤疡，止血，还可以治小儿恶疾。还说端午有斗百草之俗。(《岁华纪丽》)由于人们相信五月五日做成的药有奇效，所以中国古代药学著作《本草》

中多以该日收药。收药的时间不仅在五日，更强调在午时。《梦粱录》讲南宋端午“采百药或修制药品，以为避瘟疾等用，藏之果有灵验”。宋朝人陈元靓《岁时广记》列举了宋及前代众多的端午药俗：送术汤、掘韭泥、炼草灰、制艾熊、膏桃人、烧葵子、粉葛根、采菊茎、浸糯米、弃榴花、调苋（xiàn）菜、刈葉（xǐ，大麻雄株）耳、取木耳、服龙芮、乾鹰舌、挂商陆、荐汉术、收蜀葵、晒白矾、丸青蒿、种独蒜、食小蒜、汁葫荽、灰苦芙、羹蘩蒌（fán lóu）、摘芣苢（fǒu yǐ）、啖萑蓉、制豨莶、相念药、相爱药、能饮药、不忘药、急中药、丁根药、金疮药等，真是琳琅满目，可谓制药日。采药之外还有其他药俗。一是“曝人药”，《岁时广记》引《提要录》：“五月五日晴，人曝药，岁无灾，雨则鬼曝药，人多病，此闽中谚语。”二是“焚古药”，《岁时广记》又引《岁时杂记》说：“端午午时，聚先所蓄时药，悉当庭焚之，辟疫气，或止烧术。”

端午采药之俗，直至明清时代尚且如此。明嘉靖《商城县志》：“采百药以治诸疾。”崇祯《常熟县志》：“午时收百草，备以为药。”嘉靖《石埭县志》：“烧苍术丹（云避瘟气）；采药物（日正午采百草、捉蟆，以备药物）；捕乌蛇（俗以午月午日午时捕乌蛸（xiāo）蛇酿药物）。”清乾隆甘肃《静宁州志》说当地也“采百草造百药”。

端午造药习俗中格外受到重视的是捕蟾蜍活动。《岁时广记》引晋葛洪《抱朴子·内篇》，已讲到五日正午时取蟾蜍头有八字者，阴干百日，以其足画地，即为流水，带其左手于身，避五

辽代采药图

清《点石斋画报》之“神捡药图”

兵。明清时期，则讲究端午用装墨蟾蜍涂肿毒。嘉靖《广平府志》说：“取虾蟆噙墨涂毒疮。”同治《宜昌府志》讲东湖“捕蟾蜍以墨入腹中，俟干取出，涂肿毒有验”。

积极对付恶月、恶日的办法还有沐浴。此俗起源甚早，战国时代已有明确记载。《大戴礼记》说五月五日，蓄兰为沐浴。《楚辞》讲“浴兰汤兮沐芳华”。《岁时杂记》说北宋开封人“以桃心柳之类，燂（xún，烧热）汤以浴，皆浴兰之遗风也”。还有沐井水的风俗，《岁时广记》引《琐碎录》：“五月五日午时，取井花水沐浴，一年疫气不侵。俗采艾柳桃蒲揉水以浴。”在明代，万历《建阳县志》记载：“午时为天中节，采百药煎汤浴体，以免疱癣。”嘉靖《仙游县志》说：“至午时采百草为汤，浴体以去百病。”清代仍保留古俗，同治四川《高县志》讲：“沿山采药煎水净身，云免疮疥。”

以菖蒲、雄黄酒避毒是又一积极措施。《岁时广记》所引《岁时杂记》：“端五以菖蒲，或缕或屑泛酒。”又引“坡词注”：“近世五月五日，以菖蒲渍酒而饮。”所谓“近世”，大约是唐五代以来，唐人殷尧藩《端午日》说：“不效艾府趋习俗，但祈蒲酒话升平。”知蒲酒是新兴饮品。至于雄黄，《岁时广记》引《玄微集》：“预研朱砂、雄黄细末，五月五日小调，用槐纸五斤，如小钱大，写天地日月五字，燃作五圆，桃柳汤吞下，大治疟疾，

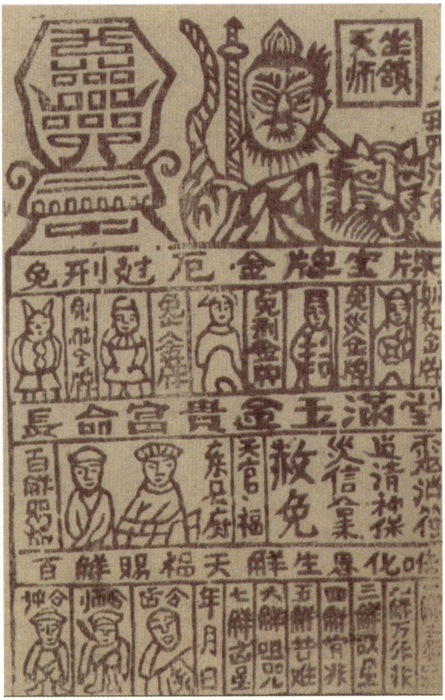

广东佛山“天师坐镇”图

汉三十代天师虚静先生秘法。”明清时代与此不同，是将雄黄置于酒中饮用的。关于雄黄、菖蒲的药用价值，明李时珍《本草纲目》说：“菖蒲酒，治三十六风，一十二痹，通血脉，治骨痿，久服耳目聪明。”又讲：“雄黄味辛温有毒，具有解虫蛇毒、燥湿、杀虫驱痰功效。”

明清时期饮雄黄、菖蒲酒较为盛行。崇祯《乌程县志》说：“以菖蒲、雄黄泛酒。”嘉靖《汀州府志》记载甚详：“饮酒，午时侵晨，磨雄黄和草药于酒饮之，以辟邪气；及午供养祖先毕，则切菖蒲泛酒，大小胥庆，盖以菖蒲能延年故也。”万历《贵州志》讲：“取葛蒲细切，拌以雄黄，谓之续寿酒。”用葛蒲雄黄末屑和酒外，还要加朱砂，万历《扬州府志》记载：“泛酒用菖蒲、丹砂、雄黄，近作雄黄杯相赠。”饮酒毕，要将酒洒向四壁、角落，以避虫蛇。有的还在小孩的面颊耳鼻涂酒，以避毒。崇祯《嘉兴县志》不仅记载这些风俗，还谈了雄黄、菖蒲的作用：“雄黄，太阳之精，能避诸邪，解诸毒，菖蒲亦能□鬼气，杀诸虫，午日泛菖蒲于雄黄酒中，各以余酒染额、胸、手、足

民国“五日午时钱”

心，以辟邪毒，洒之墙壁门窗诸处，以辟蛇虫。”该志还记载了“瓶插桃榴葵艾以禳毒气”的习俗。

## 饰物

端午避恶，还以饰物禳除灾祥，表现在人们佩戴和家门装饰两方面。

五月门户饰物禳毒，最早见于《后汉书·礼仪志》：“五月五日，朱索五色印为门户饰，以难（傩）止恶气。”红色绳索和印有五色的桃木板都是避邪吓鬼之物。到了南朝，《荆楚岁时记》说：“采艾为人，悬门户上，以禳毒气。”与祓除邪气恶鬼不同，门饰以艾草所束人形是为了禳除毒气。实际上早在战国时代人们已认识到艾的药用价值，《孟子·离娄上》说：“今之欲王者，犹七年之病求三年之艾也。苟为不畜，终生不得。”这个比喻告诉我们，艾是可以治病的。艾治病的方法是用艾叶制成艾绒灼烧以灸病。《荆楚岁时记》注中说，南齐人宗测曾经在五月初五鸡鸣以前去采摘艾草，用艾灸治病有效。在北宋，《东京梦华录》记开封自五月一日及端午前一日，城内外争买桃柳葵花蒲叶佛道艾，次日家家铺陈于门首，钉艾人于门上。艾人及桃、蒲等均继承前代的旧俗，柳、葵等未见宋代以前的记载。上述风俗多流传于后世，明崇祯《乌程县志》说该地端午节“门户皆插桃艾”。

万历《建阳县志》记载“五日缚艾人悬蒲桃、柳枝于门”。门上悬蒲，是因为蒲叶似剑，去恶有效。清代一般是以蒲艾插户，使用最多的是艾，有艾叶、艾旗、艾虎等名色，甘肃很多地方则插柳，湖南长沙还门悬葛藤。

上面谈到汉代已有门饰印有五色桃木板避邪吓鬼之俗，后世演化为道教的符图。北朝魏收《五日》诗：“辟兵书鬼字，神印题灵文”，即很明显。从宋代兴起门饰象形道家张天师的物品。《岁时杂记》载：“端五都人画天师像以卖，又合泥做张天师，以艾为头，以蒜为拳，置于门户之上。”可知北宋开封人有挂天师像和饰张天师泥人之俗。《梦粱录·五月》说杭州人“以艾与百草缚成天师，悬于门额上”。此处所悬艾草所编张天师，当传自前代门悬艾人习俗。宋代皇宫也挂天师艾人于门，《岁时杂记》卷二一引苏辙《皇太妃阁端五帖子》说：“太医争献天师艾，瑞雾长萦尧母门。”门挂天师像的风俗在魏元履词中有形象的反映：“挂天师，撑着眼直下觑，骑个生狞大艾虎，闲神浪鬼辟惵（dié，危惧）他方，远方大胆底，更敢来上门下户。”（《岁时广记》卷二一引）使我们看到一个骑着艾虎凝神直视的张天师把守门户、吓跑了鬼的雄姿。天师骑虎图形受人重视，也用于端午节其他场合。《梦粱录》说：内司意思局以红纱彩金盝（lù，小匣）把用菖蒲或通草雕刻天师的驭虎像放在中间，以五色染菖蒲悬围于左右。艾虎也独立出来插于门，嘉靖《太仓州志》：“或为艾虎悬于门。”还有门上贴符的，《武林旧事·端午》说：“以青罗作赤口白舌帖子，与艾人并悬门楣，以为禳禬（guì）。”《梦粱录》也有记载："仕宦等家以生硃于午时书'五月五日天中节，赤口白舌尽消灭'之句。"明崇祯《常熟县志》说："门楣多帖灵符。"后世也有把天师像称为符的，清人富察敦崇《燕京岁时记·天师符》说："每至端阳，市肆间用尺幅黄纸，盖以朱印，或绘画天师、钟馗之像，或绘画五毒符咒之形，悬而售之。都人争相购买，粘之中门，以避祟恶。"不仅是天师像，连其他符也被称为天师符，无天师像者是因刻有"天师"二字得名的。吴曼云《江乡节物词》小序说："杭俗，道家于端午送符，必署天师二字，以见其神。"

端午节人们在身上要佩戴一些饰物。佩戴五色丝线源远流长，东汉末应劭著《风俗通义》说："五月五日，集五色缯避兵。余问服君，服君曰：'青赤白黑以为四方，黄为中央，襞（bì）方缀于胸前，以示妇人蚕功也。织麦䅌（juān，麦秆）悬于门，以示农工成，传声以襞为避兵耳。'"（《太平御览》卷三一引）可知五月五日有用五色小块缯帛缝于胸前避兵之俗，"襞"音转为"避兵"。《风俗通义》还说："夏至著五彩避兵，题曰'游光'，厉鬼知其名者无温疾。五彩，避五兵也，按人取新断织系户，亦此类也。谨按织取始断二三寸帛，缀著衣衿，以已织维告成于诸姑也。后世弥久，易以五彩。又永建中，京师大疫，云厉鬼字野重游光。亦但流言，无指见之者。其后岁岁有病，人情愁怖，复增题之，冀以脱祸。今家家织新缣，皆取织后缣绢二寸许系户上，此其验也。"（《太平御览》卷二三）可知胸前缀以五色帛条，原为告织维成，后由于东汉永建年间大疫，人们为避瘟疫之鬼，用五

北京剪纸“除五毒”

山东剪纸“除五毒”

彩布条禳之。所谓“蚕功”“织维告成”，《礼记·用令》所记夏四月：“蚕事毕，后妃献茧。”《孝经援神契》说：“仲夏（五月）茧始出，妇女染练，咸有作务。”可见四五月是产茧织丝之时，这是大事，有“献茧”“告成”之礼。而“襞方”“五彩”可以使人“脱祸”，则是基于古人认为新织的帛能够袚除凶恶不祥。避兵一词是汉末社会不安定的反映。当时流行将“五彩”系于门户的风俗。

汉代更流行以五彩丝系臂。《风俗通义》说：“五月五日以五彩丝系臂者，避兵及鬼，令人不病瘟，亦因屈原。”（《艺文类聚》卷四）又说有不同名称：五月五日以五彩丝系臂，“一名长命缕，一名续命缕，一名避兵缯，一名五色丝，一名朱索。又有条达等织组杂物以相赠遗……古诗云‘绕臂双条达’是也”（《太平御览》卷三一）。又解释说：“五月五日续命缕，俗说以益人命。”（《艺文类聚》卷四）臂戴五色丝，避兵及鬼的目的，无非是保护和延长生命而已。

以五色丝系臂之俗一直留传后世。《荆楚岁时记》说：五月初五日用五色丝织品系在臂上，叫作“避兵”，可使人不染瘟疫。也有用条纹清晰的丝织绣织成各种物品，互相赠送。唐末五代所著《提要录》记载：“端五日，集杂色茸丝作延年缕，云避恶延龄。”（《岁时广记》卷二一）宋高承《事物纪原》卷八《百索》说：“今有百索，即朱索之遗事也，盖始以汉，本以饰门户，而今以约臂，相承之说也。又以彩丝织纽而成者，为百索纽，以作股者名五丝云。”《岁时广记》卷二一记载：“端五百索，乃长命

马王堆帛书“避兵图”

缕等物，遗风尚矣。时平既久，而俗习益华，其制不一。”明代亦有“百索”，嘉靖河北《清苑县志》讲当地“以色丝系小儿颈腕，名为百岁索”。值得注意的是南方还有佩健人之俗。万历浙江《秀水县志》说：“妇女制缯为人形佩之，曰健人。幼者系彩索于臂。”

佩艾虎是端午的重要习俗。《岁时广记》卷二一《掺艾虎》讲北宋“端五，以艾为虎形，至有黑豆大者，或剪彩为小虎，粘艾叶以戴之”。将艾剪成小虎，或在所剪彩虎上粘艾叶，就是艾虎，戴在头上以避邪。所以王沂公《端五帖子》有“钗头艾虎避群邪”之句。宋代还有穿艾虎衣的习俗。《岁时广记》引《陈氏手记》：“仕女所戴艾衣，所用艾虎，皆未原其始，未晓其义。”衣艾虎在欧阳修端五词中亦有反映：“衫裁艾虎，钗裹朱符，臂缠红缕。”清《燕京岁时记》说：“每至端阳，闺阁中之巧者，用绫罗制成小虎及粽子、壶卢、樱桃、桑椹之类，以彩线穿之，悬于钗头，或系于小儿之背。”彩虎既有头饰，也有服饰。

五毒图是端午节装饰的又一颇具特点的风俗。《岁时广记·插艾花》记载：“端五，京都士女簪戴，皆剪缯楮之类为艾，或以真艾，其上装以蜈蚣、蚰蜒、蛇、蝎、草虫之类，及天师形像，并造石榴、萱草、踯躅（zhí zhú）假花，或以香药为花。”蜈蚣、蚰蜒、蛇、蝎、草虫成了妇女头饰所剪缯楮上的装饰图形。南宋《武林旧事·端午》说：“蜈蚣、蛇、蝎、蜥蜴等，谓之‘毒虫’。”此俗传至明清南北各地。在北京，明《宛署杂记》卷一七讲：“妇女画蜈蚣、蛇、蝎虎、蟾为五毒符，插钗头。”清《燕京岁时记》说人们为避祟恶，要在中门粘贴绘画五毒符咒的图形。在苏州，《清嘉录》记载：“尼庵剪五色彩笺，状蟾蜍、蜥蜴、蜘蛛、蛇蚿之形，分贻檀越，贴门楣、寝次，能厌毒虫，谓之五毒符。”关于五毒的含义，《周礼·天官冢宰下》说，凡治疗疡疮，要用五种毒物（依郑玄说，为石胆，丹砂、雄黄、礜〈yù〉石、慈石）合成的药去敷治。后世所说“五毒”是指可以毒死害虫之物。一般指五种，如清代吴曼云《江乡词》小序说：“杭俗，午日扇上画蛇、虎之属，数必以五，小儿用之。”五毒所指不尽相同。

符箓也是端午节佩戴之物。晋葛洪《抱朴子》记载：“或问

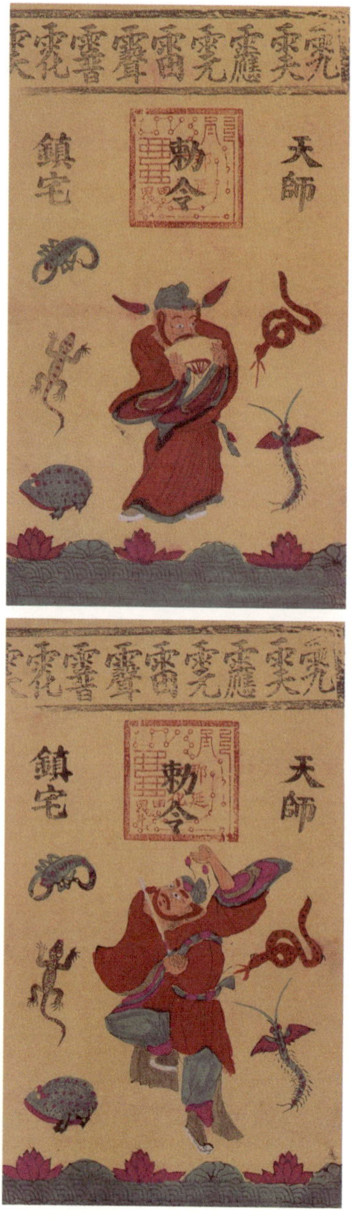


“天师驱五毒”（美国费城艺术博物馆藏）

避五兵之道，答以五月五日作赤灵符著心前。”受道教影响，后世戴符成俗。《岁时杂记》说：“端五剪缯彩作小符儿，争逞精巧，掺于鬟髻之上，都城亦多扑卖，名钗头符。”宋词中有描述，杨无咎《齐天乐·端午》：“衫裁艾虎，更钗袅朱符，臂缠红缕。”史浩《卜算子·端午》：“符篆玉骚头，艾虎青丝鬓。”符篆成为端午头饰之一。明代所戴符的名目不少，万历《扬州府志》说：“儿女佩丹符”；万历《和州志》讲：“小儿佩寿源道符”；弘治《将乐县志》记载：“其男女幼者戴赤灵符。”这些佩戴符的，有的干脆将符缝在衣服上，如嘉靖《萧山县志》就说端午“绣符缀衣”。需要补充说明的是，衣饰避恶还有其图形，如《明宫史》火集说“宫眷内臣穿五毒艾虎补子蟒衣”。嘉靖陕西《平凉府志》记载有“画五毒”习俗。

端午也佩戴其他饰物。有香囊，如万历《新昌县志》谓：“佩香囊艾虎”；还有朱砂袋，雍正《辽州志》讲：“系五丝佩朱砂袋”；又有茧虎，嘉靖《萧山县志》说：“女子以茧作龙虎，少长皆佩之，欲如龙虎之健。”此外，尚有佩戴蒜、苍术及菖蒲的。

明朝端午有赏赐京官饰物之举。赐有宫扇，竹骨纸面，俱画羽毛；彩绦一条，五色线编成，须头作虎形；彩杖二根，长尺许，五色线缠绕；艾虎二幅，纸方尺许，俱画虎并百脚诸毒虫。（李诩《戒庵老人漫笔》卷二《江阴汤大理恩赍》）

上：端午五毒袋（故宫博物院藏）
下：端午佩戴的香包

## 竞渡

《荆楚岁时记》说端午有划船比赛。隋杜公瞻注释讲：这个风俗是因为屈原在这一天投汨罗江自杀，老百姓哀怜他的去世，所以都用船只去搭救他。并记录了竞渡起源的其他说法，如邯郸淳的《曹娥碑》讲，五月五日是曹娥的父亲迎接波神伍子胥沿江而上被水淹死的日子。《越地传》说，这个风俗起源于勾践。早在1926年学者江绍原《端午竞渡本意考》已经指出："竞渡之事，吴以为与伍子胥有关，越以为起于勾践，楚又另捧出其地的忠臣屈原，大有与吴、越竞争之意。《荆楚岁时记》虽然说竞渡起于纪念屈原，但另举出吴越两地相异的传说，总断为'不可详'，我不知道我们还有什么根据强认竞渡之起与屈原有直接的关系。"进而断定"龙舟竞渡的真原始，必须离开屈原、伍子胥、勾践等等去求，是毫无疑问的"。认为竞渡本是一种用法术处理的公共卫生事业，竞渡起于送灾，用船把一个人群里的疵疠夭札送走之谓。"五月为建午之月，于是他们又把五之数、午之干，和阳衰阴盛之现象联在一处想，结果是五月的禳灾举动，有集中于初五或初午之倾向。"此后，闻一多又在《端午考》中提出："书传中关于端午的记载，最早没有超过东汉，而事实上吴、越一带的开辟也是从这时开始的。因此我们可以推测，端午可能最初只是长江下游吴、越民族的风俗，自从东汉以来，吴、越地域渐被开辟，在吴、越文化与中原文化的对流中，端午这节日才渐渐传播到长江上游及北方各地。”所谓吴、越民族的风俗，即指：“一个龙图腾族举行图腾祭的节日，简言之，一个龙的节日。”而且吴、越一带习俗，寻常舟船刻为龙形、龙舟的目的，和吴越民族文身一样，大概也是避蛟龙之害。龙舟竞渡应该是史前图腾社会的遗俗。由上可知，龙舟竞渡早于屈原的说法是成立的，屈原和竞渡联系又固定于五月五日是后来的事情。唐以降端午竞渡之风很盛，唐代诗人李群玉描绘竞渡：“雷奔电逝三千儿，彩舟画楫射初晖，喧江雷鼓鳞甲动，三十六龙冲龙飞。”龙舟之快速，竞赛之激烈，跃然纸上。宋元时期，江淮、江西、福建、两广诸路流行赛龙舟活动。(《元典章》卷五七)

明代南方地方志记载竞渡事颇多。弘治《温州府志》说：“是日各乡造龙舟竞渡叶水心，所谓一村一船遍一邦，祈年赛愿，从其俗是也。但互争胜负，至殴伤溺水者。”温州竞渡活动遍及各村，十分普及，竞渡也时常引起斗殴。类似的记载在方志中是不少的。每届竞渡之时，人民聚观如堵，并持酒肉慰劳胜者，叫作“赏标”。值得注意的是明人对竞渡目的的记载，崇祯福建《海澄县志》说：“所在竞渡非惟屈原，亦以避邪。”崇祯福建《尤溪县志》记载当地“斗龙舟以祛瘴疠”。避邪、祛瘴疠的说法表明这是竞渡的原始意义，纪念屈原是后世附加的。另外方志中的记载竞渡不限于端午，说明竞渡非为屈原而兴，如万历《会稽县志》说：“夏至祀先以面，农人竞渡于通津，衣小儿衣，

孝女投江
(後漢書列女傳)孝女曹娥者。會稽上虞人。父盱能絃歌為巫祝。漢安二年五月五日。于縣江泝濤迎婆娑神溺死。娥年十四。乃沿江號哭。晝夜不絕聲。尋遂投江。
每日古事畫
五月初五日


曹娥投江

清康熙刻本《隋唐演义》插图“剪彩为花龙舟游乐”

1800—1820 年间纸本水彩画“龙船”

清末外销画之“赛龙舟”

歌农歌，率数十人共一舟，以后先相驰逐，观者如堵。”从竞渡和食粽风俗看，端午的起源与夏至关系密切。

明朝政府曾对竞渡采取过禁止政策。例如，弘治《温州府志》说竞渡“互争胜负，至殴伤溺水者。近来官府虽有禁，而人心技痒不能禁，庸非俗使然也”。嘉靖《常德府志》也说：“近则因争胜负，至殴伤溺死者多矣，虽有明禁，而人心技痒，不能捉之，大抵各处亦然”。万历《湖广总志》讲到竞渡时说：“楚地滨水郡县，至今为俗，然有三害：破财一也，起斗争词讼二也，不幸覆舟殒伤性命三也。细民乐为之，官府终不能禁。”看来竞渡往往会引起斗殴、溺水之事，政府有禁令，但竞技性娱乐非常吸引人，“人心技痒”追求娱乐，政府终不能禁。

## 角黍

晋周处《风土记》说，俗重端午与夏至同。“先节一日，又以菰（gū）叶裹粘米、粟、枣，以灰汁煮令熟。节日又煮肥龟，令极熟，去骨加盐豉麻蓼，名曰俎龟粘米，一名粘米，一名粽，一曰角黍。盖取阴阳包裹之象也。龟，甲表肉里、阳外阴内之形，所以赞时也。”（《太平御览》卷三一引）这是最早有关粽子的文献记载，从文中阴阳包裹未分之意看，它是指夏至阳气之至极，阴气之始至，最初应当是夏至的食品。粽子用菰叶包米而成，外形有角，故名角黍。梁《荆楚岁时记》说夏至这一天吃粽子，就足以证明我们的推测。即便后来粽子成为端午流行食品，有的地方仍保留夏至食粽子传统，如白居易《和梦得夏至忆苏州呈卢宾客》诗："忆在苏州日，常忆夏至筵，粽香筒作嫩，炙脆子鹅鲜。"可见苏州夏至吃粽子。再如北宋时苏颂《图经本草》记安徽"池阳风俗，不喜端午，而重夏至，以角黍舒雁往还，谓之朝节"。(《岁时广记》卷二四引)

后世广为流传的说法，端午食粽子是为了屈原。梁吴均《续齐谐记》说，楚人屈原因遭受谗言不被国王重用，在五月五日投汨罗江而死。楚人同情他，至此日以竹筒子贮米投水以祭之。汉建武年间，长沙人区回忽然白天见一士人，自称三闾大夫屈原，对区回说，你祭我很好，但是常年所赠之食，每被蛟龙吃掉，现在如果给我，可以楝树叶塞筒，缠上彩丝。这二种东西是蛟龙害怕的。吴均还指出，今世人五月五日作粽，并带五色丝及楝叶，皆汨罗江一带的遗风。正如中村乔认为的那样，这个传说故事是用神馔祭水神行为的传说化。所用楝叶、五色丝是具有避邪力的二物，以守卫神馔。我们看到湖南沅湘流域的粽子是一种筒粽，屈原的故事是假托的。以上记载说明这个风俗兴起于长江以南地区，从《玉烛宝典》看，隋唐已流行于北方。唐代长安宫中每到端午节造粉团、角黍。《开元天宝遗事》卷上《射团》记载："宫中每到端午节，造粉团角黍贮于金盘中，以小角造弓子，纤妙可爱。架箭射盘中粉团，中者得食，盖粉团滑腻而难射也。都中盛于此戏。"《唐六典》卷四记载："节日食料谓五月五日粽糧

（yè）。”法定粽子为端午节日食品。

宋代粽子品种丰富。《岁时杂记》说，端五粽子，名品甚多，形制不一，有角粽、锥粽、茭粽、筒粽、秤锤粽、九子粽。明清时代流行以箬（ruò）叶包裹糯米为粽，一般称为角黍，不仅家人吃，还要赠送亲戚朋友。

明代从宣德到弘治，“朝廷每端午节赐朝官吃糕粽于午门外，酒数行而出。文职大臣仍从驾幸后苑，观武臣射柳，事毕皆出。上迎母后幸内沼，看划龙船，炮声不绝”（陆容《菽园杂记》卷一）。主要事项有吃糕粽、观武臣射柳、看划龙船等。万历时，五月端午仍然赐百官吃粽子，端午还射柳南郊。（沈德符《万历野获编·补遗》卷三《淹九》）

# 夏至与天贶

五月的夏至节和六月的天贶（kuàng，赐予）节，是继端午之后的两个夏季节日。此二节规模不大，但有特色。

# 夏至

二十四节气中的夏至，时间在农历五月中旬（公历6月22日左右），是北半球一年中白天最长的日子，为夏季开始，其后白昼渐短。古人认为这时阳气至极，阴气始至，由于夏至的这些特点，被视为节日。

夏至作为节日，纳入了古代祭神礼典。《周礼·春官·神仕》说，"以夏日至致地示物魅"。即在夏至那天，召致地示物魅来祭祀他们，认为如此可消除国中的疫病、荒年与人民的饥饿死亡。此俗也见于汉朝的制度，《史记·封禅书》说："夏日至，祭地祇。皆用乐舞，而神乃可得而礼也。"汉以后历朝多有实行夏至祭地典礼的。

夏至时值麦收，自古以来有在此时庆祝丰收祭祀祖先之俗。东汉《四民月令》："夏至之日，荐麦鱼于祖祢。厥明祀冢。前期一日，馔具，齐，扫涤，如荐韭卵。"《荆楚岁时记》说夏至节这一天，取菊花研成粉末，用来防止小麦虫害。明清方志反映出民间在夏至举行秋报、食麦、祭祖活动，如嘉靖河北《威县志》："夏至，村落各率长幼以祭，名曰麦秋报。"感谢天赐丰收。万历安徽《滁阳志》："至日食小麦、豌豆、郁李，戴野大麦一日，具疏食祀天神，人家多不荤。"弘治江苏《吴江县志》："夏

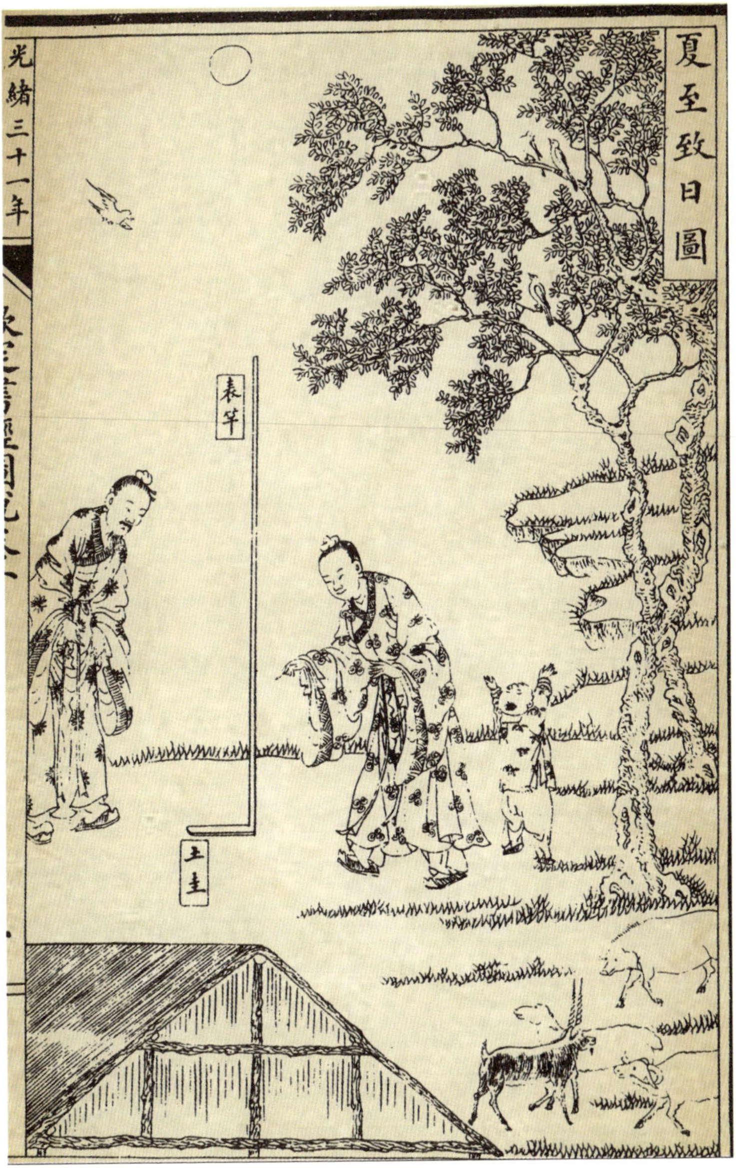


“夏至致日图”

至日，作麦粽，祭先毕则以相饷。”前面已提到夏至食粽，这里特别指食麦粽。正德《姑苏志》讲苏州“夏至作角黍，食李以解注夏疾”。并引范成大之说：“以李核为囊带之，云疗饐。”除了粽子外，我们还看到了有关李子解病，疗饐的风俗。另外民间有“冬至馄饨夏至面”的说法，吃面条也是夏至食俗，夏至食俗往往同减轻炎热有关。《太平御览》卷二二引葛洪《抱朴子》说：“或问不热之道，答曰：或以立夏日服六壬六癸之符，或服玄冰之丸，或服飞霜之散。”

夏至15天，分为上时（头时）三天，中时五天，末时七天。入伏有禁忌之俗。《渊鉴类函》记载汉朝规定：“伏日厉鬼行，故尽日闭，不干他事。”明崇祯浙江《乌程县志》记载：“是日家家祀先，俗谓之断梅，至后三日谓之上时，又五日名中时，又七日名末时。半月内不许临灰浣衣，即《月令》‘勿刈蓝以染、毋烧灰、毋瀑布之意’。”

北方少数民族也重视夏至节。唐人段成式《酉阳杂俎·礼异》说：“夏至日，进扇及粉脂囊，皆有辞。”此俗传至辽代，《辽史·礼志》：“夏至之日，俗谓之‘朝节’，妇人进彩扇，以粉脂囊相赠遗。”所谓‘朝节’即互相赠送礼物，如《岁时广记》引《图经》说，安徽池阳风俗重视夏至，“以角黍舒雁往还，谓之朝节”。

夏至以后，气候转热，古人有“夏九九”之歌，据元人陆冰《吴下田家志》记载：

一九至二九，扇子弗离手；
三九二十七，冰水甜如蜜；
四九三十六，拭汗如出浴；
五九四十五，树头秋叶舞；
六九五十四，乘凉弗入寺；
七九六十三，床头寻被单；
八九七十二，思量盖夹被；
九九八十一，家家打炭墼（jī）。

夏九九反映出最热的时候是在三九、四九。民间又在夏至后遇庚日，为出霉日，称为“断梅（霉）”。

更为古老和流行的计算热天的办法是用伏日。根据《史记·秦本纪》，可知秦德公二年（公元前676年）就创立了伏日的计算方法。“正义”引《历异辞》说伏是“金气伏藏之日”，这是因为立秋是以金代火之故，即伏是金秋阴气潜伏上升之时，如《汉书·郊祀志》颜师古注：“伏者，谓阴气将起，近于残阳，而未得升，故为藏伏，因名伏日也。”伏的确定是以夏至后第三个庚日进入初伏，第四个庚日为中伏，立秋后第一个庚日为末伏，各十天，叫作“三伏天”，是一年中最热之时。伏日有一些习俗：一是用冰。《周礼·冢宰》载藏冰之制，冬藏夏用，历朝据此有用冰制度。《唐会要》记载，夏至日颁冰及酒，因酒味浓，和冰而饮，类似威士忌。《开元天宝遗事》卷下记载了一个故事：“杨国忠子弟，以奸媚结识朝士，每至伏日，取坚冰令工人镂为凤兽之形，或饰以金环彩带，置之雕盘中，送与王公大臣。惟张九龄不受此惠。”宋代自初伏日为始，每日赐近臣冰人四匣，凡六次，还有冰麨（chǎo）面三品等。（《岁时广记》引《岁时杂记》）梅尧臣《中伏日永叔造冰》咏道：“日色若炎火，正当三伏时，盘冰赐近臣，络绎中使驰。”讲的就是颁冰情形，当时梅尧臣得到朋友欧阳修从皇帝那里多赐之冰，很高兴，于是作诗纪念。二是伏日吃汤饼，即汤面。《荆楚岁时记》说，六月伏日，家家煮汤面吃，是为了辟除邪恶。可见此俗之盛。说到汤饼，三国时还有一个故事。《初学记》卷一〇引鱼豢《魏略》讲到：何晏风度很美，皮肤特别白，魏国皇帝以为他搽粉所致，到了夏天，皇帝叫何晏来吃热汤面，出了一脸大汗，何晏用衣服拭汗，脸色洁白，皇帝才相信他的确长得白。看来伏日吃汤饼，自三国魏就有了。至清代，《清嘉录》说苏州三伏天中午卖半汤大面，早晚有臊子面。还说街坊叫卖凉粉、鲜果、瓜、藕、芥辣索粉等爽口之物，茶坊则以金银花、菊花点汤，谓之双花。可能是为了败火。三是利用防暑降温器具。《清嘉录》说三伏天人们使用蕉扇扇风，用苎布、麻布、蒲鞋服饰，凉席有草席、竹席，有称作“竹夫人”的竹枕、藤枕。四是纳凉，以打发伏天暑热。人们往往泊舟水上，斗牌、听清唱、说书，借乘凉行乐。

清《点石斋画报》之“竹妖入梦图”

## 天贶

天贶节是宋真宗利用道教的产物。景德元年（公元 1004 年），辽兵南下，形势危急，宋真宗在主战派寇准等人力劝下御驾亲征，被辽兵围于澶州，遂订立澶渊之盟议和。此后真宗无意对辽用兵，景德四年大臣王钦若向真宗献策：不用兵而以封禅“镇服四海，夸示戎狄”。（《续资治通鉴》）即真宗君臣针对契丹人敬畏天命的信仰，用封禅、得天瑞神化宋朝，震慑辽国君臣，使其打消南侵念头。（《宋史·真宗本纪》赞文）

大中祥符元年（公元 1008 年）开始，真宗君臣上演了“天书”降临骗术。正月乙丑，有黄帛曳左承天门南鸱吻上。真宗召群臣至承天门取下“天书”，启封后，内有黄色书写文字三幅，号称“大中祥符”，于是改元此名，极力张扬。六月六日，天书再降于泰山醴泉县。十月，真宗率大臣奉天书到泰山封禅。二年五月初八颁诏：“其六月六日天书降泰山日，宣令设醮，在京、诸州并赐休假一日。”又从欧阳彪之请，于四年正月下诏：“六月六日为天贶节，在京禁屠宰九日。诏诸路并禁。”正式将六月初六命名为天贶节。所谓天贶节，即天赐节。同年六月六日诏曰：“天贶节日，宰臣亲王于上清宫行香赐会，参知政事一员开宝寺塔行香毕，即复上清宫，宴设。”九日诏：“天贶节日诸路并禁屠宰。”

天贶节“曝书”图像

五年又诏：“天贶节一日毋得行刑。”（《宋会要辑稿》礼五七）由上可见，真宗时代制定的天贶节，政府要休假一天，禁屠九天，停刑一天，官员到道观行香，京城上清宫等处还要建道场。《岁时广记》卷二四引南宋宁宗《嘉泰事例》：“令诸州立圣祖殿，天贶节州吏率在城官朝谒。”天贶节进一步制度化。

宋代六月六日天贶节虽是真宗君臣编创的，但也有一定的民俗基础，六月六日被视为特殊的日子。医俗方面，《图经本草》说，豨（xī）莶，俗呼火杴（xiān）草，“近世多有单服者，云其

明成化“水陆道场忏法神鬼像图”

益亢气”，蜀人服之之法，五月五日、六月六日、九月九日采叶制药，服之“治肝肾风气，四肢麻痹、骨间痛、腰膝无力者，亦能行大肠气”。《经验方》说：“治遍身如金色，瓜蒂四十九个，须是六月六日收者”，用丁香四十九个制药。《经验后方》载，炼谷子煎法，取谷子（楮实）五升，六月六日采，以水一石煮成。此法出自《抱朴子》：“楮实者服之，老者少，令人夜能彻视鬼神。”食俗方面，东汉崔寔《四民月令》说：“是月六日，可种葵，可作粬。”（缪启愉辑释本）唐韩鄂《四时纂要》讲到六月六日造“法曲”，即按一定的时期，采取一定的方法配制并保证一定质量的曲。北宋《岁时杂记》也说医方所用神曲，皆六月六日所造。《本草》说“曲味甘大暖，六月作者良”。也就是说民间有六月六日造曲习俗。《析津志》讲元大都六月六日人们五更起来汲水，以备合酱之用，认为此水和腊水相同，并在此日晒干肉，可有腊味。还有造醋之俗，《治生先务》载：“闽人以六月六日造谷醋合酱豉，云其日水好。”另外，道教强调六月六日是特殊日子，《道藏》中有“六月六日为清暑之日”的记载。还有是日为崇宁真君、真武灵应君降诞之日，护国显应公诞生之日的说法。（以上均见《岁时广记》卷二四）

宋以后各朝天贶节虽非官府法定节日，但在民间一直流传。从明清地方志记载看，六月六日已形成民俗节日，其主要事项是：

曝衣晒书。夏季晒物是古代传统，东汉《四民月令》说七月七日“曝经书及衣裳”。唐《四时纂要》记载五月起晒画卷、皮

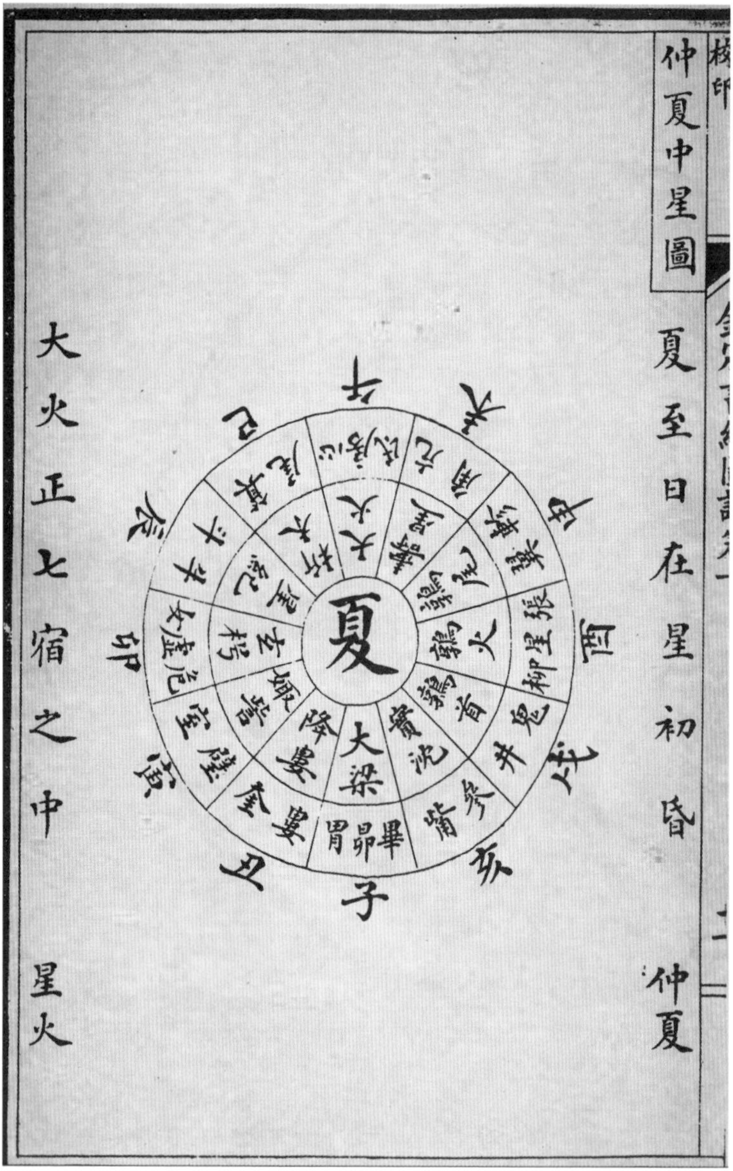
仲夏中星圖

夏至日在星初昏

仲夏

大火正七宿之中

星火



仲夏中星图

衣、衣服、缎匹、图章、书籍，每遇到晴朗的天气都要晒，从本月一直晒到八月。明清时代曝衣晒物基本上固定在六月六日，崇祯《嘉兴县志》记载：“六月晒经书、图画、衣服、器用之类，取太阳之光，尽日而止。”万历《贵州通志》记载：“六月六，俗传龙晒衣日，华族巨姓，俱晒晾衣物等件，士人以是日晴雨卜水旱。”光绪四川《梁山县志》说当地“曝衣服、书帙于庭，以免霉虫”。《帝京岁时纪胜》讲北京清皇宫“内府銮驾库、皇史宬等处，晒晾銮仪舆仗及历朝御制诗文、书集、经史，士庶之家衣冠带履亦出曝之”。《清嘉录》讲苏州佛教习俗：“是日诸丛林各以藏经曝烈日中，僧人集村妪，为翻经会。谓翻经十次，他生可转男身。”

做酱造醋。清代四川什邡（fāng）县人张宗法《三农纪》说：“六月六日为六神交会日，取水停新净瓮中，一年不臭；是日水造酱、醋、腌物，久不坏。”此俗盛行于北方，沈榜《宛署杂记》卷一七记载：“六月六日，各家取井水收藏，以造酱醋，浸瓜茄。水取五更初汲者，即久收不坏。”嘉靖《霸州志》讲：“六日储水，经年不坏，造曲酿酒。”雍正《朔州志》说当地“晒曲作面和酱”。乾隆《西和县志》：“人家于是日汲水，可以久蓄不坏，采百草和曲以酿酒。”

食俗。有食馄饨、马齿苋及鸡粥等俗。崇祯《嘉兴县志》记载：“食馄饨：即尝春也，或云解注夏疾。”“尝春”是指庆祝夏收，“解注夏疾”是为了保命度厄。嘉靖《太仓州志》说除吃馄饨外，还有吃马齿苋的。苋菜自古以来被认为是夏季的良品，后

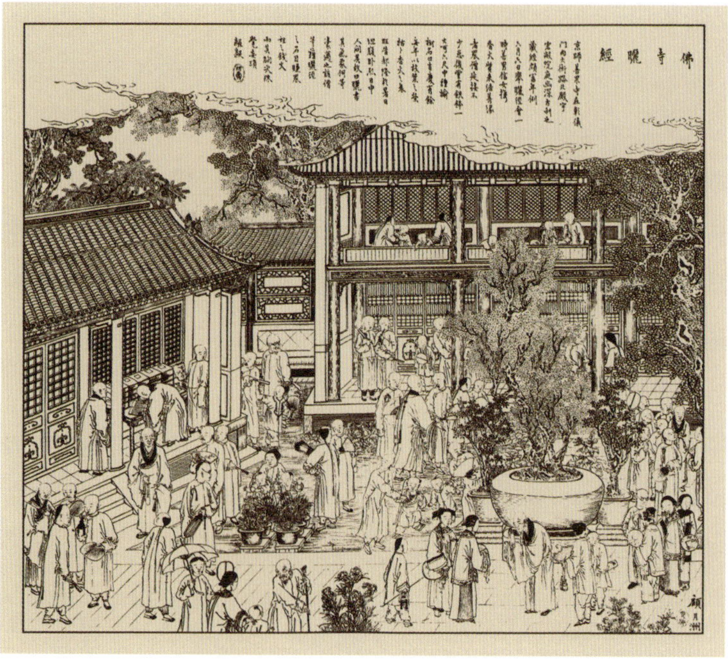


清《点石斋画报》之“佛寺晒经图”

魏《齐民要术》说六月：“饭不馊法：用生苋菜薄铺在上，盖之过夜，则不致馊坏。”万历《黄岩县志》记载：“父老或食鸡粥，谓能补阳，时阴极故云然。”

祭祖祀神。祀蜡神防止虫害，以保作物渡过灾害严重的夏季。嘉靖《石埭县志》说：“祀田神：是月六日，各农家具酒肉、米粿招（祀）蜡神，以禳苗害，祈有年。标楮或标猪首于田，俗云‘安苗’。”祭祖祀灶，体现岁末回归意识。嘉靖《武康县志》说当地是日祀灶。嘉靖《罗田县志》讲：“六月六日及七月中元日家置羹饭祀先，祭毕亲邻共享之。”从六月六日持续到中元节，要置羹饭祀先，表明六月六日也有祀祖的鬼节性质，这种死亡的主题具有岁末的特点。

浴猫犬。夏季不仅农作物面临灾害的危险，动物也是如此，人们注意动物的健康，有浴猫犬之俗。嘉靖《昆山县志》说："六月六日，浴猫犬子河，去蚤。"《清嘉录》说："六月六日，狗𩕄（huì）浴，谓六月六日牵猫犬浴于河，可避虱蛀。"人也同作物一样到了生命转换期，所以有成年礼俗，而且为保命度厄也要为小孩洗浴。嘉靖《建宁县志》强调："六月六日晒水至温，沴（lì）小儿，谓不生疮。"

# 七夕

农历七月七日晚是七夕节，民间传说牛郎和织女当晚相会，进行乞巧活动。然而七夕节的来历并非仅由于神话故事形成，它有着民间传说以外的内容。

天津杨柳青年画“天河配”

## 牵牛织女

牛郎织女本是天上的星宿，即牵牛星和织女星。初秋之夜，仰望星空，可以看见贯穿南北的星带“天河”（即银河系），河西天琴座中明亮的一颗是织女星；河东天鹰座内与织女星遥遥相对的是牵牛星（又称河鼓星）。中国古代有以北斗和黄道星座定季节的做法，织女星是其中之一。《夏小正》说，七月“汉案户”“初昏织女正东乡”。讲的是上古七月初昏时，银河正好对着门口，而织女则刚好出现在东方。可见时人以织女星出没来确定七月月序。它与北斗斗柄的指向相配合，确定七月也就是确定立秋。《星经》也记载：织女三星，在天市东端，常以七月一日、六日、七日出现东方。表明织女星是定农历七月一日的标志星，而七月七日并不是定的季节，与七月一日并提，这是七夕节原在七月一日的明证。陈久金结合土家族火把节及其先人貙（chū）人膢（lű，又读 lóu）祭习俗，指出七夕节实际上与火把节相当，它们均源于上古貙膢节。上古貙人的膢祭在立秋，立秋即相当于农历七月一日。据《风俗通义·祀典·膢》记载可知，膢节为食新节节日，即食新谷，也猎取新兽用以祭祖过节。至于七夕节在七月七日，是出于古人喜欢选择月日相同的阳数好日子作为节庆的习惯。古人观察织女星一年一度回到原来位置，确立七月和立秋，这时与织女星相对的牵牛星也同时出现，引起了人们注意。

需要指出的是，最初人们对牵牛、织女二星的命名，绝无后世牛郎、织女故事的含义，而另有所指。文献中最早有关牵牛、织女的记载是春秋时代的《诗经·小雅·大东》：

维天有汉，监亦有光。

跂彼织女，终日七襄。

虽则七襄，不成报章。

睆彼牵牛，不以服箱。

意思是：天河虽然能鉴人，但只见光而不见影。织女虽一日七更其位，但只往西去，而不向东来，徒有虚名，不能成章。牵牛星也是空有牵牛之名，不能用来驾车载物。值得注意的是，诗中的牵牛、织女并非如同一般人们所说象征着农桑的耕织，而是另有所指。中村乔提出他的新见解：

首先认为牵牛是牺牲。《史记·天官书》说："牵牛为牺牲。"牵牛的"牵"字，非指拉着，原意是牺牲，如《左传·僖公三十三年》："是脯资饩牵竭矣。"注曰：牲腥曰饩，牲生曰牵。《周礼·天官·宰夫》："掌其牢礼……宾赐之飧牵，与其陈数。"注曰："牵，牢之可牵行者。"指牵行的生牲。从文字学考察，生牲是牵字的初义。《说文》第二上解释"牽"："从牛，象引牛之縻也。"由"牛"和"冖"构成的字是"牢"，牢闲中的牛羊意味着牢牲。即"牵"字是"牢"和"玄"构成的字，"玄"是引牛的縻，以象穿过牛鼻之绳。这样，牵牢牲是牵字的初义，供荐神的牢牲是"牵牛"的本来姿态。那么作为牺牲的牵牛是什么意思呢？在此，牵牛织女二星常是和天河三位一体，即二星之祭不仅意味着牵牛织女，还应当理解为天河之祭。如果观察地上的河祭，可知主要用大牢。例如，卜辞例有："己卯贞，于河奠三牛，沉三牛。"（《战后津京新获甲骨集》3916）《淮南子·说山训》"刓（kūn 髡）屯犁牛，既䰎以犕（xiū），决潩（bì）而羁，生子而牺，尸祝斋戒，以沉诸河。河伯岂羞，其所从出，辞而不享哉。"而且甲骨文证实，以牛祭河是祈念丰穰。因此，牵牛是作为用于祈念丰穰祭祀牺牲被供荐的太牢。

其次，认为织女是嫁于河神之女。在把牵牛作为供荐河神的牺牲的情形下，有必要考察织女与河祭的关系。即织女不是象征一般女子工作的蚕织，而应该是在河祭仪式中和牵牛的对应。《史记·六国年表》秦灵公八年（公元前417年）条："城堑河濒，初以君主（索隐曰：君主犹言公主也）妻河。"当在河边筑濠时，把公主作为河神的妻子献上。另外，《史记·滑稽列传》有这样的记载：魏文侯时，邺城令西门豹改变了当地每年选送作为河伯妻子的民间好女子的风俗。《庄子·人间世》说："牛之白颡（sǎng）者与豚之亢鼻者与人有痔病者，不可以适河。"上述情形下的人，是作为妻献给河神的女子。这些虽是战国时代的事例，却可知古老的河祭有嫁女与河神的风俗。《滑稽列传》的嫁河事例中，让从人家选来的女子洗沐，使其穿新衣闲居斋戒，于河上选斋宫，设缇绛帷帐，在其中住十余日，然后把载有嫁人的床席，浮于河中，行数十里而没。《滑稽列传》没有记载住在河上

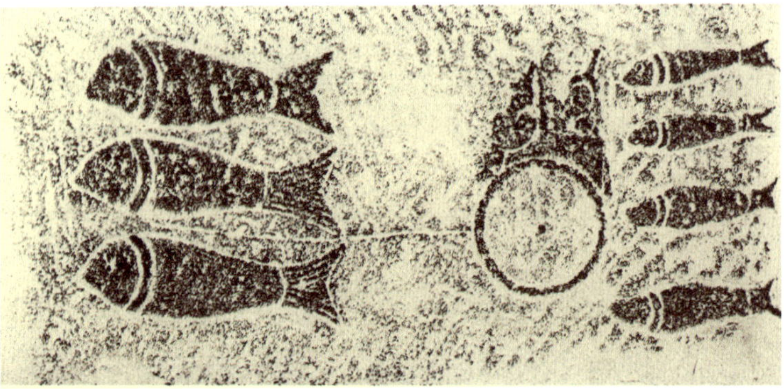

河南唐河出土“河伯出行图”

斋宫的女子织机之事，但是《淮南子·说林训》载：“曹氏之裂布。”高诱注：“今俗间，以始织布系著其旁，谓之曹布。”把始织布系在机旁，有献给神之意。从这样的观念看，嫁女应当考虑织神的新衣，织女的名字由此表示，特别是织女和作为牺牲的牵牛对应。织女、牵牛出现之时，正值农作物从繁育期到收获期，不难想象古人将此作为带来繁育和丰收而神化，将祈求丰收的地上河祭投影到天河与夹河之二星，天河和牵牛、织女的认识出现了。其性质原本与河神相同。

牵牛、织女传说最早反映的是他们不能聚会的悲剧性恋爱主题。东汉时代的作品《古诗十九首》中有这样的诗：

迢迢牵牛星，皎皎河汉女。
纤纤擢素手，札札弄机杼。
终日不成章，泣涕零如雨。
河汉清且浅，相去复几许？

四川出土“龙虎戏璧、牛郎织女画像”

盈盈一水间，脉脉不得语。

中村乔指出，牵牛织女悲剧性恋爱反映了河祭主祭者和神的关系。织女常常处于慕恋的立场，与其说是当时女性的地位和心情，不如说是追求神的主祭的投影。《楚辞·湘君篇》是祭湘水之神所歌，像“望夫君兮未来，吹参差兮谁思”的句子，很明显是把神作为期待的恋人的诗歌。这是因为主祭者希冀神的来临，被喻为思念恋人的恋心。湘君是男神还是女神有两说并存，主祭者是男是女也不清楚。但是《史记·滑稽列传》所记西门豹之事中，祭河神的主祭者是女巫。《楚辞·九歌·河伯篇》的主祭者也是女巫。主祭者是女巫，容易将性格移入织女。这样赋予牵牛、织女二星新的性格，把悲剧性恋爱作为主题的故事就产生了。另外，牵牛的拟人化最早可见东汉班固的《西都赋》：“集乎豫章之宇，临乎昆明之池。左牵牛而右织女，似云汉之无涯。”关于赋中的牵牛织女，李善《文选注》对汉宫阙疏曰：“昆明池有二石人，以像牵牛织女。”昆明池为西汉武帝元狩年间开凿，昆明池附近现存二石像，很可能西汉已制作了石人。这样，牵牛、织女在西汉已被拟人化。从魏曹植《七咏》诗中牵牛、织女相会未有日期和七夕聚会最早见于晋周处《风土记》来看，牵牛织女七夕相会的故事恐怕是在东汉末年产生的。东汉末至魏晋是故事兴盛之时。

前面提到牵牛织女最早引人注目，是基于以织女作为七月立秋的标志星，适逢农业尝新丰收祭。而将牵牛织女故事固定在七月七日，还有诸种因素。一是七夕作为半年祭同正月七日创世神话相联系，恰好为半年。二是汉魏时代人们把七日作为阳数，如西汉《淮南子》记七月七日剪瓜叶，《淮南万毕术》记七月七日涂守宫，均以事例说明七月七日是特殊日子。东汉《四民月令》也说七月七日“可合蓝丸及蜀漆丸，曝经书及衣裳，作乾糗（qiǔ），采葸耳”。七月七日是阳数重叠之日，人们相信此日制药有奇效，做其他与阳有关之事，效果也显著。最反映问题的是《风土记》所引《董勋问礼俗》：“魏时人问董勋云：‘七月七日为良日，饮食不同于古，何也？’勋云：‘七月黍熟，七日为阳数，故以糜为珍，今北人唯设汤饼，无复有糜矣。’”（《太平御览》卷三一）说明了七月尝新，七日为阳数是民间的观念，以此观念构成了七月七日与牵牛织女结合的基础。

## 乞巧种种

牵牛织女祈求丰禳的观念引出了祈盼富贵得子的习俗。《风土记》记载："七月七日，其夜洒扫于庭，露施几筵，设酒脯时果，散香粉于筵上，以祀河鼓、织女，言此二星神当会，守夜者咸怀私愿，或云见天汉中有奕奕白气，有光耀五色，有此为征应者，便拜而愿乞富乞寿，无子乞子，唯得乞一，不得兼求，三年后言之，颇有受其祚者。"又由于织女的名称，使人联想到女工，进而乞巧。《史记·天官书》讲织女是天女孙，"正义"引东汉末占星书《荆州占》，说织女三星"王者至孝于神明，则三星俱明；不然，则暗而微，天下女工废"。看来东汉时织女已同女工即蚕织联系在一起。乞巧事在刘宋孝武帝《七夕》诗中已有反映："沿风被弱缕，迎辉贯玄针。"表现出以穿针引线乞巧的活动。《南史·后废帝本纪》说宋帝刘昱在元徽五年（公元477年）七夕节"与内人穿针"。《舆地志》记载："齐武帝起层城观，七月七日宫人多登之穿针，谓之穿针楼。"（《岁时广记》卷二六）梁宗懔《荆楚岁时记》说七月初七夜晚，家家户户的妇女结彩缕，穿七孔针。有的人用金、银、黄铜做成针，把瓜果等摆列在庭院中以乞巧。如果有蜘蛛在瓜果上织网，就认为是织女星神降临的显示。明确把穿针引线作为提高缝纫技艺的乞巧行为。南朝形成的活动一直留传到后世，民间将穿针乞巧作为七夕的代表性行为，宫廷则建进行乞巧活动的楼台，五代王仁裕《开元天宝遗事》卷下《乞巧楼》说："宫中以锦结成楼殿，高百尺，上可以胜数十人，陈以瓜果酒炙，设坐具以祀牛女二星，嫔妃各以九孔针、五色线向月穿之，过者为得巧之侯。动清商之曲，宴乐达旦。士民之家皆效之。"

《荆楚岁时记》以蜘蛛在瓜果上织网作为织女神赐巧显灵的观念，也传于后世。唐《金门岁节》说："七夕乞巧，使蛛丝结万字。"(《岁时广记》卷二六引）至唐代《开元天宝遗事》卷下《蛛丝卜巧》记载，玄宗与杨贵妃每至七月七日夜在华清宫游宴，各捉蜘蛛放在小盒内，至晓开启，观察蜘蛛网的稀密，以为得巧的表示。密则巧多，稀则巧少。民间也仿效他们。蜘蛛乞巧之俗一直流传后世，清道光安徽《繁昌县志书》说："闺秀设茶果于露台乞巧，夸朝中有蛛丝罗其上者，谓之得巧。"同治江西《瑞州府志》记载："妇女置蛛妆盒中，观其成网，以验巧拙。"

生豆芽、浮巧针也是乞巧的主要方式。隋杜台卿《玉烛宝典》引《淮南子》说："丰水十仞，金针投之，即见其形，乃有旧事。"可知汉代已有以针在水中形状占卜的习俗。明清时代浮巧针之俗在北方较盛。明万历《顺天府志》记载："七月浮巧针：七日民间女家盛水暴日，令女投水针浮之，初水底日影散如花，动如云，细如线，粗如槌，卜其巧拙。"小针在水面因表面张力加上水面晒时表面有尘土，可以浮在水面，投射到盆底成各种图形。豆芽菜最初被用来乞子。前引《风土记》可知，民间有七夕乞子风俗。《东京梦华录·七夕》说，开封“以绿豆、小豆、小麦，于磁器内以水浸之，生芽数寸，以红蓝彩缕束之，谓之‘种生’”。种生表达的是得子得富的生殖崇拜观念。生豆芽又演变成验巧的做法。清嘉庆四川《汉州志》说：“以绿豆浸瓷器内生芽，长数寸，摘浮水面，视影成花卉形为待巧。”类似豆芽卜巧的风俗还有用其他物品的，如同治山西《阳城县志》记载：“浮藤萝丝于水，名曰乞巧。”

七夕节还有其他风俗，如望天河以卜米价。前引《风土记》已有望天河占卜之俗，在清代，同治《醴陵县志》说：“七夕夜望天河为来年米贱之征，十一日至十四日河汉复见，年岁不佳，至十五后复见，群相乐，杜子美诗云‘米价问天河’是也。”可

《清俗纪闻》之“乞巧奠”

见此俗反映的是自古以来七夕祈求丰穰的观念。至少在唐代已有以天河卜米价之俗。又如看巧云风俗，康熙《太平府志》说“俟云雾乞巧”即是。再如表示爱美，昆山、嘉兴等地妇女七夕以凤仙花（金冈花）染指甲；万历《新昌县志》说女子“煮槿汤沐发”。还有作女工，正德《琼台县志》：“七月乞巧，用彩色纸糊作冠履衣裙，剪制金银纸为首饰带锭之类。”嘉靖《南安府志》七夕于月下“请画诸品花样，谓之乞巧”。七夕食俗也引人注目，《东京梦华录》说北宋人以面糖蜜选为笑靥（yè）儿，谓之“果食花样”。《清嘉录》记苏州乞巧用的巧果。正德《建昌府志》说当地“多用米粉煎油馅食”。七夕节最基本的习俗则是陈瓜果，焚香于庭，祭祀牵牛、织女二星，祭毕，才开始各种乞巧活动。

# 中元

农历七月十五日，是道教的中元节，佛教在这天要做盂兰盆会，民间将该日作为鬼节，有祭祖等活动。

## 盂兰盆会

盂兰盆是梵语的音译，意为“解救倒悬”。据西晋竺法护所译《盂兰盆经》记载，目连看到亡母处在饿鬼中，以钵盛饭送给母亲吃，但食未入口，就变成火炭，母亲未能得食。目连大喊大叫，跑回来禀告佛主。释迦说：你母亲的罪重，不是你一人所能解救的，需要十方众僧威神之力，到七月十五日那天，你当为七代父母、现在父母厄难中者，准备百味五果于盘中，供养十方高僧。佛主会告诫众僧，都祝愿施主的七代父母进入禅定，然后受食，那时目连母亲就可以脱离一切饿鬼之苦。目连报告佛主说，凡弟子孝顺者，可否应当设盂兰盆？佛主说很好。《盂兰盆经》在中国影响很大。

目连救母的七月十五日又是佛教“解结夏”（又称解“结制”）之日。佛教于四月十五日开始禁足以护生，即在外行走恐伤草木虫类，于是安居九十天，称为解夏或解制，至七月十五日结束，可以四处行走。七月十五日是众僧功德圆满之期，这天修供，其福可报百倍。因此信佛者在七月十五日做“盂兰盆会”，具有庆祝解夏和救母两重含义。

南北朝时期流行盂兰盆会。北齐颜之推所撰《颜氏家训·终制篇》说：“及七月半，盂兰盆望于汝也。”反映出北方已有盂兰

明万历“目连救母劝善戏文”插图

盆信仰。南朝最早见于梁武帝萧衍。《佛祖统纪》说，大同四年（公元 538 年）梁武帝到同泰寺，设盂兰盆斋。梁宗懔《荆楚岁时记》说，七月十五日，僧尼道俗都设置盂兰盆会供养众佛。由上可知，南朝梁时从皇帝、僧尼到民间信徒在七月十五日做盂兰盆会已相当普遍。

唐代盂兰盆会仍盛行宫廷。《唐六典》规定中尚署七月十五日进盂兰盆。武则天出于政治需要，力倡佛教。如意元年（公元 692 年）七月，她在洛阳城南大会僧众，“陈法供，饰盂兰”，杨炯所撰《盂兰盆赋》反映了其盛况。唐代宗也崇佛，曾令百余人

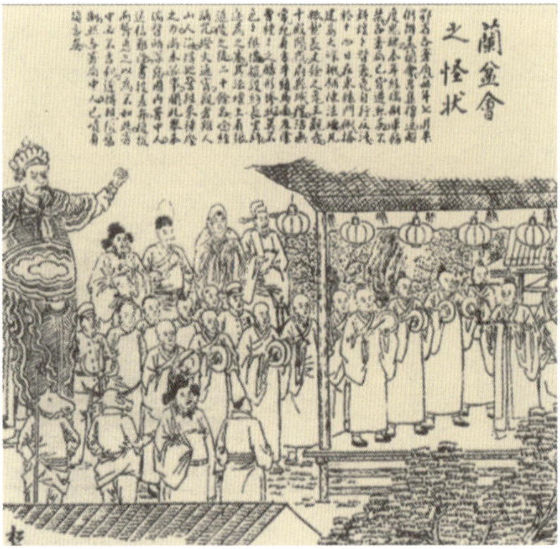


清《点石斋画报》之“兰盆会”图

于宫中陈设佛像，诵经，谓之内道场。七月望日，于内道场造盂兰盆，饰以金翠，所费百万。又设高祖以下七圣神座，备幡节、龙伞、衣裳之制，各书尊号于幡上，舁出陈于寺观。届时“排仪杖，百僚序立于光顺门以俟之，幡花鼓舞，迎呼道路，岁以为常”。（《旧唐书·王缙传》）德宗继位后取消内道场，罢内出盂兰盆。唐代民间热衷于佛事，贞元年间崔炜在岭南，中元日看到“番禺人多陈设珍异于佛庙，集百戏于开元寺”。（《太平广记》卷三四）《四时纂要》说唐人在七月十五日，取佛座下土放在肚脐中，能令人多智，厌火灾。

宋代盂兰盆会活动成为民俗的一部分。《岁时杂记》记载，北宋的律院多依据经教作盂兰盆斋，人家大率即享祭父母祖先。常以竹竿分成四五足，中置竹圈，谓之盂兰盆。画目连尊者之像

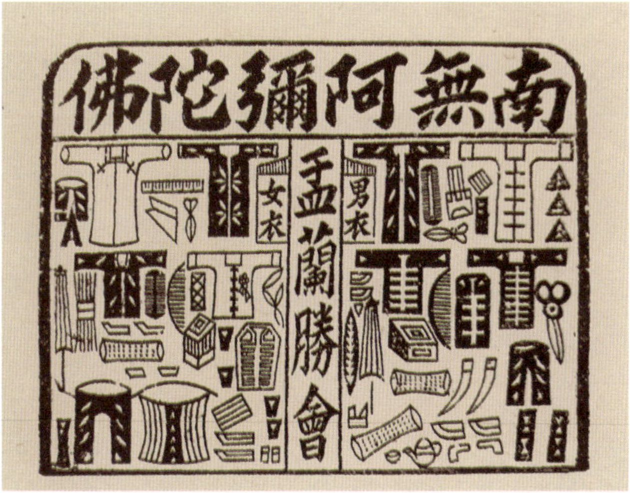


广东澄海“盂兰盛会”

插其上，祭毕加纸币焚之。作者还说：“近俗七月十五日有盂兰盆斋者，盖出释氏之教，孝子之心，不忍违众而忘亲，今定为斋享。”反映出佛教对七月十五日祭祖活动的影响。《岁时杂记》引《嘉泰事类·假宁格》记载，宋代中元节休假三天，七月十五日前后各一天。可知至少南宋宁宗时的假期如此。南宋杭州僧寺于七月十五日建盂兰会，“率施主钱米，与之荐亡”。(《梦粱录》)

明清时代盂兰盆会风俗尤盛于南方。嘉靖《萧山县志》说当地十五日僧舍各营斋供，举村荐亡，作盂兰盆会。小孩垒砖瓦作浮屠塔，燃灯于中，绕塔游戏。万历《建阳县志》：“各寺观募化男女建斋荐亡，曰兰盆会。”清人李斗《扬州画舫录》记当地七月十五日节俗甚详：“选僧为瑜珈焰口，造盂兰盆，放荷花灯，中夜开船，张灯如元夕，谓之盂兰会。盖江南中元节，每岁妇女买舟作盂兰放焰口，燃灯水面，以赌胜负，秦淮最盛。”实际上京师寺院做盂兰盆会也颇为可观，明朝浙江平湖人陆启浤《北京岁华记》说：“中元节前亦上冢，如清明，各寺设盂兰会，以长椿寺为盛。寺属大内设供，有佛骨一节如专车舍利子，变动可观。妇女夜路，哭若招魂。”清代《帝京岁时纪胜》说北京庵观寺院设盂兰会，街巷搭苫高台坐鬼王，看演经文，施放焰口，以济孤魂。锦纸扎糊法船，长至七八十尺，临池焚化。点燃河灯，谓之慈航普度。超度亡灵是佛教七月十五日节日的主题，放焰口，点荷花灯，水中放法船皆其形式。佛教的思想同祖先崇拜和孝道结合，使盂兰盆斋活动深入民间。

## 中元释义

道教将七月十五日作为中元节，认为是地官的生日，地官赦罪是中元节的主题。早在东汉末，五斗米道有“三官手书”，三官是指天、地、水。就地官的观念而言，五斗米道的治病请祷法，是书病人姓名，说服罪之意。作三通，其一埋于地。(《三国志·魏书·张鲁传》)可知地官有赦罪解病的功能。关于上元、中元、下元的三元思想，据日本学者秋月观瑛的观点，是通过《洞玄灵宝三元玉京都大献经》等，从6世纪中叶至7世纪初，在佛教盂兰盆会的影响下形成的。也就是说道教可能在当时民间节日活动

三官大帝神祃

中，把三官手书思想改造，附会为三元思想。《荆楚岁时记》说，七月十五日“僧尼道俗悉营盆供诸佛”。可见已有道教活动踪迹，正值6世纪中叶。明确的记载是在唐代，《唐六典》卷四《祠部郎中》记载了“三元斋”，讲到“七月十五日地官为中元”。玄宗曾于开元二十二年（公元734年）颁敕天下，要求百姓今后每年正月、七月、十月三元，十三至十五日禁断屠宰。(《册府元龟·帝王部》)《明皇实录》记载：“三元日，宜令崇元学士讲道德、南华等经，群公咸就观礼。”唐诗中多有以中元日为题的诗歌，说明中元一词及其节俗已流行民间。

道教对中元节有种种说法。《道经》指出，七月十五日中元，地官校阅，搜选人间，分别善恶。诸天圣众，普诣宫中，简定劫数人鬼，簿录饿鬼囚徒，一时俱集。以某日作元都大斋献，于玉京山采诸花果异物，幡幢宝盖，精膳饮食，献诸圣众。道士于其日夜讲诵老子经。“十方大圣，高咏灵篇，囚徒饿鬼，一切饱满，免于众苦，悉还人中。若非如斯，难可拔赎”。也就是说，中元为地官超度囚徒饿鬼之日。文中的玉京山是道教大罗天之上天帝所居之地。上述《道经》只出现了地官和十方大圣之类泛称，《道藏经》则更为具体指出，七月十五日乃太上老君同元始天尊会集说法召十方天帝神仙真圣之日。《真武经》具体记载了元始天尊说天上至真妙法的情形。而《正一旨要》更把地官具体化：“九地灵官神仙兵马无殃数众，名山洞府，神仙兵马，同下人间，校戒罪福，大宜拜表上章，祈恩谢过。”至于超度亡灵，道教有《度人经》，说“七月长斋，诵咏是经，身得神仙，诸天

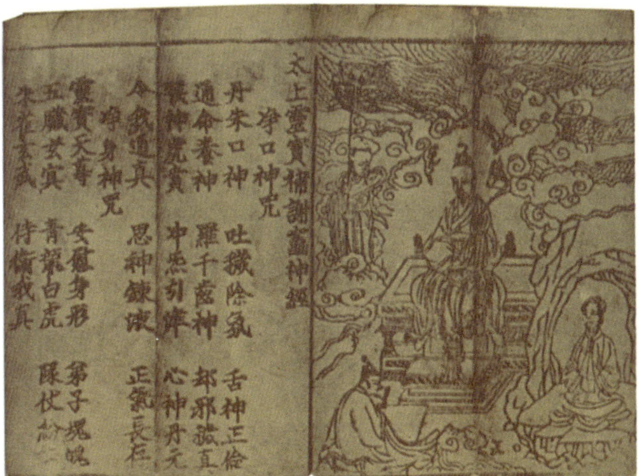

太上靈寶補謝竈神經

淨口神咒

丹朱口神　吐穢除氛　舌神正倫
通命養神　羅千齒神　却邪衛真
喉神虎賁　中炁引津　心神丹元
令我通真　思神鍊液　正氣長存

淨身神咒

靈寶天尊　安慰身形　弟子魂魄
五臟玄冥　青龍白虎　隊仗紛紜
朱雀玄武　侍衛我真

上：河南南阳出土“天帝出行画像”
下：宁夏同心康济寺出土“三官宝经”

书名，黄箓白简，削死上生”。（以上均转引自《岁时广记》卷二九）

道教给予七月十五日的影响虽不及佛教，但也有相当程度。反映南宋杭州风俗的《武林旧事》说：“七月十五日，道教谓之中元节，各有斋醮等会。”嘉靖河南《归德志》讲当地中元日有祀三官之俗。中元节也是主宰冥事的城隍出巡之日，十分热闹，宗教信仰者往往持斋诵经。

## 祭祖活动

七月十五日成为节日，显然是受佛道影响形成的，不过也有一定的中国民间习俗为基础。唐人戎昱《开元观陪杜大夫中元日观乐》有句：“今朝欢称玉京天，况值吴东俗理年。”所谓“理年”，当时有理庄稼年成之意。中国古代有秋成向祖先荐新的礼俗，如嘉靖山东《夏津县志》说：“中元荐新。”崇祯江苏《泰州志》记该地中元日：“人家皆祀先荐新。”佛道宣扬超度亡灵，恰好和民间观念结合，使七月十五日成为祭祖的日子。《东京梦华录》的记载可以证明我们的看法。北宋开封府中元前一日，卖麻谷窠儿，系在享祖所用桌子脚上，“乃告祖先秋成之意”。十五日供养祖先素食，天亮，沿门叫卖穄（jì）米（黄稷米）饭，“亦告成之意”。《岁时杂记》对使用“麻谷”也有说明：“取麻谷长本者，维之几案四角。”并说祭父母祖先，用瓜果、楝叶、生花、花盆、米食，略与七夕祭牵牛、织女同。也使我们看到中元节与七夕相近，祭祖活动受七夕影响的情形。向祖先“告秋成”是七月十五日的重要内容。《岁时广记》引《钱状元家范》还记载了烧素食之俗：“近世以七月十五日为烧衣节，盖本浮屠之说，不足依据，然佛老宫祠，所在有之，亦祖考平生游思更衣之地，因设素食于此烧之，理亦可行。”烧衣之俗在元大都也有反映：“富人家祀，先用麻秸奠酒为诚，买纸钱冥衣烧化于坟，谓之‘送寒衣’。仍以新土覆墓。”（《析津志辑佚》，按书中将该条系于七夕中，似为中元之俗）送衣食、告秋成均表达的是对祖先的怀念。祀告是七月十五日的民俗主题，反映了百姓的观念。

明清时代北方中元节麻谷作用突出。嘉靖河北《广平府志》记载：“十五日农人挂纸钱于田畔，谓之挂地头钱，取麻谷置于庭间并门侧，至晚送于墓祭所。”嘉靖河北《清苑县志》也说：“中元树麻谷子门左右，祭墓，曰麻谷祭。”反映出麻谷两大用处，一是门悬麻谷，二是祭墓。“麻谷祭”突出说明了麻谷的作用，而在陕西府谷，干脆把中元节称为麻谷节。麻谷是秋成告祖之物，也是告神之物。嘉靖河南《尉氏县志》记载：“十五日中元节，上坟祭扫，割麻枝、谷穗插门外，并献神。”此神当是农神。天启安徽《来安县志》说：“是月望，祀先农，家置酒劳力田者。”同治山西《阳城县志》讲当地“搏面肖麻谷、人物各形，竞祀田祖，并上冢焚纸祀先”。均是秋报的反映。

烧衣、烧纸钱习俗也是明清中元节的重要内容。嘉靖江西《南安府志》说，十五日“人家则用彩色纸糊为冠履衣裾，剪制

云南大理“烧包”

金银为首饰带锭之类，备牲礼祀祖先毕焚之”。万历福建《建阳县志》记载：“中元设祖考斋宴荐献于家，焚金银钱锭于门，俗称鬼节。”烧衣，又称焚冥衣，烧包袱。所谓“烧包袱”，同治湖北《宜昌府志》解释道：“祭祖宰牲，用纸封楮钱，名曰包袱，上书祖考姓名，祭奠焚化。”

南方江南、闽赣聚族而居地区，士大夫衣冠之家祭祖往往在祠堂进行。

# 中秋

农历八月十五日的中秋节，正值秋高气爽的月圆之夜，圆圆的月亮挂在空中，月色皎洁，是一个以赏月吃月饼为主要内容的节日。

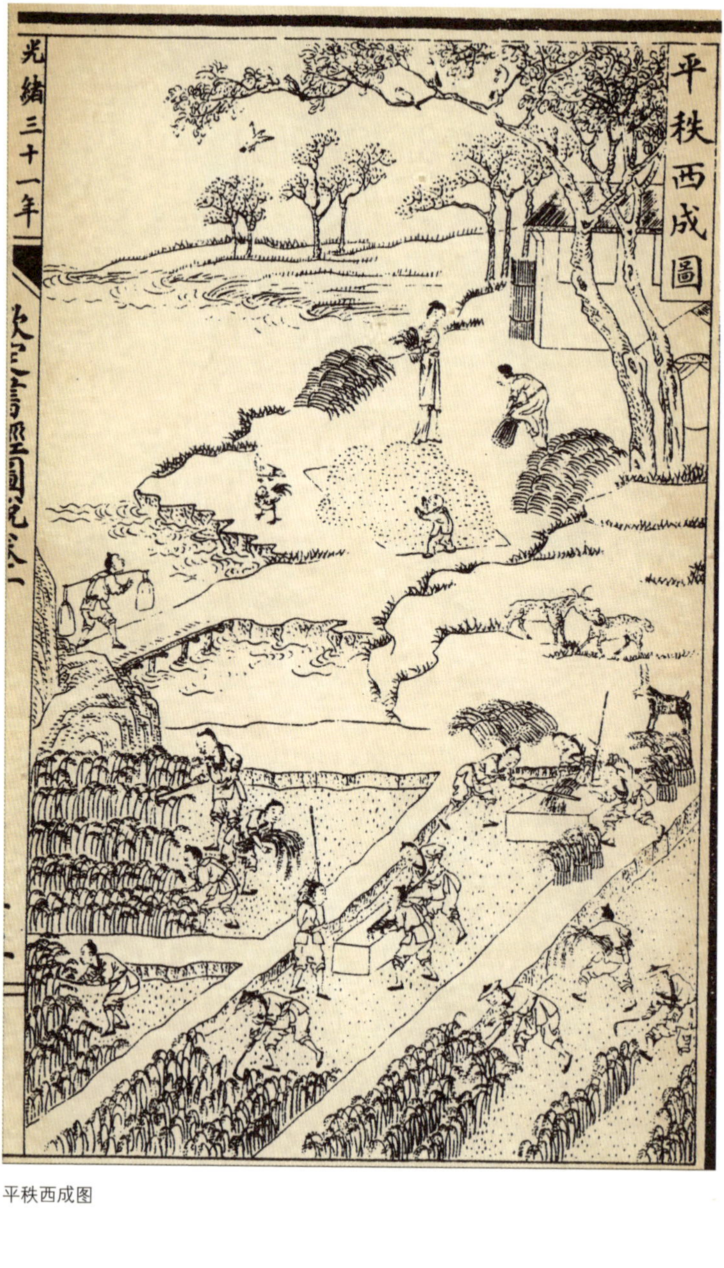


平秩西成图

## 玩月拜月

中秋一词的含义有二：一是中秋八月，二是指作为节日的八月十五日。最早出现的“中秋”一词是指前者，《周礼·春官·籥（yuè，乐器）师》说：“中春，昼击土鼓，吹豳诗，以逆暑：中秋夜迎寒，亦如之。”据东汉郑玄注可知，豳诗指《诗经·豳风·七月》，是言寒暑之事的迎气歌，迎暑以昼求诸阳，迎寒暑以夜求诸阴。换言之，中秋八月夜晚迎寒气之阴，与仲春二月白天迎暑气之阳对应。即寒暑的代表是月亮和太阳，唐人陆德明为《周礼》“圭璧以祀日月星辰”句的释文说：“祭日月谓若春分朝日，秋分夕月。”夕月就是秋分晚上祭月，也就是所谓“迎寒”。古代二、八月春、秋分的迎暑寒之气、祭日月，反映出天体崇拜和时间周期的观念，也被纳入阴阳的理论。

中国古代有关月亮的神话传说很丰富。嫦娥奔月故事在战国已经出现，《山海经》说“帝俊妻常羲，生月十有二”。《周易·归藏》记载：“昔嫦娥以西王母不死之药服之，遂奔月为月精。”至汉代，《淮南子·览冥训》讲月精实为蟾蜍，是由后羿妻姮娥所变。姮娥、常娥、常羲实为一人，即后世所说的嫦娥。刘向《五经通义》讲：“月中有兔与蟾蜍”，可知汉代已有“月中有兔”之说。于是又产生了月中有蟾蜍、玉兔捣药的传说。而吴刚伐桂的

校印
仲秋中星圖
欽定書經圖說卷一
十三
秋分日在房初昏 仲秋
星虛正七宿之中 星虛
秋
申
酉
戌
亥
子
丑
寅
卯
辰
巳
午
未
大火
壽星
鶉尾
鶉火
鶉首
實沈
大梁
降婁
析木
心房氐
亢角
軫翼
張星柳
鬼井
參觜
畢昴胃
尾箕
仲秋中星图

河南南阳出土汉代“嫦娥奔月画像”

传说从《淮南子》“月中有桂树”的记载可见端倪，至唐《酉阳杂俎》则呈现出一个吴刚学仙有过、谪令伐桂树、树随创合永无止境的完整故事。

月亮神话传说反映出人们对月亮知识的追求，并演变成赏月之俗。古乐府有《孀娥怨》之曲，系汉朝人因中秋无月而度此曲。南朝刘宋时鲍照《玩月城西门廨中》有句：“始见西南楼，纤纤如玉钩……三五二八时，千里与君同，夜移衡汉落，徘徊帷户中。”(《昭明文选》卷三〇）所谓“三五二八时”，三五为十五日，二八是十六日，特别是题目的“玩月”即赏月词汇直到清代还一直使用。

据学者统计，唐诗中现存有九十余首歌咏中秋的诗篇，反映出唐代文人赏月风气。从诗歌的题目看，多是在“中秋月”或“中秋夜”“玩月”“对月”“望月”及“看月”“待月”等，表现的内容则是以赏月抒发感情。诗篇所涉及的中秋时间是八月十五日，也有十四日，十一至十五夜、十六日、十七日，十六七日赏月一般是因为十五日未能很好赏月所致。也就是说，从南朝到唐代，中秋已固定在八月十五日。《开元天宝遗事》卷下《望月台》记载，玄宗与杨贵妃在八月十五日夜临太液池，凭栏望月，还使人在池西筑百尺高台，以备来年望月。这都说明八月十五日望月的习俗。唐人欧阳詹《玩月诗序》说："八月之于秋，季始孟终；十五于夜，又月之中。稽于天道，则寒暑均；取于月数，则蟾兔圆。"八月十五是秋之中、月之中的月圆之时，所以被固定为"中秋"。实际上这也是因为秋分日期不固定，不能准确反映"中秋"而导致节日的固定化。不过唐代的八月十五日赏月只是一种民俗活动，并没纳入官方的节日系统，尚未成为"节"。难怪日僧圆仁《入唐求法巡礼行记》卷二说："（八月）十五日，寺家设馎饨饼食等，作八月十五日之节。斯节诸国未有，唯新罗国独有此节。"所谓"唯新罗国独有此节"，指新罗是将八月十五作为法定节日，休息三天，纪念从前与渤海国相战获胜。唐朝没有此节，指官府未把八月十五日作为法定节日。这是一位初来乍到的外国人对中国节日的感觉和理解。

宋代中秋节开始深入民间。《东京梦华录》说开封"中秋夜，贵家结饰台榭，民间争占酒楼玩月"。民间争占酒楼玩月是值得注意的。南宋杭州八月十五赏月更盛，《梦粱录》说王孙公子、富家巨室临轩玩月外，"至如铺席之家，亦登小小月台，安排家宴，团圆子女"。不肯虚度好时光，玩月游人至晚不散，以家宴团圆是中秋节进一步普及的标志。南宋《新编醉翁谈录》更为详细地记载了拜月风俗："京师赏月之会，异于他乡。倾城人家，

清·陈枚绘《月曼清游图册·琼台玩月》

不以贫富，能行者至十二三，皆以成人之服饰之，登楼或于庭中焚香拜月，各有所期。男则愿早步蟾宫，高攀仙桂……女则愿貌似嫦娥，圆如洁月。”文中出现了“拜月”一词，反映出人们对月亮的崇拜，较之玩月等词，更显示出虔诚的心态和节日行为的仪式化。杭州城的赏月是全民行为，实际上从唐至宋，文献中反映出的赏月民俗，主要发生在都城。

明清时期赏月风俗普及，表现在各地方志列出“中秋”节加以介绍。其内容是，一般要在庭中陈瓜果、月饼供月，进行祭拜，然后赏月。《帝京景物略·春场》说八月十五日祭月，人们在纸肆购买月光纸，家设月光位，“于月所出方，向月供而拜，则焚月光纸，撤所供，散家之人必遍”。又如嘉靖河南《固始县志》记载：“中秋列瓜果酒饼，男女望月罗拜，已而欢饮，谓之玩月。”这是男女一起拜月、玩月。有的地区则流行“男不拜月，女不祭灶”之说，如嘉靖《惠州府志》：“妇女则拜月卜祥兆。”又如嘉靖《太仓州志》说当地“富家妇女设瓜果圆饼，中庭以拜月”。还有的地方是儿童拜月，同治浙江《仁和县志》便是“儿童陈月饼，罗拜于庭，谓之拜月”。拜月，前面提到的“有光纸”或“烧月宫纸马”，（万历《帝京景物略》）此外还有“祀月姑”（嘉靖《南安府志》）和“请月姑”等说法。明清时期中秋节还有一个特征就是众人出外游赏的活动，万历浙江《严州府志》说中秋“夕则瞻河汉步月行歌，竟夕欢娱”。《清嘉录》讲苏州中秋之夜：“妇女盛妆出游，互相往还，或随喜尼庵，鸡声喔喔，犹婆娑月下，谓之走月亮。”

## 月饼由来

众所周知，月饼是中秋节的节日食品，月饼的出现和普及一定程度上标志着中秋节的形成。韩养民、郭兴文认为：“吃月饼的风俗据记载唐代已有之。《洛中见闻》中说：唐僖宗在中秋节吃月饼，味极美。他听说新科进士在曲江开宴，便命御膳房用绫包裹月饼赏赐给他们，这是月饼初见记载。”（韩养民、郭兴文《中国古代节日风俗》，陕西人民出版社1987年版，第252页）

宋代有关“月饼”的记载开始多起来。首先是宋人喜欢将月亮比喻为“金饼”。苏舜卿《中秋松江新桥对月和柳令之作》有句："云头艳艳开金饼"。《和解生中秋月》有"金饼隔林明"之句。《古今词话》说："状玉盘又拟金饼"。另外，食物中也有"月饼类"食品，五代宋初陶谷《清异录》卷四《馐馔》记载开封有卖"玩月羹"的。郑望之《膳夫录》说"汴中节食，中秋玩月羹"。(《岁时广记》引）苏轼《留别廉守》诗句有"小饼如嚼月，中有酥与饴"。特别是《武林旧事》卷六在"蒸作从食"下，列有"月饼"。看来宋代出现月饼是可靠的，但仍不普及。

元明间陶宗仪《元氏掖庭记》记载元武宗"酌元霜之酒，啖华月之糕"。元末以来流行着这样的说法，张士诚起义时，利用中秋向亲友赠送月饼的机会，在月饼里夹着起义的通知："八月十五杀鞑子"，约齐各地共同在中秋起事。此后中秋吃月饼及馈赠亲友成为风俗。这个故事的可靠性如何且不管，但明代开始普遍于中秋节吃月饼确是事实。

明代方志中记载中秋吃月饼是普遍的。在北方，如嘉靖《威县志》："中秋，置酒玩月，为月饼馈之。"在南方，崇祯《嘉兴县》记载："十五是为中秋，作饼肖月形，曰月饼，有相馈遗者，取团圆之义。"月饼还有其他名称，或曰面饼，嘉靖河南《夏邑县志》称："乡市民设西瓜面饼于庭，曰团月。"或曰团圆饼，嘉靖河南《通许县志》说："中秋，月初上时陈瓜果酒肴于中庭，以面作一大饼，祭毕家人分食，谓之团圆饼。"南到广东，正德《琼台志》也讲"城市以面为大饼，名团圆饼"。或曰圆饼，嘉靖江苏《太仓州志》："富家妇女设瓜果圆饼中庭，以拜月。"崇祯浙江《宁海县志》说："八月中秋，以西瓜、圆饼赏月，取团圆

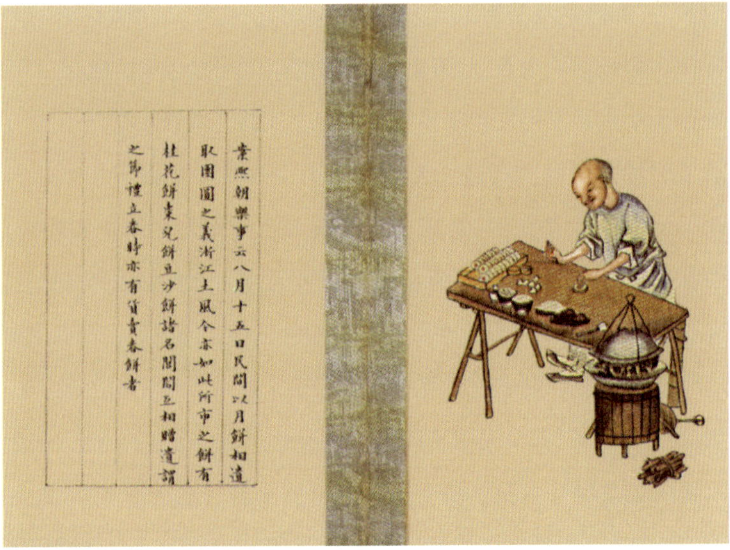


卖月饼图

之义。”或曰团饼，正德江西《建昌府志》：“中秋，登楼玩月，多用西瓜、团饼，亦取月圆之义。”

清人继承了明代中秋节吃月饼和馈送亲友的习俗。

## 月亮占候

对月亮知识的追求、赏月及神话故事，还促使了民间以月亮占卜的活动。《岁时广记》引《琐碎录》所载“占荞麦”之俗：“中秋无月则兔不孕，蚌不胎，荞麦不实，盖缘兔蚌望月而

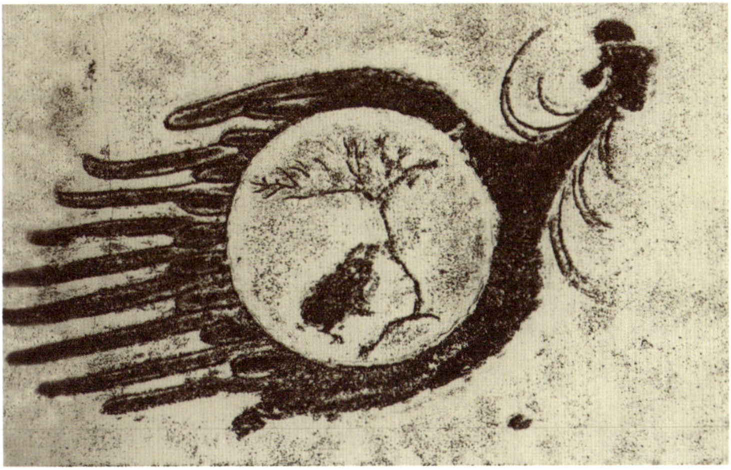

四川新都出土东汉“月神羽人画像砖”

孕胎，荞麦得月而实。”《岁时杂记》说：“珠之贵贱，视中秋月之明暗，明则珠多，暗则珠少。”

明清时期中秋月占卜风俗更加普及。普遍的是卜明年上元节晴雨。万历安徽《滁阳志》说：“是夜忌雨，雨即上元灯不利。”同治湖北《荆州府志》说：“此夜之月，关乎来岁元夕，俗有‘云掩中秋月，雨洒上元灯’之谚。”还有卜鱼产量的。妇女以筐、箕请月神卜休咎也带有一定普遍性。嘉靖江西《南安府志》记载：“妇女仍设酒果悬箕以卜休咎，谓之祀月姑。”崇祯福建《龙溪县志》讲：“人家儿女于月下设果饼、环服之类，群望月而拜，致词，谓之请月姑。置筐于盘，俟月神降筐，自举为剥琢声，祝其声数卜休咎，然不甚验。”

## 摸秋送瓜

月属阴性，主生育。中秋值收获季节，举行尝新秋报活动时自然联想到人的生育问题。《东京梦华录》说八月秋社“人家妇女皆归外家，晚归，即外公、姨舅，皆以新葫芦儿、枣儿为遗，俗云宜良外甥”。秋社中有以多子葫芦和枣企盼早得子的求子习俗。

至清代乞子成为中秋节的活动之一，这就是摸秋送子之俗。道光安徽《繁昌县志》说当地中秋夜：“妇女联袂出游，遇菜圃辄窃南瓜为宜男兆，名曰摸秋。亦有中年乞嗣者，亲友于是夕亦取南瓜，用鼓吹爆竹饷之，谓之送子。”湖北东湖略有不同，它是“乞儿者更深潜入他人园中，摘瓜而还，谓之摸秋。又戚友以鼓乐彩红，置瓜于盘，送入求子之家，谓之送瓜，取瓜瓞（dié）绵绵之意”。（同治《宜昌府志》）湖南永州送瓜有特色：“人有艰嗣者，戚友取南瓜，以一父母俱存、兄弟众盛之稚子，着衣冠乘马捧瓜，后以一人持枣树枝，挂香数百炷，鼓吹送至其家。”强烈表现了人们求全“早树子”继承宗祧的愿望。

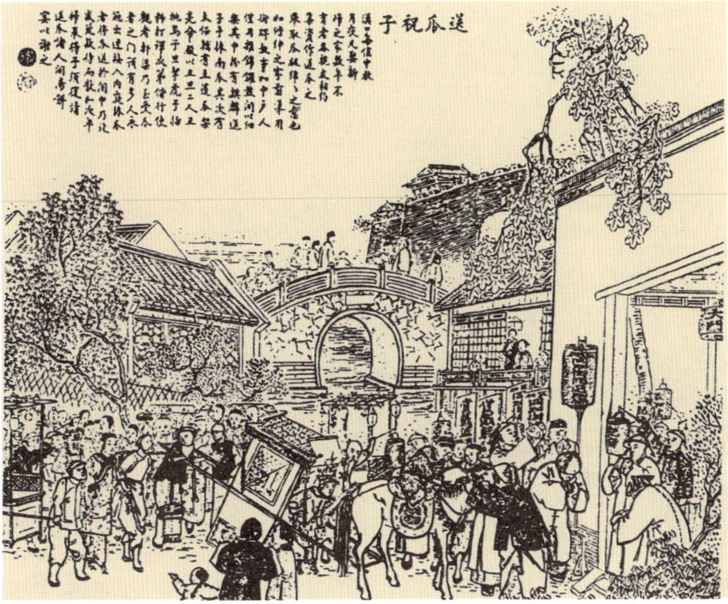


清《吴友如画宝》之“送瓜祝子”图

# 重阳

“独在异乡为异客，每逢佳节倍思亲；遥知兄弟登高处，遍插茱萸少一人。”唐代诗人王维这首《九月九日忆山东兄弟》的重阳诗，妇孺皆知，脍炙人口。农历九月九日是我国传统的重阳节，每逢此时，人们都要出游登高，欣赏大自然美丽的风光。佩茱萸，赏菊，饮菊花酒和吃重阳糕，一派节日气象。

## 重阳来历

南朝梁人吴均的《续齐谐记》记载：汝南桓景随费长房游学有年，长房因此对景说："九月九日，你家当有灾厄，宜赶快离开，令家人各作绛囊，盛茱萸系在臂上，登高饮菊酒，祸乃可消。"桓景如其言，举家登山。晚上回来，见鸡犬牛羊一时暴死。长房听说后讲："这些家畜代替灾厄了。"今世人九日登高饮酒，妇人带茱萸囊，就是由此形成的。这个传说至少反映出南朝已具备了重阳节的主要习俗，而故事中的人物则是东汉时代的。另外，梁庾肩吾《九日宴乐游苑应令》有"献寿重阳节"之句，表明南朝时代重阳节已形成。

农历九月九日为何叫重阳呢？《易经》说："以阳爻为九"，把九定为阳数（奇数），这个记载大约是在西周早期。战国时诗人屈原在他的《远游》诗中，有"集重阳入帝宫兮"的句子。洪兴祖注释为："积阳为天，天有九重，故曰重阳。"可知这里的重阳是指天空或穹苍，而非重阳节。不过屈原《离骚》也有"朝饮木兰之坠露兮，夕餐秋菊之落英"。似乎战国时已有类似后世重阳节饮菊花酒的风俗。

汉代是否有重阳节是一个争论问题。《西京杂记》卷三载：三月上巳，九月重阳，士女游戏，并祓禊（fú xì）登高。还据戚夫

茱萸纹绛色绢（西汉）

人侍儿贾佩兰所说，汉宫廷九月九日佩茱萸，食蓬饵，饮菊花酒，令人长寿。据此，则西汉的九月九日已是一个节日，同后世的重阳节没有多大的区别。然而，《西京杂记》被认为是晋的葛洪从西汉刘歆的未完稿中抄出的，因系假托，实际上是晋朝时所作，事实和记事多反映南北朝时风俗，可信度差，将书中所记作为汉代故事是有疑问的。

汉末魏初人曹丕在九日《与钟繇书》中说："岁往月来，忽复九月九日，九为阳数，而日月并应。俗嘉其名，以为宜于长久，故以享宴高会。"可知俗称"重阳"的原因，在于九月九日日月并阳，两阳相重，故名重阳。从汉到魏晋，三月三日、五月五日、七月七日阳数重叠的日子受人格外重视，九月九日也属于同一观念，时人以重阳为佳时。另外《礼记·月令》讲是时"其音商，律中南吕，其数九"。秋与九相关联，"九九"也与"久久"同音，九是吉祥数字，人们认为"宜于长久"，以讨吉利，这天要"享宴高会"。信中还说："至于芳菊纷然独荣……辅体延年，莫斯之贵，谨奉一束，以助彭祖之术。"又有菊花延年的观念。

东晋初，大诗人陶渊明的《九日作》诗序说："余闲居爱重九之名，秋菊盈园，而持醪靡由，空服九华，寄怀于言。"已有专指九月九日的"重九"（有的版本作"重阳"）之名，是时诗人饮酒赏菊吟诗。据《晋书·孟嘉传》记载，晋朝大司马桓温与手下参军大将孟嘉，于重阳节共同登龙山赏景宴饮，孟嘉陶醉于大自然，风吹落他的帽子都不知道。南朝梁人宗懔《荆楚岁时记》说，九月初九日，士农工商各行各业的人都到郊外登高，设宴饮酒。可见重阳节之普及。吴晋间周处《风土记》说："九月九日律中无射而数九。俗于此日以茱萸气烈成熟，当此日折茱萸房以插头，言辟恶气而御初寒。"(《太平御览》卷三二引）前揭《西京杂记》就说重阳节祓禊，看来当时人们要在重阳避恶、祓禊。魏晋南北朝时期，重阳节已成盛行的节日。

总之，重阳节开始的确切时代难以确考，从三国晋已有九月九日登高、采摘菊花、茱萸避恶延年风俗，已有重阳之名，它的产生当略早于此时。结合阳数观念、《西京杂记》等，估计重阳节形成于东汉末期。

## 登高远眺

法国学者葛兰言《中国古代的祭礼与歌谣》认为，从《诗经》里有以春天在水边集会（如溱洧诗）、秋天在高地游览（如草虫诗）为主题的诗歌来看，中国古代重视在山川的祭礼，渡河是春的祭礼，登山是秋的祭礼。中村乔进一步揭示出，从川禊以招魂续魄、采兰祓禊为核心来看，登高也应是相同的，具有祓禳的含义。像河川具有净化作用一样，高爽之处也有净化的作用。

《礼记·月令·仲夏》说，五月"可以居高明，可以远眺望，可以升山陵，可以处台榭"。东汉郑玄注释说，这是因为"阳气盛"而"顺阳在上也"。登高远眺基于祓禳。唐初孙思邈《千金

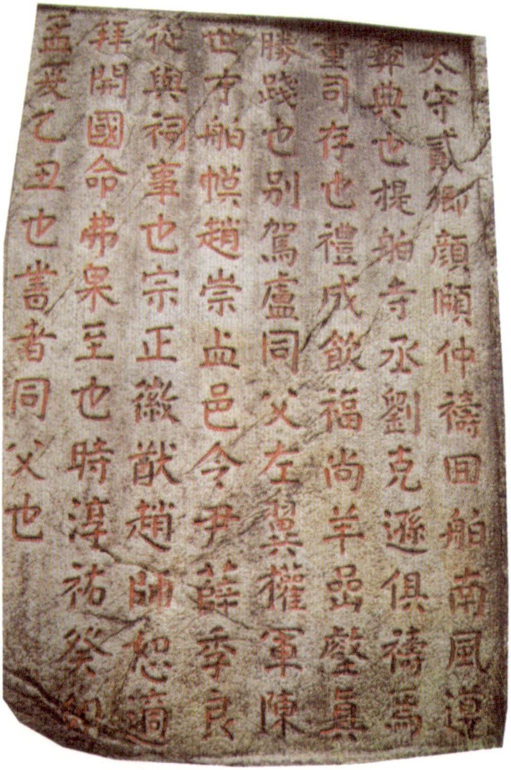


泉州九日山南宋祈风石刻

月令》说："重阳之日，必以肴酒登高眺远。为时宴之游赏，以畅秋志。"登高远眺作为医俗，也反映有祓除的作用。

登高，两晋南北朝既有登山，又有登台榭、高馆。前者如东晋孟嘉登龙山，南朝刘宋孙诜《临海记》说："郡北四十步有湖山，山甚平正，可数百人坐，民俗极重，每九日菊酒之辰，宴会于此山者，常至三四百人。"可见重阳登湖山之盛。后者如《南齐书·礼志一》所记，刘裕在彭城，九月九日游项羽戏马台，"至今相承，以为旧准"。

隋朝以降登高一般只在高处即可，登山之举越来越少。隋杜公瞻为《荆楚岁时记》注释说："近代皆宴设于台榭。"登高远眺，心胸顿觉宽广，更以饮酒咏诗助兴。《东京梦华录》记北宋开封重阳节，都人多出郊外登高，如仓王庙、四里桥、愁台、梁王城、砚台、毛驼冈，独乐冈等处宴聚，明代北京重阳多登香山山峰、法藏寺高塔、报国寺高阁，南京登高则多在雨花台。至清代，根据地方志记载，似可看出士人多登高，用意远望览胜，一般的百姓或有此雅兴者，多以登高取避邪之意。

## 茱萸避恶

唐人张说《湘州九日城北亭子》首句："西楚茱萸节"，反映出古人把茱萸作为重阳节的标志之一。据《风土记》可知，三国时代已有用气味浓烈的茱萸插头避除恶气的习俗。这种茱萸，属香料，味辛香，可入药。茱萸在古代有多种作用，《齐民要术》卷四《种茱萸》引他书说明，其一是饮茱萸水。汉代的《淮南万毕术》说："井上宜种茱萸，茱萸叶落井中，饮此水者，无瘟病。"其二是种茱萸益寿除患。《杂五行书》说："舍东种白杨、茱萸三根，增年益寿，除患害也。"其三是悬茱萸子却鬼。《淮南万毕术》说："悬茱萸子于屋内，鬼畏不入也。"总之，古人认为茱萸可健体避邪，特别是茱萸子具有却鬼的咒物功能。插茱萸于头避恶的作用与种茱萸舍下类似。重阳插茱萸之俗自宋以后渐衰，但一直流传下来。明正德江西《新城县志》说，初九日男女老少俱插茱萸一枝，谓可避恶气。嘉靖福建《龙溪县志》说重阳节插茱萸以避恶。至清代仍然能看到上述风俗。

佩戴茱萸也是重阳习俗。《西京杂记》说贾佩兰于九月九日佩茱萸，《风土记》讲妇女带茱萸囊，《续齐谐记》载"作绛囊，盛茱萸以系臂"。说明六朝时佩茱萸之俗。盛茱萸囊用红色，是因茱萸色红，红色被认为是避邪之色。唐诗中也有涉及佩戴茱萸的诗句：如张说《九日进茱萸山诗五绝》："萸囊系牧童"；孟浩然《九日》："茱萸正可佩。"佩戴茱萸也传至后世，宋洪皓《渔家傲》词："臂上萸囊悬已满，杯中菊蕊浮无限。"嘉靖江西《南康县志》："重阳登高玩菊，佩茱萸随其所适。"但总起来看，佩茱萸习俗在宋以后也处于衰落过程中。

自唐代开始，以茱萸泛酒而饮之风兴起，特别是到了明清时期，与插茱萸、佩茱萸的衰落形成鲜明对比。孙思邈《千金月令》说重阳日饮酒“必采茱萸、甘菊以泛之”。唐末五代《提要录》记载：“北人九月九日以茱萸研酒，洒门户间避恶。亦有入盐少许而饮之者。”又说：“男摘二九粒，女一九粒，以酒咽者，大能避恶。”可知茱萸酒饮法有二，一是研茱萸放入酒中加少许盐；二是用酒服茱萸子。宋人饮重阳酒更盛，《梦粱录》卷五说，世人以菊花、茱萸浮于酒饮之，是因为茱萸名“辟邪翁”，菊花为“延寿客”。借此两物饮酒，以消阳九之厄。作为避邪翁的茱萸在明靖时代更成为重阳酒的添加物。嘉靖河南《商城县志》说重阳节要饮茱萸酒登高。嘉靖安徽《石埭县志》记载：“饮茱萸酒，云避不祥。”明代饮茱萸酒南方盛于北方。避不祥、避山岚、避毒、避邪气是人们饮茱萸酒的目的。清代饮茱萸酒进一步普及。

## 菊花延寿

菊花因在九月开放，有“九月菊”之称。《吕氏春秋》讲季秋的特征是菊有黄花，东汉《四民月令》说九月采菊，菊花成了九月的标志，也成了重阳的象征。王维《奉和圣制重阳节宰臣及群臣上寿》有“无穷菊花节”之句，可知重阳节又称为菊花节。菊花之于重阳如此重要，难怪苏东坡针对岭南气候不齐的情形，提出“菊花开时即重阳”，（《岁时广记》卷三四引《提要录》）不须以日月为断。的确是无菊不成节了。

前引曹丕与钟繇书说菊花可辅体延年，有助彭祖之术。彭祖是传说活了800岁的人物，延年有术。菊花成为延年之术，这是长生不老神仙思想的反映，对菊花的这种认识实际是汉代的产物。东汉应劭《风俗通义》记载：南阳郦县有甘谷，谷中水甘美。据说其山上有很多菊水从山上流下，得其滋液。谷中三十余家不再打井，饮用此水，上寿能活百二三十岁，中寿活百余岁，活七八十者被认为是夭折。司空王畅、太尉刘宽、太傅袁隗为南阳太守，听说此事，命令郦县每月送水30斛，用以饮用洗澡，最终未能产生效果。正因为人们相信菊能延寿，所以又称其为“延寿客”。

菊花在重阳节最重要的功能是饮酒之用。《西京杂记》不仅说重阳要饮菊酒，令长寿，还谈到制菊酒方法：“菊花舒时，并采茎叶，杂黍米酿之，至来年九月九日始熟，故谓之菊花酒。”这一记载反映了南朝人的观念。萧梁时代的文献多处提到菊酒，证明其时此俗之普遍。前引吴均《续齐谐记》中有饮菊酒消祸的记载，刘孝武有《九月酌菊花酒》诗，庾肩吾《九日宴乐游苑应令》诗中说：“玉醴饮花菊。”杜公瞻在《荆楚岁时记》注中说到北方人重阳节要饮菊花酒。此后唐代诗歌、宋人笔记及明清方志均有不少重阳节饮菊酒的记载，既有酿造的菊酒，又有在酒中放菊花的所谓泛酒。

簪菊也是重阳节俗。唐末《辇下岁时记》说：“九日，宫掖间争插菊花，民俗尤盛。”南宋杭州人重阳日“泛萸簪菊”。(《武林旧事》卷三）簪菊之俗传至明清，如河南的《光山县志》《固始县志》都有“簪菊”的记载。

重阳节必不可少的还有赏菊。陶渊明以“采菊东篱下，悠然见南山”的诗句名扬千古，重阳赏菊更是其田园生活的重要内容，他说：“余闲居爱重九之名，秋菊盈园”“酒能祛百虑，菊为制颓龄”。（《九日作》）唐人生活在一个诗歌的时代，咏菊之作，不胜枚举。王勃《九日》诗：“九日重阳节，门门有菊花。”写尽唐人爱菊之盛。为何菊花受人垂青呢？除了陶渊明菊花诗体现的孤傲绝俗品格外，元稹《菊花》诗说：“不是花中偏爱菊，此花开尽更无花。”冬季即将来临，菊花最后的辉煌引起人们无限的爱恋和惋惜。宋代反映开封和杭州的几部著名笔记更为我们描述了赏菊的具体情形。当时无论禁中、贵家，还是士庶之家，重阳

清《吴友如画宝》之“对菊持螯”图

赏菊必不可少，菊花品种有七八十种，且香而耐久。特别著名的有万龄菊，白黄色蕊若莲房；桃花菊，粉红色；木香菊，白而檀心；喜容菊，纯白且大；金铃菊，黄色而圆；金盏银台菊，白而大心黄。杭州禁中庆瑞殿重九时，“分列万菊，灿然炫眼，且点菊灯，略如元夕”。重阳节使人置身于菊的世界。直到清代重阳节还保留了展示菊花供人欣赏的风俗。《燕京岁时记》说菊花又称九花，富贵人家以菊花数百盆堆成九花山子和九花塔。《清嘉录》讲苏州人喜欢瓶插菊花供欣赏，还将千百盆菊花堆叠成“菊花山”。

## 重阳花糕

《西京杂记》最早提到九月九日食蓬饵。隋杜台卿《玉烛宝典》记载：“九日食饵、饮菊花酒者，其时黍秫（shú）并收，以因黏米嘉味，触类尝新，遂成积习。”（《说郛三种》本）可知饵是用黏米制成，由秋报尝新之俗形成。据汉扬雄《法言》卷一三解释：“饵，谓之糕；或谓之餈（cí）。”可知饵糕是同物异名。关于饵的材料，《周礼·笾人职》说：“羞笾之实，糗饵粉餈。”晋干宝为之注解：“糗饵者，豆末屑米而蒸之以枣豆之味，今饵馇也。”入以枣豆之味，可能是在豆米糕上饰以枣豆。

隋唐时代的重阳食品，据隋杜公瞻《荆楚岁时记》注中说，

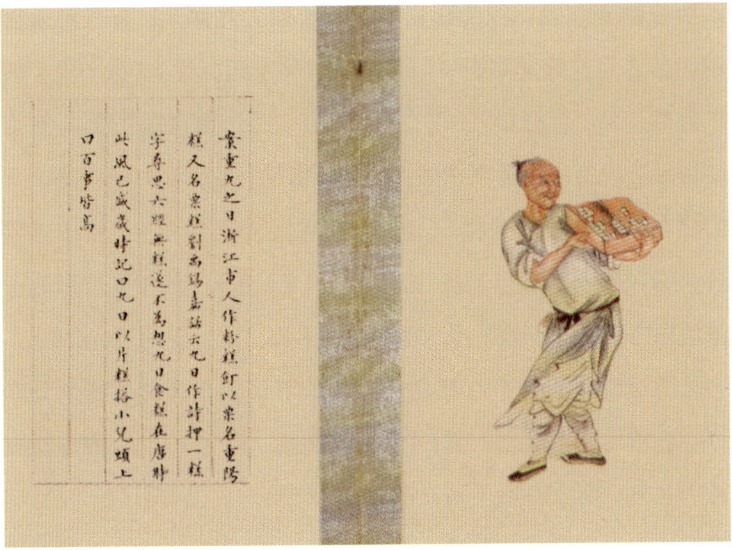


卖重阳糕图

北方人食饵。唐代节日食料，九月九日为“麻葛糕”。（《唐六典》卷四）唐朝逢重阳节要设宴招待百宫。“糕”与“高”谐音，寓意步步升高，是吉祥语。唐代还有了“五色糕”的名称，卢僎《卢公家范》说重阳日要上五色糕（《天中记》卷五）。

宋代有关重阳糕的记载比较详细。《岁时杂记》说：“二社、重阳尚食糕，而重阳为盛。大率以枣为之，或加以栗，亦有用肉者，有面糕、黄米糕，或为花糕。”可知糕的原料有用小麦粉制的面糕和用黄米面制的黄米糕两类，糕中可加入枣、栗、肉等。这两类糕在《梦粱录》中均有记载：面糕，一般以糖面蒸成，上以猪羊肉、鸭子肉为丝簇饤，插小彩旗，叫作“重阳糕”。米糕，“以五色米粉塐成狮蛮，上以小旗簇之，下以熟栗子肉杵为细末，入麝香糖蜜和之，捏为饼糕小段，或如五色弹儿，皆入韵果糖霜，名之为‘狮蛮栗糕’”。另据《岁时杂记》说，“糕上置小鹿子数枚，号曰食禄糕”。以“鹿”谐音“禄”取吉祥之意。《东京梦华录》说糕中除放栗子外，还有石榴子、银杏，松子肉等。重阳糕在杭州也称“菊糕”，“以糖肉秫面杂糅为之，上缕肉丝鸭饼，缀以榴颗，标以彩旗”。(《武林旧事》卷五）糕中如“以苏子微渍梅卤，杂和蔗霜梨橙玉榴小颗，名曰‘春兰秋菊’”。(同上)

明清时代重阳节吃糕是最重要的节俗。花糕的名称十分流行。嘉靖《广平府志》说：“用枣蒸面糕，谓之花糕。”面枣糕流行于北方。南方有所不同，正德《江宁县志》说重阳糕“或粉或面为之，又用面裹肉炊之，曰骆驼锦”。扬州的糕是“以糖肉秫面杂糅为之”“糕上作土羊，标以彩幡供小儿嬉戏”。(万历《扬州府志》)江阴的“重阳糕”格外讲究：“以九种为羹，脔鱼肉众腥其味，有九炊面为糕，和以肉枣，曰重阳糕。市卖者染以五色，杂剪彩为旗。”嘉靖《建宁府志》称重阳糕为“寿糕”。清富察敦崇《燕京岁时记》说：“花糕有二种：其一以糖面为之，中夹细果，两层、三层不同，乃花糕之美者；其一蒸饼之上星星然缀以枣栗，乃糕之次者也。”

# 十月朝与下元

十月初一，又称十月朝和十月朔，是一个节日，相距半个月的十月十五日为下元节，二节的风俗有相同之处，放在本章一起论述。

## “十月朝”的起源

十月朔作为节日，其来源主要有三说：一是《荆楚岁时记》所说：“十月朔日，黍曜（shǔ huò），俗谓之秦岁首。”即秦朝曾以农历十月为岁首，十月初一，正是新年之始。二是陈久金等人提出，秦统一中国的时间只有十余年，即使把太初改历以前时间计算在内，也只有一百多年，秦岁首是否有这么大的影响力，值得怀疑。而周朝的腊日节在十月，据《礼记·月令》可知，时值秋收完毕，地方官和党正都要亲自慰劳农人，让人民出猎禽兽，安排饮食，使农民得到休息。人们还要举行隆重的祭祀先祖和祭祀天宗、公社、门闾的活动。后世的十月朝，应该是周朝腊日节的遗俗。三是中村乔的观点，他以《礼记·月令》所说十月是一年农事终了休息的月份，此时要进行宴饮冬祭。又据史书记载，如《祢衡别传》：“十月朝，黄祖在战船上宴会，吃黍曜”；《后汉书·张纯传》：“祫祭以冬十月，冬者五谷成熟、物备礼成，故合聚饮食也。”他指出十月朔产生于民间农时的节日，是通行于汉代的风俗，魏晋时代并不实行十月朔朝会，如果民间的十月朔风俗依据朝会产生，就也应该废止。他说民间把十月朔作为农事终了进入休息的冬天的节日，至少在汉末成立，“秦岁首”不过是取其名而已。

冬日隩居图

我想十月朔不论是来源周、秦或汉，但一个基本的事实是，在汉代民间已形成十月朔秋收尝新、合聚饮食、庆祝农事完毕的节日。

## 送寒衣

后世十月朝另一个最流行的名称是寒衣节，即该日被作为上墓为祖先送寒衣的日子。送寒衣反映了换衣和祀祖的风俗，所以探讨送寒衣的风俗，需要从这两方面入手。前面已提到《礼记·月令》说孟冬之月要“腊先祖”，即以田猎所得禽兽祭祖。《诗经·七月》说：“九月授衣”，可知秋冬之交换衣的传统甚古。

十月朔授衣、上坟、烧衣的记载至宋多起来。《宋史·舆服志》说，宋初因五代旧制，每岁赐诸臣时服。又说只授将相、学士、禁军大校，至太祖建隆三年（公元962年）改为每年端午、十月一日文武群臣、将校皆给。政府给官员冬服，民间则有给祖先送冬衣之俗，《东京梦华录》说九月“下旬即卖冥衣靴鞋席帽衣段，以十月朔日烧献故也”。烧衣已成风俗，不然市场上怎么会有成品出售呢？该书又记：“十月一日，宰臣已下受衣着锦袄三日（夹注：今五日），士庶皆出城飨坟。”《梦粱录》更说十月朔为“十月节”。宋代南方也有上坟的风俗，范成大《吴郡志》说：“十月朔再谒墓”，可见苏州一带有十月朔墓祭的习惯。

至元代，将十月一日祭先上坟称为“送寒衣节”。《析津志辑佚·岁纪》说：“是月，都城自一日之后，时令谓之送寒衣节。祭先上坟，为之扫黄叶。此一月行追远之礼甚厚。虽贫富咸称家丰杀而诚敬。”可见北京在元代盛行送寒衣活动。南方的镇江则有“出城飨坟”之俗。

明代送寒衣的风俗在时间上有两个特点，一是普遍固定在十月朔日，泛称十月送寒衣的只有个别地区；二是一些地区送寒衣固定在十月十五日的下元，如嘉靖《清苑县志》载：“下元剪纸为衣，上墓，曰送寒衣。”换言之，下元节的风俗成了送寒衣。下元送寒衣，意味着送寒衣风俗的进一步流行及道教对民俗的吸收。关于寒衣，《宛署杂记》说北京市民用五色纸印男女衣服出售，农民在十月一日竞相购买，焚之送于祖考。《帝京景物略》又说这种“寒衣”一尺多长，并在一张纸（疏）上写下死者的姓名禁行，盖印后封缄，像寄信一样，家家如此，夜晚呼死者姓名焚之于门。

《帝京岁时纪胜》反映清代北京风俗，也说当地于十月朔“晚夕缄书冥楮，加以五彩帛作成冠带衣履，于门外奠而焚之”。在南方的苏州，《清嘉录》说：“人无贫富，皆祭其先，多烧冥衣之属，谓之烧衣节。”前述北京送寒衣是在门外烧的，实际上清代绝大部分地区要诣先茔，焚寒衣于墓前。十月朔的上墓祭祀祖先亡灵的风俗，使其同清明、七月半一样，被称为鬼节。

# 开 炉

自汉武帝改用夏历以正月为岁首后，十月朔便成为由秋入冬的标志，与此相联系的风俗开炉作会也就渐渐固定在十月一日并流行起来。

在唐代，据《唐六典》记载，十月一日给官员一天假期。《四时宝镜》说十月朔官员要进暖炉的炭。《开元天宝遗事》卷上《扫雪迎宾》条记载："巨豪王元宝，每至冬月大雪之际，令仆夫自本家坊巷口扫雪为径路，躬亲立于坊巷前，迎揖宾客，就本家具酒炙宴乐之，为暖寒之会。"

宋代北方有"暖炉会"，南方有"开炉"习俗。《东京梦华录》说北宋开封十月一日"有司进暖炉炭，民间皆置酒作暖炉会"。南方的范成大《吴郡志》说："是日开炉，不问寒燠，皆炽炭。"

在元代，据《至顺镇江志》记载，有"暖炉"风俗。

明代"开炉"之俗流行于江南等地，嘉靖《太仓州志》记载：是日不问寒燠，富家多炽炭于堂，称为"开炉"。正德《建昌府志》也说人家开炉烧茶为会。

清代此俗仍有流行。

清·陈枚绘《月曼清游图册·围炉博古》

## 涤场与祀牛

据《礼记·月令》可知，十月朔具有欢庆丰收“劳农之休息”的内容。反映早期西北地区人民生活的诗歌中也留下了此俗的痕迹。《诗经·豳风·七月》说：“十月涤场，朋酒斯飨，日杀羔羊，跻彼公堂，称彼兕觥，万寿无疆。”即农事毕扫除场院和会饮。十月朔饮食的风俗，在汉代以前是吃“黍臛”（黍子羹），魏晋南北朝时期，据《荆楚岁时记》说，北方人在这一天备办芝麻粥和赤豆饭，被认为这是芝麻和赤豆刚刚成熟尝新。十月朔吃赤豆饭的风俗后世仍有保留。明《泰州志》就说该日“炊粘米，合赤豆为饭，见西成事毕之征”。

《诗经》中“十月涤场”会饮欢庆的风俗一直保留下来，明清方志中有关记载不少。在山东，万历《安丘县志》说十月朔“田家涤场，鸡酒为乐，两两踞地，瓦盆而野歌，古风洎如也”。在河北，嘉靖《威县志》记载：“林落互相赛祷”。在山西，光绪《寿阳县志》说当地“十月一日起，乡赛，谓之‘谢穑’，亦曰‘秋报’”。在河南，嘉靖《永城县志》讲：“十月一日，人皆饮了场酒，谓之卧磙。”“卧磙”即停止农事，与“了场”同义，农事毕要会饮以庆祝。举行赛会表明十月朔是秋报的节日。上述北方的风俗与先秦时代陕西关中的传统一脉相承。

清《点石斋画报》之“请城隍神郊祀”图

祀牛则是南方十月朔的重要活动，明清方志留下了不少记载，反映的省区有四川、安徽、江西、贵州、广东等。其风俗如嘉靖四川《洪雅县志》记载：“十月朔作饼饵饭牛，余则挂之角。”目的是感谢耕牛一年的辛苦。故嘉靖安徽《池州府志》说“十月一日饲耕牛，是日田家制麻糕，用荷叶裹以饲牛，云酬耕作之劳”。牛神在四川被尊奉为牛王，在江西被尊为牛祖。中村乔认为，祀牛风俗以四川岷江为中心地，源于秦昭王时蜀守李冰为治岷江变成苍牛同江神斗争的传说，形成祭祀等同于农神的治水神牛的风俗，并传播开来。

## 祀厉礼俗

《礼记·月令》说："立冬之日，天子亲帅三公九卿大夫，以迎冬于北郊，还反，赏死事，恤孤寡。"即奖赏为国事而死者，并抚恤其妻、子。《礼记·祭法》又说孟冬之月的祀事中，天子祭泰厉，诸侯祭公厉，大夫祭族厉，这些不同等级的"厉"，均是指古帝王、诸侯、大夫无后者。当时人们认为人死为鬼，鬼无所归即为厉，是为孤魂野鬼，因厉无所归作祸于民，所以要祭祀他以免祸。郑玄说汉代民家有秋天祠厉的风俗。

十月朔涉及厉鬼的超度，这是宗教极好的题目。道教称十月朔为"民岁腊"，北宋开封每年十月朔，"道者院"设道场大会，焚钱，祭祀战殁的孤魂。（明李濂《汴京遗迹志》卷一一）

明朝政府特别重视祀厉，洪武三年（公元1370年）规定京师、国、州、县各于城北设泰厉、国厉、郡厉、县厉、邑厉诸厉坛，分别于清明和十月朔祭祀，届时将城隍神移往厉坛进行。城隍神立于坛上，无祀的鬼神于坛下东西设位，里社也祭于乡厉。后来又规定郡邑厉、乡厉在七月十五日也要祭祀。明代的规定进一步将祭厉制度化和普遍化。

在清代，官府仍有祭厉之礼，民间则有"无祀会"。《清嘉录》说："月朔，俗称'十月朝'，官府又祭郡厉坛。游人集山塘，看无祀会”，反映了这一情形。

## 下元节

十月十五日下元是水官生日，水官解厄是下元节主题，届时道教要举行纪念活动。

道教三官主宰人间福祸的说法也影响了政治，唐宋时代有下元日禁断杀牲和极刑的规定，如唐开元二十二年（公元734年），皇帝令下元斋日都城可赎取死刑者，百姓停宰杀、渔猎等，并令天下州县今后一并实行。（《陔余丛考》卷三五引《册府元龟》）

下元节是道教节日，故道教多于是日举行活动。《梦粱录》说十月十五日是水官解厄之日，宫观士庶，设斋建醮，或解厄，或荐亡。明清一些地区在下元节举行三官会、做醮活动，民间则有持斋诵经者。

如前述，明代不少地区在下元日进行送寒衣，这是明代下元节的新特征。

十月朔曾为新年，十月十五日的下元节亦有点灯活动，类似上元之于元旦，如宋代“太平兴国五年十月下元，京城始张灯，如上元之夕”。（《容斋随笔·三笔》卷一）清代皇家与庶民均有下元节点灯庆祝活动。

湖南江永版画“水府神马”

明刻本《新编目连救母劝善戏文》插图

# 冬至

二十四节气中，冬至位于农历十一月，时值太阳直射南回归线，是北半球中白天最短、黑夜最长的一天，之后白天又一天天逐渐变长。冬至也是一年中最寒冷的时候，冬天真正到了。冬至，又称作“南至”“长至”“至日”等，反映季节重大变化的冬至节气在古代更是有特殊意义的日子。

仲冬中星圖

冬至日在虛初昏　仲冬

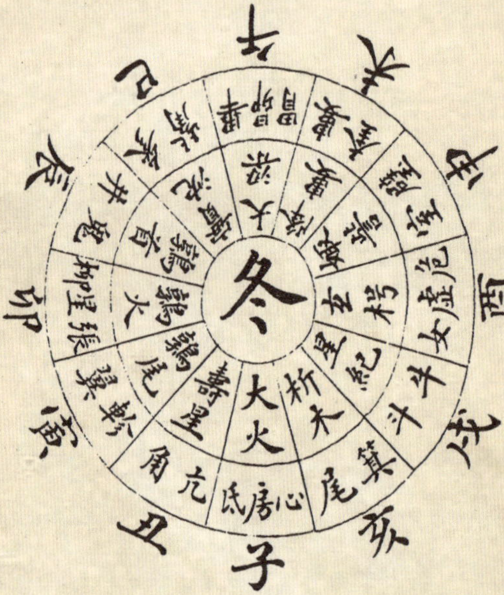


星昴正七宿之中　星昴

仲冬中星图

# 祭天

古人认为自然界的季节变化是天神支配下的阴阳消长造成的。冬至是阴气极盛、阳气始生之时，即阴穷而阳萌。《周礼·春官·宗伯下》说，冬日至，大司乐要在地上的圜丘（天然圆形的山上）奏乐，演奏六次，则天神降，可以礼神。这是有关冬至圜丘祭天最早的记载。不过《礼记·月令》主张正月祭祀上帝以祈谷。于是祭天便有了正月和冬至两种理论。同是祭天而有冬至和正月两种主张，原因在于以十一月冬至为岁首的周历被以正月立春为岁首的夏历代替，而导致二说并存，并影响至相关风俗。

就历朝祭天时间而言，王莽从冬天祭天说，但未见实行。明确采取《周礼》冬至圜丘祭天说而实行的是魏晋南北朝时代，大致上说北朝多冬至祭天，东晋南朝行正月祭天，后加上冬至祭天。隋唐承继北魏以来的制度，正月、冬至祭祀上帝。宋及明清，继承唐制，于冬至和正月祭祀昊天上帝，而元朝是冬至祭天。古人相信冬至祭天具有感知自然的功能，裴达《南至日太史登台书之物》说："圜丘才展礼，佳气近初分"，便是这种体验。

冬至于圜丘祭天，所谓圜丘，就是高出地面的圆土丘，象征天圆。关于具体的祭天仪式，《东京梦华录》对北宋冬至祭天仪式记载甚详，其具体情况是：冬至前三日，驾宿大庆殿，尽列法

天坛祈年殿

天坛圜丘

驾仪式于庭。宰执百官皆服法服，其头冠各有品从，余执事人皆介帻绯袍，亦有等差。次日五更，摄大宗伯执牌奏中严办，铁骑前导番衮，驾诣太庙春城，是夜宿太庙。至三更，车驾行事，出南熏门，驾御玉辂诣春城斋宫。冬至三更，驾出春城，诣南郊圜丘行礼，祭坛高三层，七十二级，坛上设二黄褥，位北面南，曰“昊天上帝”，东南面曰“太祖皇帝”。乐舞毕，登坛祭献，如此三次，周围数十万众肃然皆拜。

现存北京天坛，是明清两朝南郊祭天之所，“天坛”的中央是祈年殿，皇穹宇和圜丘。东北是牺牲所，西南为斋宫。圜丘是用三层汉白玉砌成的平台，每层石块数均为九的倍数，以象征天有九重的阳数。冬至南郊大祀是国家的大典。

## 数 九

冬至到春分是一年中最寒冷的时期，也是由寒冷变暖和的转折时期。自古以来有从冬至起数九个九天即八十一天的风俗，以消磨沉闷而寒冷的冬天，企盼大地回春。

数九风俗最早见《荆楚岁时记》一书，讲南朝“俗用冬至日数及九九八十一日为寒尽”。说明至迟在南北朝时期已有数九风俗。现存最早的数九歌，是敦煌文献中伯 4017《咏九九诗》，内容如下：

一九冰头万叶枯，北天鸿雁过南湖；
霜结草头敷翠玉，露凝条上撒珍珠。
二九严凌彻骨寒，探人乡友觉衣单；
群鸟夜投高树宿，鲤鱼深向水中攒。
三九飕流寒正交，朔风为箭雪难消；
南坡东地固荒坝，往来人使过小桥。
四九寒风不掩心，鸟栖犹自选高林；
参没未知过夜半，平明辰在中天心。
五九残冬日稍长，金乌□映渐近堂；
堆报学生须在意，每人添诵两三行。

六九衣单敢出门，朝风庆贺得阳春；

南坡未有蓂蕛（蓂：mì，野菜名；蕛，tí，草名）功，犬来先问北阳存。

七九黄河已半冰，鲤鱼惊散堂（滩？）头行；

喜鹊衔柴巢欲垒，去年秋雁却来声。

八九蓂蕛应日生，阳光如云遍地青；

鸟向林间催种谷，人于南亩已深耕。

九九冻嵩自合兴，农家在此乐轰轰（哄哄？）；

楼中桅下黄金杆，平原陇上玉（宇？）苗生。

这首敦煌民间的九九诗歌，反映了当地冬至以后气候、物候和人们心情的变化。

宋代有关数九歌的记载多起来。《岁时杂记》说："鄙俗自冬至之次日数九，凡九九八十一日。里巷多作《九九词》。又云'九尽寒尽，伏尽热尽'。"（《岁时广记》卷三八《尽九数》）苏辙的《冬至日作》一诗中，有"似闻钱重薪炭轻，今年九九不难数"句，（《栾城集》三集卷三）只可惜我们看不到北宋流行的数九歌。不过南宋周遵道的《豹隐纪谈》记载了苏州一带的数九歌：

一九二九，招唤不出手；

三九二十七，篱头吹觱篥（bì lì，簧管乐器）；

四九三十六，夜眼如露宿；

五九四十五，太阳开门户；

六九五十四，贫儿争意气；

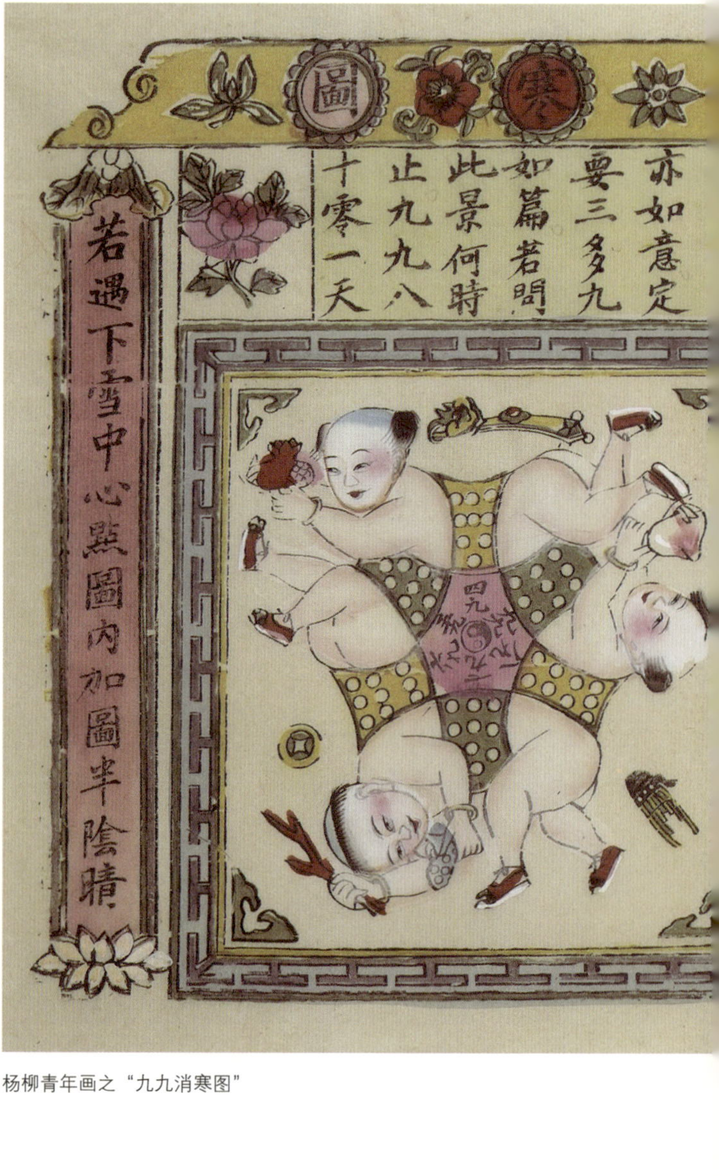


杨柳青年画之“九九消寒图”

九
九
幾個頑童
顛倒顛冬
寒時冷衣
不穿飢飽
二字全不
曉每日歡
上圖天陰下圖晴左邊圖雨右圖風
顛九
二九
二九

七九六十三，布纳两头担；

八九七十二，猫狗寻阴地；

九九八十一，犁耙一齐出。

此歌在江南一直流行到清代。

明代流行九九消寒图，现存明代单线拓印的木版年画《九九消寒图》，弘治元年（公元1488年）刊刻，图中央画一枝瓶中梅花，花枝又有八十一个花瓣，人们可从花瓣上染色或记录每天风雪阴晴等变化。花瓶四周绘有一九至九九的气候和景物。《帝京景物略》卷二记载了两种消寒图的画法：其一是梅花消寒图。“日冬至，画素梅一枝，为瓣八十有一，日染一瓣，瓣尽而九九出，则春深矣”。此法与上述弘治年画《九九消寒图》相同。其二是圆圈消寒图。“有直作圈九丛，丛九圈者，刻而布之，附以九九之歌，述其寒燠之候”。明人刘若愚的《酌中志》还记载了宫中冬至风俗，说届时要贴司礼监印的九九消寒诗图，每九诗四句，自“一九初寒才是冬”起，至“日月星辰不住忙”止，是民间传入宫中之作。而明廷易以新式诗句之图二三种，则流传未广。

清朝宫廷也很重视冬至数九活动。道光皇帝御制“九九消寒图”，用“亭前柔柳珍重待春风”九字，每字九笔，九字之上题曰“管城春满”，翰林诸臣按日用朱笔填写一笔，用白色笔细绘阴晴雨雪。每填写一字便通过一九，八十一笔而字尽，每岁相沿。（吴振棫《养吉斋丛录》）

## 测日影·添线·飞灰

冬至对于古人十分重要，因此要正确地判断冬至的时间。《周礼·地官·司徒第二》记载以土圭日影测量土地的方法。它是一根直立于地面的杆，太阳位置不同，影子长短与方向不同，可知季节变化和地区方位。夏季日影最短，冬至日影最长，能较正确地测定冬至日期。隋炀帝《冬至日乾阳殿受朝》有句“圭影正八表，道路均四方”，就说明了圭表的作用。《史记·天官书》还记载有“悬土炭”，以炭动定冬至的方法。集解引孟康解释说，在冬至前三天，把土和炭悬挂在衡的两边，使其平衡，冬至日阳光至则炭重，便失去平衡。《史记·天官书》还从物候变化如鹿解角、兰根出、泉水跃来感知阳光以判断冬至。从科学的角度看，这些方法是不能精确判定冬至的。司马迁也深知此点，故又说：“略以知日至，要决晷量。”即认为只是略知大概，起决定作用的是“晷量”，仍重视以日影测定方法。测冬至的方法影响到古人的生活，唐人裴度《至日登乐游园》诗有“验炭论时政”“晷移长日至”的诗句。

冬至后白天渐长的自然现象，还影响了风俗。《荆楚岁时记》说：“冬至日量日影。”其注曰“晋魏间，宫中以红线量日影”。《岁时广记》卷三《添红线》在此句下有“冬至后，日添一线”

光緒三十一年
十三
土中毖祀圖
土圭
周禮大司徒云以土圭
之法測土深正日影以
求地中日南則影短多
暑日北則影長多寒日
東則影夕多風日西則
影朝多陰日至之影
尺有五寸謂之地中

土中毖祀图

清·陈枚绘《月曼清游图册·文窗刺绣》

的话。后世还编了歌咏这一风俗的诗文，如杜甫《冬至遣兴奉寄两院遗补》有“愁日愁添一线长”句，说明此俗的含义是因冬至后的白昼渐长，刺绣有多添一线的工夫。

杜甫另有《小至》一诗，说“刺绣五纹添弱线，吹葭六管动飞灰”。前一句讲宫女刺绣添线事，后句讲了当时的另一种风俗。类似后句的诗文还有，如韩偓《冬至夜作》“中宵忽见动葭（jiā）灰”，石敏若《长至二首》“阳和散逐管灰浮”“漏春消息管灰知”。诗中的“管灰”“葭灰”“飞灰”均是古代“候气之法”的反映。据《后汉书·律历上》记载，为了预测节气，在特制里外三层的室中，杀牲以血涂遍缝隙，挂满缇（tí，丹黄色，浅绛色）缦，将葭膜烧成灰，放在十二乐律玉管内，到某一节气，相应律管内的灰就会自行飞出。所以上述诗中的专门词汇均与候气相关。

## 履长与献鞋袜

古代有把冬至称为“履长”的习惯，如陈后主有《五言画堂良夜履长在节歌管赋诗列筵命酒十韵成篇》咏冬至诗，“履长古节”即冬至节之意。关于履长的含义，《初学记》卷四引《玉烛宝典》说：十一月建子是周的正月，“冬至日南极景极长，阴阳日月万物之始。律当黄钟，其管最长，故有履长之贺”，即认为冬至既是日影最长，又在十二律中相当于黄钟律，冬至是竹簧在音阶中最长的日子。所以《礼记·月令》说 12 个月各配有相应的律，11 月为黄钟。此说影响很大，很多人视之为“履长”的本义。

近世有冬至日儿媳妇向公婆献鞋袜的风俗。如明代《帝京景物略》卷二《城东内外·春场》说冬至时：“惟妇制履舄，上其舅姑。”《西湖游览志余》卷二十《苍委丛谈》则说：“妇女献鞋袜于尊长，亦古人履长之义也。”清光绪《荆州府志》记载“袜之献舅姑，仪如北地”，可知清末尚此俗而且盛行于北方。北方的这种活动早在北朝已成传统，唐人《酉阳杂俎》卷一说：“北朝之妇，常以冬至日，进履袜及靴。”《玉烛宝典》卷十一载北魏崔浩《女仪》言：“近古妇以冬至，进履袜于妇姑。”此“近古”不知何时，据《中华古今注》说“汉有绣鸳鸯履，昭帝令冬至日

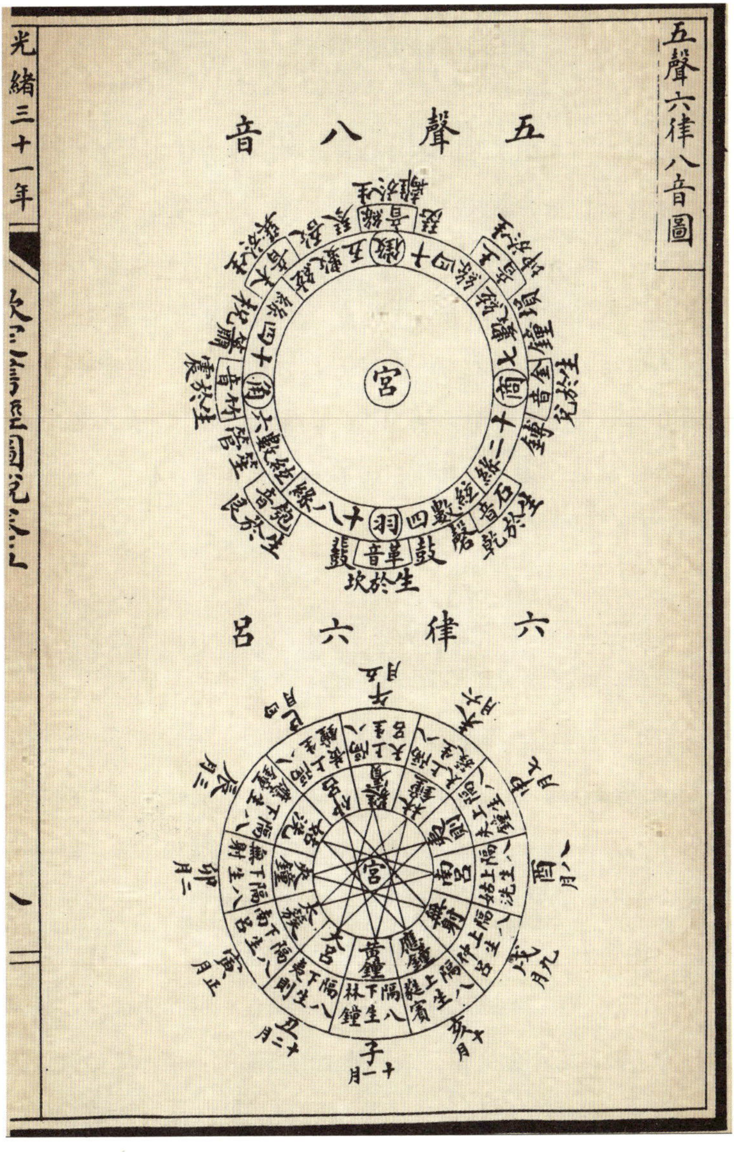


五声六律八音图

上舅姑”，可知此俗兴起于汉代。那么何为“履长”呢？谢肇淛《五杂组》卷二《天部二》认为：

传记载，冬至日当南极，晷景极长，故有履长之贺，非也。夫晷景极长，则昼漏极短。圣人惜寸阴，惟日不足，至短之日，何以贺为？盖冬至一阳初生，日由此渐长，有剥而就复，乱而复治之机。不贺其盛，而贺其发端者，古人“月恒”“日升”之义也。其曰履长即履端之意，非谓晷景之长也。晋、魏宫中女工，至后日长一线，故妇于舅姑，以是日献履、袜，表女工之始也。魏崔浩女献袜，谓“阳升于下，日永于天；长履景福，至于亿年”，可谓得之矣。

谢肇淛将冬至贺冬解释为冬至一阳初生，日由此渐长，贺其发端；履长即履端之意；妇向舅姑献履、袜表示女工之始。

值得注意的是三国魏时代的曹植，其《冬至献袜履表》反映的是朝廷活动的仪礼，对于我们认识履长和献鞋袜的真实含义很有帮助。曹植说：“仪见旧仪，国家冬至，献履贡袜，以迎福践长。先臣或为之颂（指东汉章帝时崔姻的《袜铭》）。臣既玩其嘉藻，愿述朝庆。……并献纹履七量，附袜若干。”贡献鞋袜是为了“践长”，而“践长”的含义，我很同意中村乔的观点：是冬至日为了鼓舞太阳的力量，践踏地上的日影的古俗。因为这是接受太阳的气于身，所以产生了祓厄迎福、得以长久的观念。这与《诗经》中美嫄践帝迹而孕，踏青使草茂盛且身受生命力的观

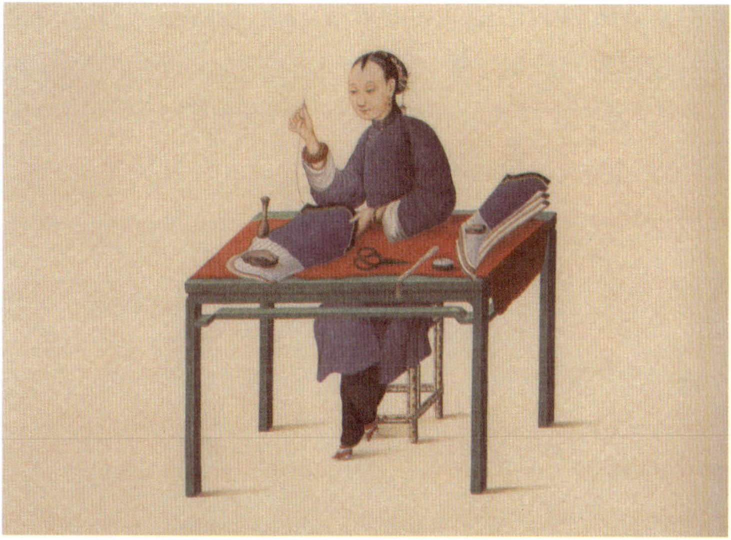

上：约 1700 年作纸本水彩画“做袜”
下：南京剪纸“多子鞋花”

念一致，是咒的行为。中村乔还以崔姻《袜铭》中“机衡建子（十一月冬至），万物含滋。黄钟育化，以养元基。长履景福，至于亿年”的记载，认为前四句说冬至端始和黄钟，后四句讲太阳和长履，即因黄钟所得端始，故“以养元基”；长履所系太阳，是景福“致亿年”之物。这里“履长”只是关系到太阳，和黄钟管长的关系是后来的解释。

## 绝事与拜贺

大约成书于战国中晚期的《周易·象传》，在“复卦”的解释中说：“先王以至日闭关，商旅不行。”可知冬至断绝行路有古老的历史。战国成书的《吕氏春秋·仲冬纪》还讲了冬至日的特点及人们应有的行为：“日短至，阴阳争，诸生荡，君子斋戒，处必弇身。身欲宁，去声色，禁嗜欲，安形性。事欲静，以待阴阳之所定。”主张君子要在冬至日斋戒，禁绝各种欲望，身心安定，达到身宁事静，以待阴阳的转化。这是白天变短，阴阳二气两争，各种生物都已荡然沉寂的要求，即主张冬至的生活要和肃杀的严冬生态一致。根据这些记载可知，战国以前人的观念中，把冬至作为一个息事宁人的特殊日子对待。

汉代更规定：“冬至前后，君子安身静体，百官绝事，不听政，择吉辰而后省事。”（《后汉书·礼仪中》）显然这是先秦以来古老传统的沿续。《白虎通义》曾解释此俗的原因："冬至所以休兵，不举事，闭关，商旅不行，此日阳气微弱，王者承天理物，故率天下静，不复行役，扶助微气，成万物也。"这种"扶助微气，成万物"的举动也就是顺利实现阴阳的转化。在冬节转换及交年之际，我们仿佛看到了古人对冬至有一种战战兢兢的畏惧心理。直到唐代"冬季，在敦煌民间传统观念看来，是一个充满凶险的季节"。（高国藩《敦煌民俗学》，上海文艺出版社 1989 年版，第 471 页）冬至曾是岁首，反映的是一年农事的终结，也意味着一年生命周期的结束。冬至是死而复生的关键点，因此，冬至绝事、安身静体便是模拟死亡，以待回归。这是古老农事信仰的反映。

冬至既是一阳之始，又曾为岁首，所以迎阳贺新的活动也在冬至节保留下来。汉代"冬至始，人主与群臣左右从乐五日，天下之众，亦家家从乐五日，以迎日至之礼"。（《太平御览》卷二八引《易通卦验》）可知作为节庆，朝廷与民间有五天的假期欢乐。崔寔（shí）《四民月令》说冬至要"进酒尊长，及修谒刺贺君、师、耆老，如正日"，也反映出从国家到社会的庆贺之举，冬至如同新年的庆贺一样。

汉代的礼俗为魏晋所沿袭。《宋书·礼一》说："魏晋则冬至日受万国及百官称贺，因小会。其仪亚于岁旦。"冬至因是亚岁，朝贺礼仪略次于元旦。贺冬至在当时是重要的事情。王肃在家训中说："贺冬至，言日至冬至而始长，故欢喜。"（唐·虞世南《北堂书钞》卷八五《王肃家训》）

南朝不行冬至朝贺，而隋则继承了魏晋以来的传统。隋制，正旦及冬至，文物充庭，皇帝出西房，即御座，皇太子先入贺，然后是群官拜贺。(《隋书·礼仪四》) 此后唐宋元明清均有冬至朝贺之礼，为国家的重要典制。特别是唐宋时代，对冬至十分重视，冬至同元旦一样，给予内外官吏七天的假日，远远超过寒食、清明的两天假期。到了南宋，冬至休假改为五天，同于汉朝。

朝廷的冬至朝会礼仪，以明朝为例，冬至节如同正旦在奉天殿设御座行大朝仪，百官朝服，班午门外。代致辞官跪丹陛中，致辞“律应黄钟，日当长至”，“恭惟皇帝陛下，膺乾纳祜，奉天永昌”，向皇帝庆贺。传制官则跪宣制：“履长之庆，与卿等同之”。在赞礼官的带领下，百官拱手加额，山呼“万岁万岁万万岁”。(张廷玉等撰《明史》卷五三《礼七·大朝仪》) 冬至有祭天之礼。冬至节地方官员要进表祝贺。冬至节赐宴官员有过制度上的变化。据万历时人余继登说：“祖宗以来，凡遇圣节、正旦、冬至，皆赐群臣宴，官卑禄薄者免宴，赐以钞，谓之节钱，俾均惠其家属。自正统以来，内臣用事者畏侍宴上立，遂罢宴，皆给以钞，因而成例。”(余继登《典故纪闻》卷十四) 可知，英宗正统之前，冬至节赐群臣宴，官卑禄薄者免宴，赐节钱，正统以后罢宴皆给以钞。此例应当是持续到嘉靖十七年，又恢复赐百官宴。冬至节君臣也有诗文唱和。

民间冬至拜贺的风俗一直沿续。日僧圆仁《入唐求法巡礼行记》卷一记载了唐代的冬至拜贺习俗。文宗开成三年 (公元838年) 十一月：

二十七日，冬至之节，道俗各致礼贺。住俗者，拜官，贺冬至节。见相公即道："晷运推移，日南长至。伏惟相公尊体万福。"贵贱官品并百姓皆相见拜贺。出家者相见拜贺，口叙冬至之辞，互相礼拜。俗人入寺，亦有是礼。

卷二记载开成五年十一月：

二十六日，冬至节，僧中拜贺曰："伏惟和尚久住世间，广和众生。"蜡下及沙弥对上座说，一以书仪之制，沙弥对僧右膝着地，说贺节之词。

可见官员之间、官民之间、百姓之间乃至宗教人士均有冬至拜贺风俗。

北宋的冬至节，据《东京梦华录》说在京师最受重视，虽最贫穷的人，一年间积攒或假借，至这天也要更易新衣，备办饮食，亲祀先祖。政府还允许民间赌博，庆贺往来一如年节。南宋杭州的冬至节也为士庶所重，馈送礼仪及举杯相庆，祭享宗烟，加于常节。宰臣以下行朝贺礼外，"士夫庶人，互相为庆"。（《梦梁录》卷六）由于宋代重视冬至，还流行"肥冬瘦年"的谚语，元代的冬至，"士庶人家并行贺礼，馈遗填道"。（《析津志辑佚·岁纪》）

明清时代由于大量地方志存世，可使我们更具体地了解拜冬至的习俗。冬至作为大如年的节日，特点之一在于要有交贺活动，拜贺又称拜冬、贺冬。方志中记载了各地拜贺或"如元旦仪”的固然不少，但也有相当多的方志说交贺活动只限于士大夫。有的方志还把士大夫和民人做了区别，说士大夫重视贺冬，民人注重祭祖，如嘉靖河南《沈丘县志》说：“冬至，各具酒肴以祀其先，士大夫中亦有行序拜礼如正旦仪节，谓阳道方亨，君子道长，故贺之，凡民未有行之者。”再如山东历城县：“冬至贺冬节，士绅行之，民祭祖。”（崇祯《历乘》）河南光山、浙江会稽明代所修志则说了当地不拜贺。明清时代除了都城和一些大城市外，小城镇和乡村的冬至气氛似乎不如前代热烈。

## 祭祖

冬至祭祖之俗，早在东汉崔寔《四民月令》中已有记载，说民间要向玄冥和祖祢供荐黍羊之物。

冬至祭祖的记载，至宋代多起来。《东京梦华录》讲京师最重冬至节，至此日更易新衣，备办饮食，享祀先祖。《武林旧事》说以馄饨享先。

明清时代冬至祭祖盛行。嘉靖《江阴县志》记载：“节朝悬祖考遗像于中堂，设拜奠，其仪并依元旦。”在宗族制度兴盛的南方地区，祭祖往往在祠堂进行，嘉靖江西《南康县志》：“冬至祀先于祠，醮墓如清明。”福建省流行冬至祭祀始祖的风俗，如万历《建阳县志》说：“是日大族行祭始祖之礼。”福建祀祖用专门制作的粉米圆子。宗族不仅在冬至祭祖，还利用祭祖宴饮之时举行“明谱会”。安徽徽州宗族聚族而居，势力强盛，明隆庆六年王景象刻本《歙县泽富王氏宗谱》卷八记载，该族针对社会现实，制订《宗规》，其中规定：“宗谱乃收宗族厚风俗而无下流，讵知贫者售其谱书，莫能制焉。冬至之日乃一阳之始，当以设筵会族陈谱，曰明谱会。庶使贫族而不售谱，以见族大义远无失。”该族利用冬至祭祖会族陈谱，防止族人私下鬻谱。清人冬至祀祖一般是祀于家，祭于墓，聚族而居的南方，往往像清明和中元一样，在家庙祭祀祖先。

冬至作为节候甚或岁首，具有继往开来的意义，祭祖所表达的正在于此。

## 冬至馄饨及其他

宋代流行“冬（至）馄饨，年（节）馎饦（bó tuō）”的谚语，特别是“贵家求奇，一器凡十余色，谓之‘百味馄饨’”，(《武林旧事》）可见馄饨品种的多样。吃馄饨直到明清时代是冬至节民间食俗。

馄饨在宋代之前早就存在。三国时魏的张揖撰训诂书《广雅》说：“馄饨，饼也。”北朝东西魏之间成书的《齐民要术》也有“馄饨”的记载。北齐人颜之推说：“今之馄饨，形如偃月，天下通食也。”（段公路《北户录》“浑沌饼”条崔龟图注引）可知似是今之饺子。冬至节吃馄饨在唐代已经流行，文宗开城五年冬至节日本国僧人圆仁见到人们吃馄饨和菓子。

明代南北方仍有冬至吃馄饨的习惯。此俗在南方主要流行于绍兴府。万历《绍兴府志》说：“祀先以馄饨，亦或宴饮。”反映出吃馄饨是该府习俗，但记载太简略。还有两部县志记载较具体，有助于了解“馄饨”是怎样一种食品。万历《会稽县志》说：“冬至祀先，盐彘肉馅面（俗呼馄饨）用牲醴，视常节最隆。”嘉靖《萧山县志》记载：“各家用糯米粉、麦子裹肉馅相遗。”可知馄饨内包肉馅，其皮是糯米粉和麦面，可以想见或许类似今天的馄饨或元宵。在北方，嘉靖河南《尉氏县志》讲：“拜庆近元旦礼仪，吃馄饨，男女家追节如端午。”在北京，刘若愚《明宫史》火集说十一月冬至：“吃炙羊肉、羊肉包、扁食、馄饨，以为阳生之义。”馄饨和扁食（饺子）并列，说明冬至馄饨是有别于饺子的食物，当是类似今天馄饨的食品。吃馄饨、饺子取阳生之义，在于它们是圆形，圆以象阳。而羊肉是阳性食品，宜于冬季吃，且“羊”“阳”同音，符合迎阳之义。饺子近似圆形，加上“馄饨”一词既可包括类似今天的馄饨，也含有饺子，所以冬至吃饺子的地方也有，除京师外，隆庆河北《丰润县志》记载：“仲冬长至，交拜如正旦礼，日晚煮水角，以祀先祖。”

如南宋《武林旧事》、明代《绍兴府志》所说，冬至馄饨的意义首先在于祭祀祖先，其次才是饮食。“馄饨”确实有它特定

约 1700 年作纸本水彩画“卖馄饨”

的文化意义。清代《燕京岁时记》说：“夫馄饨之形有如鸡卵，颇似天地混沌之象，故于冬至日食之。”即同中国远古开天辟地的神话有关。三国吴徐的《三五历记》说：“天地混沌如鸡子，盘古生其中。”由盘古开天地。把纪念开天辟地和祖先联系起来是有道理的，个体与宗族均是祖先繁衍创业的结果。

从上述冬至饮食习俗可以看出，除南方如浙江等个别地方外，馄饨用于祭祀和饮食基本上是北方的习俗。南方的其他地区，冬至日饮食另有传统。明代方志记载，江南地区冬至以“花糕”祀先，饮分冬酒，如正德《松江府志》载：“治花糕，封羊豕祀先。”要饮分冬酒。嘉靖《太仓州志》说，花糕在冬至前期由“糖粉”所制，“亲朋馈送”，分冬酒是“里巷相与会饮”。清代苏州地区有以“冬至团”祀先、馈遗习俗，其制如《清嘉录》

所说："比户磨粉为团，以糖、肉、菜、果、豇豆沙、芦菔丝等为馅。"以"糕"和"团"祀先和食用的习俗也流行于浙江一些地区，如弘治《温州府志》记载："冬至，是日人家粉糯米为团，或饮糯米为糍，陈酒馔祀先。"

福建冬至节有"添岁"与"饲耗"习俗。崇祯《海澄县志》："冬至人家作米丸祀神，家众团乐而食之，谓之添岁，即所谓亚岁也。门扉器物各粘一丸其上，谓之饲耗。"添岁，顾名思义，是又增加了一年的意思，与冬至节秋收完毕新岁开始的含义一致。"饲耗"，是给"耗"以食物，"耗"是贫无之义。(《史记·天官书》正义）本义祈求富有。米丸，福建又称作"米圆"，此食物在冬至日有两个含义。一是团圆，崇祯《汀州府志》说："冬至，各家用糯米粉为丸子，以祀先，盖取团圆之义也。"二是以达阳气，万历《福州府志》讲："粉米为圆祀先，又粘门楹间，取其圆以达阳气。"达阳气的道理是："凡阳象圆，阴象方。五月阴始生，为角黍，以象阴也。角，方也。冬至阳始生，为米丸以象阳也。丸，圆也。"（嘉靖《清流县志》）

# 腊日与腊八

十二月因有腊节被称为腊月，今天仍有腊月初八吃腊八粥习俗，它与古代腊节有一定关系，而腊节的日期、内容屡经变化，是一个比较复杂的问题。

## 腊日源流

根据陈久金的研究，中国上古曾使用过十月太阳历，每月固定为36天，10个阳历月为360天，余下的5至6日就作为过年日，不计在月内，称为休废日，即腊日，腊日过完，便是十月历的一月一日，这是新年的开始。

这种腊日即新年的观点，从古文献中也可得到一些证明。《史记·天官书》说："腊明日，人众卒岁，一会饮食，发阳气，故曰初岁。"腊明日称为初岁，即十月历的一月一日。《玉烛宝典》卷一二引《四民月令》说腊："其明日，是谓小新岁"，礼仪"如正月"。腊之次日礼仪如元旦，叫小新岁，意义如同"初岁"，透露出曾为岁首的信息。《风俗通义》记载："腊者，接也。新故交接，大祭以报功也。"这些记载都表明腊日是新年开始前的一段时间。

至于腊日作为休废日有五至六日，可从汉代文献得到证明。《汉书·武帝纪》太初二年（公元前103年）："三月，行幸河东，祠后土，令天下大酺、膢五日，祠门户，比腊。"祠后土所行大酺、膢皆五日，是比照腊，可知腊为五日。《四民月令》记载："前除二日，斋、馔扫涤。遂腊先祖、五祀。其明日，是谓小新岁，进酒降神，其进酒尊长，及修刺贺君、师、耆老，如正日。其明日，又祀，是谓蒸祭。后三日，祀冢。事毕，乃请召宗族、婚姻、宾旅，讲好和礼，以笃恩纪；休农息役，惠必下浃。”则腊前后共六日。这里的“前除”即蒸祭是二日，又因逐除也可一日，如汉高诱说：“今人腊岁前一日，击鼓驱疫，谓之逐除。”（《吕氏春秋·季公纪》注）如此则腊又可为五日，即除、腊、小新岁、蒸祭、祀冢。此外，蔡邕《独断》说：“迎送凡田猎五日。腊日，岁终大祭，纵吏民宴饮。”腊日前后的田猎活动也是五日。前引《四民月令》也说明腊日活动的五六天中，有一天是要“腊先祖、五祀”的，是日又是狭义的“腊”。“腊日”在汉代被固定在冬至后第三个戌日，关于此点，下面我们还会谈到。

由于历法的变更以及五德终始说的影响，各个历史时期的腊日节是不同的。不仅时间不同，名称也不同。礼传说：腊，夏曰嘉平，殷曰清祀，周曰大蜡。（《风俗通义》卷八）就时间而言，夏朝等西羌系统的政权采用过十月太阳历。《史记·秦本纪》载秦惠文王“十二年初腊”，说明当时秦国初次采用周制，而周制是腊日在“孟冬之月”即亥月（农历十月）。秦始皇统一中国后，于三十一年十日，更名腊曰“嘉平”。（《史记·秦始皇本纪》）可知秦朝将腊日从周制改为夏制，并采用夏的名称。西汉灭秦后，又改嘉平为腊。汉武帝太初元年（公元前104年）正式依据土德改元定制。腊日也据土德而定。时太史邓丞说：“腊者所以迎刑送德也，太寒至，常恐阴胜，故以戌日腊。戌者温气也。”（《风俗通义》卷八）东汉“冬至后三戌，腊祭百神”（许慎《说文解字》“腊”字解释同于西汉，说腊日位于丑月十二月）。

东汉以后，腊祭用日受五德终始影响，时间有所变动。“魏以土而用辰，晋以金而取丑”（《岁华纪丽》），南北朝及隋唐宋各政权均有自己依据五德终始所定的腊祭日，其中隋、宋二朝也是定在戌日。

或许是汉代把腊日定在冬至后第三个戌日具有开创性，且历时很长，加上最后依据五德终始定腊日的宋朝腊日也在戌日，所以给宋以后民俗以影响，如明朝崇祯《嘉兴县志》记载，当地“大寒后逢戊（误，当为戌）日立腊，至交春，凡伐木、动土、造葬诸事，俱无禁忌”。冬至后三戌日正值大寒期间，所以大寒后逢戌为立腊，即汉宋等朝的腊日。不过由于元明清三代国家礼仪中废掉了立腊传统，民间腊日概念逐渐模糊，代之以腊月，又由于受佛教“腊八”节的影响，腊日习俗逐渐在腊八进行。

## 腊会与腊赐

腊日要祭祀先祖和百神，祭祀百神，又叫作“蜡”，局面盛大。《礼记·杂记下》说子贡看到蜡祭的人们“皆若狂”。郑玄解释说，蜡祭是索飨之祭。“国索鬼神而祭祀”，基层社会的负责人党正也要“以礼属民，而饮酒于序，以正齿位。于是时民无不醉者如狂矣”。反映出先秦时代的腊日风俗，可知祭祀鬼神和会饮是腊日的重要内容。

汉代腊日期间的风俗，除了腊祀先祖、五祀外，在腊明日的所谓小新岁，人们“一会饮食”，其间要进酒降神，进酒尊长，及修刺贺君、师、耆老，其后还要进行烝祭和祀冢。民间的会饮从汉至唐不辍，《汉书·严延年传》载延年其母“欲从延年腊”，唐人颜师古注释说：“建丑之月（按：即十二月）为腊祭，因会饮，若今之蜡也。”便是很好的证明。

腊日节国家还举行朝会。东汉末年，王朗因在外不得与会，“无缘祇奉玉爵以献万寿”，特意上了《冬腊不得朝表》。三国时代的孙吴曾于永安元年（公元258年）腊日“百僚朝贺，公卿升殿”。(《三国志·孙休传》)

腊日节朝廷有赏赐官吏之举。东汉建武年间每到腊日赏赐每位博士一只羊，此后通常的赏赐品是钱、牛肉、粳米、羊等。唐代逢腊日，君长要赏赐臣下头膏、面脂、口脂、澡豆等洁服化妆用品及红雪、紫雪、小散、中散等药。大臣则要感谢。《全唐文》卷四五三就收有一些谢腊日赐香药口脂表。从中获知，一官员得到腊日香药、金花银合子一两枚、面脂一盒、裛（yì，香气侵袭）香二袋、澡豆一袋。杜甫腊日诗：“口脂面药随恩泽，翠管银罂下九霄”；王建宫辞：“月冷天寒近腊时，玉街金瓦雪漓漓；浴堂门外抄名入，公主家人谢口脂”，反映的就是腊赐的情形。

唐人韩鄂《四时纂要》一书，曾记载面药制法，是在七月初七用乌鸡的血和三月采收的桃花细末拌和在一起，拿来搽在脸面和身体上，两三天后，皮肤光白像素丝。据说这是太平公主的秘法。该书记载的腊日用品中有面脂和澡豆的配制方法。可知，面脂是将香附子、白芷、零陵香、白茯苓切片研细，用好酒拌和，拿蔓菁油煎炼，再下药烧煮，加入牛羊骨髓、白蜡、麝香，趁热搅和均匀，冷后凝结而成。澡豆是用皂角、白芨、白芷、白蔹（liǎn）、白术、藁木、川芎、细辛、甘松香、零陵香、白檀香、干枸子计12味捣细，筛取细末，连同糯米粉、牛皮胶末一起调和均匀，就制成了。澡豆的作用是用来洗手洗面，使之光泽。说到澡豆的用处，历史上还有一个故事呢。《世说新语》说，王敦和公主结婚，上完厕所回来，婢女擎金澡盆盛水，琉璃盌盛澡豆，王敦便把澡豆倒入水中饮之，说是干饭，结果群婢无不掩口而笑之。

宋代腊日不仅朝廷有赐口腊面药之举，而且北宋都城“寺院送面油与门徒”，“闾巷家家互相遗送”。（《东京梦华录》卷一〇）南宋则盛行赏赐腊药。《武林旧事》卷三《岁晚节物》记载：“腊日赐宰执、亲王、三衙从官、内侍省官并外阃、前宰执等腊药，系和剂局造进及御药院特旨制造银合。”受此影响，“医家亦多合药剂，侑（yòu）以虎头丹、八神、屠苏，贮以绛囊，馈遗大家”。

## 腊 除

腊除，作为动名词组，称逐除，逐疫；作为日期的名称，又称除日。在腊日前一天进行，目的是驱逐疫鬼，抑制阴气。腊除属于傩的一种。《论语·乡党》曾有“乡人傩”的记载。《礼记·月令》也说，季冬官员在四方之门出土牛以送寒气。

汉代宫廷有盛大的逐疫之傩。据《后汉书·礼仪中》记载，其仪式是：选中黄门子弟年 10 岁以上，12 岁以下 120 人为侲（zhèn）子。皆赤帻皂制，执大鼓。有人扮方相氏，黄金四目，蒙熊皮，玄衣朱裳，执戈扬盾。还有人装十二兽，有衣毛角，逐恶鬼于禁中。方相氏和十二兽要舞蹈，众人不断欢呼，持炬火，送疫出端门；门前驺（zōu）骑传炬出宫，司马阙门外五营骑士传火弃洛水中。百官官府各以木面兽能为傩人师讫，设桃梗、郁垒、苇茭毕，执事陛者罢。苇戟、桃杖以赐公、卿、将军、特侯、诸侯。宫中的这一礼仪继承了先秦时代的驱傩礼俗，也是汉代民间逐疫风俗的提炼。

《荆楚岁时记》记载了南朝长江中游地区的腊日风俗，说当时有“腊鼓鸣，春草生”的谚语。人们系细腰鼓，戴胡公头，扮作金刚力士以逐疫。民间戴胡公头，当是与方相一脉相承的。人们恫吓疫鬼的呼喊声是腊除中必不可少的，《梁书·曹景宗传》说曹氏“作野虖逐除，遍往人家乞酒食”，“野虖”，《南史》作“邪呼”，这种欢呼声同逐除一词连用，可见它是逐疫的特征之一。该词在后世也写作“野狐”“夜胡”，成为逐疫的代名词。借逐疫而勒索酒食，说明逐疫可沿街挨户进行，此俗也一直流行到后世。

值得注意的是晋朝在腊前日逐除外，还在腊晦逐疫驱傩。魏

河南郑州出土西汉末东汉初“方相氏画像砖”

晋之交，曾有人问晋议郎董勋说：现在正腊旦，门前作烟火、桃人、绞索、松柏，杀鸡著门户逐疫，是礼吗？（《太平御览》卷二九引《问礼俗》）。就晋朝的礼俗来说，确实是这样规定的。《晋书》卷一九载：“岁旦常设苇茭、桃梗，磔鸡于宫及百寺之门，以禳恶气。”上述驱疫的时间虽记载为岁旦、正旦，但实始于腊晦。

晋朝之后，北魏前期，大傩与阅兵结合，自腊除沿续到腊晦。到孝文帝时，“诏罢腊前傩唯年一傩”（《南齐书·魏虏传》）。专用腊晦傩。此俗为北齐至隋唐所沿袭，大傩脱离了腊节，除

清《点石斋画报》之“乡人傩”图

日、除夕便专指腊日，晦日即大年三十了。（夏日新《腊日的习俗》，载《中国前近代史理论国际学术研讨会论文集》，湖北人民出版社1997年版）

## 收藏

腊月是古代政府休民息役的时候，古人特别强调在腊日前后制腊肉、腊酒、腊醋等，还凿冰、舂米，并将之收藏起来。

藏冰之俗在《周礼·天官·冢宰下》中已有反映，设有专门的凌人管理藏冰、出冰，每年腊日的十二月命令所属入山凿冰，

四川彭县出土东汉“舂米画像砖”

以预计所用的三倍藏入冰室。春天开始，检验盛冰块作冰藏食物用的大盆。二月以后，在大盆中收藏肴馔。酒浆也是一样，祭祀时供应冷藏食物的冰盆，款待宾客。王或后死去寒尸，都供应冰块。夏天负责颁赐群臣冰块，秋天则刷除冰室预备冬天藏冰。

直到明清时代一直保留藏冰的礼俗。《帝京景物略》说明代预先将冰凿成一尺见方大小，十二月八日藏于冰窖中，由于腊八节晚出，所以它是由腊日藏冰演变而来。清朝的藏冰，据《会典》记载，由工部都水清吏司藏冰。每年冬至后半月，司官募夫凿冰于北京的御河，取明净坚厚者，以一尺五寸见方为块。藏冰则紫禁城内五个窖为2.5万块，景山西门外六个窖5.4万块，德胜门外三个窖为2.67万块，以供各坛庙祭祀及内廷之用；德胜门外两个土窖，藏冰4万块，正阳门外两个土窖，藏冰6万块，以备公廨设暑汤之用。此外，东陵、西陵用冰由外地提供，王府和商民也有藏冰之窖，城内售冰所称为冰局，灯市口冰局以历史悠久著名。

“腊中储蓄百事利，第一先舂年计米”（范成大《冬舂行》）。冬舂米之俗盛于江南地区，南宋范成大说：“腊日舂米，为一岁计，多聚杵臼，尽腊中毕事，藏之土仓瓦中，经年不坏，谓之冬舂米。”关于冬舂米的道理，据明代老农说，春气动则米牙浮起，米粒也不坚，春天舂米，易碎而折耗多；冬日米坚，折耗少，所以冬舂之。（陆容《菽园杂记》卷二〇）可谓经验之谈。天启《平湖县志》说因冬舂米“色如檀香，又曰檀香米”。这大约是储存时间长米色改变的原因吧。

制作腊肉、腊醋、腊酒、腊水也是腊日的主要习俗。光绪《荆州府志》说腊月“人家汲水贮盎，谓之腊水，酿秫曰腊酒，盐脯曰腊肉，盖亦周礼之昔酒，大易之腊肉也”。可知制作腊酒、腊肉习俗由来已久，先秦时代已然。唐代韩鄂《四时纂要》记载了造腊酒、干腊肉的方法。造腊酒是在腊日打取一石水，盛入不渗漏的瓮器中，浸入三斗曲末，投下四斗熟米饭。到了来年正月十五日和二月二日先后分别再投下三斗米饭，过了四月二十八日打开。酿酒时让酒瓮露着瓮身，这样停放到三伏天不坏。干腊肉的制作方法，是用牛、羊、獐、鹿的肉，在五香调料中淹浸二夜，再用加入葱和花椒的清盐汤中猛火煮肉，煮熟后取出挂在阴凉地方。过夏不坏，出远门可以作为下干粮的菜肴。人们相信这时做的食物经久不坏。江南一些地区的腊酒又被称为三白酒和桃花酒。崇祯《嘉兴县志》说：“腊日以曲酿秫作酒，煮而藏之，曰煮酒。近用白面作曲，并白米、白水为之，曰三白酒。”实际强调吃三白酒是预祝来年丰收的意思。徐光启《农政全书·农事》讲："腊前三两番雪，谓之腊前三白，大宜菜麦。谚云'若要麦，见三白'，又曰'腊雪是被，春雪是鬼'。又主来年丰稔。谚云'一月见三白，田翁笑哧哧'。"由盼望冬雪以利小麦等生长产生的喝三白酒，寄托了农民的美好期望。如果于立春日在腊酒中放桃瓣少许，又称为桃花酒。（天启《平湖县志》）

## 浴佛与腊八节

今传《荆楚岁时记》有"十二月八日为腊日，《史记·陈胜传》有'腊日'之言，是谓此也"，及逐疫"沐浴转除罪瘴"。而《太平御览》卷二七引《荆楚岁时记》则有"十二月八日沐浴转除罪瘴"一条。实际《史记·陈涉世家》原文作"腊月"，日本学者守屋美都雄推断《荆楚岁时记》开始是"十二月为腊月"，后来混入了"十二月八日沐浴转除罪瘴"的"八日"，后人据此把腊月改成了腊日。这样一来，造成人们把后世腊八节混同于腊日节。

"十二月八日沐浴转除罪瘴"原本是佛教故事。后汉安世高译《温室经》中载佛劝人供养设浴洗佛，不过并未特意指明腊月八日。北魏凉州沙门慧觉等所译《贤愚经》记载，十二月八日佛主战胜六师后，六师"惭此重辱，投河而死。六师徒类，九亿人众，皆来归佛，求为弟子”。另外《譬喻经》记载归佛的“外道”向佛说：“佛以法水洗我心垢，我今请僧洗浴以除身秽，仍为常缘也。”由于佛经的上述说法，佛教寺院十二月八日有洗佛之举。《荆楚岁时记》所载，十二月八日沐浴已不仅限于僧众而广泛流行于民间（夏日新《腊日与腊八》，提交中国社会史第六届年会论文，1996年重庆）。也说明南朝梁时，腊日习俗受到佛教的影响，有沐浴之举，并且人们把它同逐疫联系起来。腊日本来不太固定，被置于八日始于此。

唐宋时期仍有上述浴佛之俗。孟浩然《腊月八日于郯野石城寺礼拜》一诗谓：

石壁开金像，香山绕铁围。
下生弥勒佛，四向一心归。
竹柏禅庭古，楼台世界稀。
夕岚增气色，余照发光辉。
讲席邀谈柄，泉堂施浴衣。
愿从功德水，从此濯尘机。

反映的正是唐代十二月八日佛教寺院浴佛的情景。伯希和藏敦煌文书二七一载：“十二月八日何谓？其日沐浴，转瘴除万病，名为温室浴，于今不绝。”在唐人看来，十二月八日是佛教沐浴之日。北宋时代十二月八日浴佛仍盛行，《东京梦华录》说：“初八日，街巷中有僧尼三五人，作队念佛，以银铜沙罗或好盆器，坐一金铜或木佛像，浸以香水，杨枝洒浴，排门教化。诸大寺作浴佛会。”

北宋时代十二月八日兴盛的重要风俗是吃腊八粥。前引《东京梦华录》接着说：寺院“并送七宝五味粥与门徒，谓之‘腊八粥’，都人是日各家以果子杂料煮粥而食”。不仅寺院，民间也吃腊八粥。此俗相当流行，寺院已经把十二月八日叫作“腊八”（《梦粱录》卷六）。据《武林旧事》记载，可知南宋时代杭州寺院和民间的腊八粥是用胡桃、松子、乳蕈、柿、栗之类制成。腊八粥又叫作“七宝五味粥”。清人李福《腊八粥》诗谓：“腊月八日粥，传自梵王国，七宝美调和，五味香糁入。”（《清嘉录》卷一二）可知七宝是指制作粥的材料，而五味是说加以各种香料“五味俱全”。

为何十二月八日吃腊八粥呢？佛教把十二月八日作为释迦牟尼悟道成佛之日。据说此前的六年苦行中，每月仅食一麻一米，还说一牧羊女以大米奶粥救了濒临死亡的释迦牟尼。佛门子弟腊八成道节施粥宣传佛主苦行修道。从《东京梦华录》可知，佛教寺院是在作浴佛会的同时送粥与门徒。十二月八日最初本是浴佛之日，送腊八粥是后来才加上的，显然是为了宣传佛教争取信仰者。因施粥在腊月八日，所以称腊八粥。以至后来浴佛竟被施粥所掩，人们以吃腊八粥作为腊八节的内容。这种结合在元代已经形成，当时北京“宫苑以八日佛成道日，煮腊八粥”。（《析津志辑佚·岁纪》）不见浴佛之说。至明代，崇祯浙江《乌程县志》记载：“僧尼以白米和胡桃、榛松、枣栗之类作粥，名为腊八粥，遍送诸檀越，举念佛会。”浴佛会代之以念佛会。

民间在北宋时代，都人已于腊八煮粥而食。元代大都“士庶有力之家，丰杀不同，馈送相尚”。(《析津志辑佚·岁纪》) 明清时期食腊八粥风俗更深入农村，进一步普及。从明代的地方志看，几乎全国各地民间均有腊八节，人们自作腊八粥。南北方的腊八粥因物产和饮食习惯不同而有差异，如嘉靖《隆庆志》记载：“用黍稷稻粱米杂之以豆，并枣、栗、核桃仁等物，煮粥食之。”典型地反映了北方腊八粥的食物构成。江南地区则于果品之外，要在粥中加些肉脍、姜桂等。民间除自食腊八粥外，亲朋间互相馈送，一些城镇村落要施粥济贫，个别地方还施粥僧寺，同宋代相比，施粥的授受关系倒过来了。

# 祀灶

## 灶神的来源

灶神的来历和性质，大致有两种说法。一种认为灶即先灶者，是祭老妇人。《礼记·礼器》说："奥者，老妇之祭也。"此"奥"字，实指灶，老妇指先炊者，全句意为灶是祭祀最初进行炊爨的老年妇女。《史记·封禅书》记汉高祖六年，在宫中令晋巫祠先炊，唐朝张守节解释说"先炊是古炊母神"，这是近似的说法。另据《仪礼·特牲馈食礼》说，祭日，主妇于西堂下观看炊黍稷；又说同宗妇助祭者祭炊黍稷之灶，雍人祭烹煮豕、鱼、兽之灶。可知当时灶祭在国家典礼中是重要的，妇女是家庙礼的执行者，在家族内祭祀方面承担重要的任务。的确，《礼记·祭法》规定的国家七祀（或说五祀）中，其一是祭灶，要求"庶士庶人立一祀，或立户，或立灶"。说明人们至少要祭祀户或灶，灶神是民间最普遍的信仰。人们认为五祀之神有出入炊食之用，祭之以报德。

另一种灶神即火神炎帝——祝融。《淮南子·氾论训》说："炎帝于火而死为灶。"《风俗通义》引《周礼》说："颛顼氏有子曰黎，为祝融，祀以为灶神。"炎帝为火德之帝，故同灶发生联系。祝融"为高辛氏火正，死为火神，托祀于灶"。（《淮南子·时则训》高诱注）从前人们认为祝融是掌管火之神，陈久金指出火正是专

浙江海宁发现的东汉至三国“庖厨画像”

清绘本《山海经图》之“南方祝融”

门观测大火星以定冬夏至的官，由于大火星有推定腊日的功能，古人由对它的崇拜而将其当作神灵一样地看待，每逢腊日都要祭祀它。由于观测大火星定季节的任务是由火正掌管的，故火正祝融也就被称为火神了。这才是人们于腊日祭祀祝融的真正原因，这般从天文学角度解释神话更具有科学性。

不过，陈久金还说这也是人们把祝融当作灶神来祭祀的根由，似乎就显得有些简单了。因为他未阐明与灶神作为先灶者的关系，如中村乔所指出的，在汉以前，炎帝、祝融是独立存在于灶神之外的。根据《左传》昭公二十九年蔡墨的说法，黎成为火

帝命重黎图

正祝融，是水官、火官等五行五官之长，死后贵为神被祭祀，并尊为五祀。他们是和灶等五祀有别的神祇。还有《吕氏春秋·四月纪》讲孟夏其帝炎帝，其神祝融，其祀灶。并列而记，可知不能成为同一神。二者后来被结合是无疑的，其结合是从战国末年到汉代由五行观念完成的。灶神是炎帝祝融说，具有五祀中灶的品格，由五行说将其结合在一起，它是思想上的产物，与实际的灶神有相当距离。但是采取“灶神是老妇之祭”之说，不得不将灶指责为卑神，如东汉许慎在《五经异义》中说五祀之神是王者所祭，非为老妇。郑玄反驳此说法取老妇说，指出：“此非大神所祈报大事者也，小神居人之间，司察小过作谴告者尔。”将灶神作为小神也是由此造成。

灶神还有一个拟人化的历史过程。灶神的名始见于《庄子·达生篇》：“灶有髻。”西晋司马彪疏：“髻，灶神，著赤衣状如美女。”灶神名髻，这是战国时代的说法。这时人格化的灶神是女神。

从汉代至唐代，灶神由髻引发出其他名字。《玉烛宝典》卷一二引《灶书》：“灶神姓苏名吉利，妇名博颊。”《荆楚岁时记》引东汉许慎《五经异义》也持同样看法，还说苏吉利妇姓王。《魏志·管辂传》讲叫作宋无忌的妖怪，可使新生儿堕地即走入灶中。据《史记·封禅书》集解等书，说宋无忌是火之精，如俞正燮《癸巳类稿》卷一三所指出，吉、忌之音俱近髻。由于髻的原义久失，祈求吉利的灶神，便在同音字吉附上利，形成吉利。无忌即吉利，是从另一方面继承了髻。

诸书注引《杂五行书》说灶神名禅（或作樿），字子郭，衣黄衣，披发。日本学者池田末利认为“禅”是“褌”之误，是《说文解字》中的“䞪”字，“一曰灶上祭名”，意味着灶祭，如此是由灶祭产生的名。唐人段成式《酉阳杂俎·前集》卷一四说：“灶神名隗，状如美女。又姓张名单，字子郭。夫人字卿忌，有六女皆名察洽。”那么，此处之“单”则是“禅”字的省文。而“隗”，郑康成认为和“髻”同声，东汉王符《潜夫论·五德志》中有任姒“生赤帝魁隗，自号炎帝”，是由炎帝之名出来的。由上可知，汉以来灶神进一步的人格化，使最初出现的女神男性化，从负责炊事的功能向家族守护神转化。

汉代以后灶神功能的显著特点就是掌握人们的祸福、寿夭。汉代《淮南万毕术》出现了“灶神晦日归天，白人罪”的说法。《礼记·祭法》郑玄注也说灶神是“小神居人之间，司察小过，作谴告者尔”。灶神具有了司察人间之罪的职责。至于祠灶得福的例子，最典型的是《风俗通义》等书所载西汉阴子方的故事。传说阴子方积恩好施，喜祀灶。腊日晨炊时，而看见灶神。神受再拜，并以黄羊祀之。后来其孙阴识成为负责首都治安的长官执金吾，被封原鹿侯，阴兴为卫尉，受封鲖（diāo）阳侯。阴子方的后代便常常在腊日以黄羊祀灶。魏如淳更明确指出，祀灶可以致福。（《史记·孝武本纪》索隐）

灶神也掌管人的寿夭。《史记·封禅书》记载李少君以祀灶、谷道、却老之方博得汉武帝的尊敬。李少君鼓吹祀灶可以致物，而使丹沙化为黄金，以黄金器皿饮食则益寿，最终长生不死。惑

宁夏同心康济寺出土“灶神经”

于此，武帝开始亲自祀灶。晋葛洪在《抱朴子·微旨》引道家的说法，提出灶神与人的命数的关系：“月晦之夜，灶神亦上天白人罪状。大者夺纪。纪者，三百日也。小者夺算。算者，三日也。”灶神直接掌管人寿命的纪、算，成为司命神。至唐代，《酉阳杂俎·前集》记载，灶神的系统更加完善，说灶神为天帝督使，下为地精。己丑日日出卯时上天办公，此日祭得福，其属神天帝娇孙、天帝大夫、天帝都尉、天帝长兄、硎（xíng）上童子、突上紫官君、太和君、玉池夫人等。特别值得一提的是唐末《辇下岁时记》把祀灶俗称为“醉司命”，可见灶神成为司命神已经普及化而深入人心。

# 祀灶

祀灶日期有夏祭说、晦祭说、腊祭说。

在战国以后兴起的五行观念中，有灶等同于火，又等同于夏的看法。把灶神与火神联系起来，影响到祀灶日期，十月历有冬夏两个新年，都是上古祭祀火正的祭日，所以祀灶已分别在冬、夏进行。有关夏祭灶的说法，在《礼记·月令》已出现。《后汉书·礼仪志》规定国家祀灶是在季夏的六月。采取夏祭说的还有唐、清等朝，唐朝规定夏天祀灶。清初曾一度于孟夏四月祭灶神。

晦祭说见于西汉的《淮南万毕术》。讲“灶神晦日归天，白人罪”。由此则祭灶也当在每月晦日，这是方术的看法，其基础应当是民俗。唐末的《辇下岁时记》说都人是在“年夜”祀灶，年夜也是晦日，二者之间或许有关联。

腊祭说以西汉宣帝时阴子方腊日祀灶显灵的故事而出名。另据东汉末崔寔《四民月令》记载：“十二月，腊日，荐稻雁。前期五日杀猪……遂腊先祖、五祀。”灶与门、户、中霤（liù）、行作为五祀在腊日进行。民间立灶普及，腊日祭祀当是流行的祭期。至《荆楚岁时记》明确记载祭灶神是在腊日。

基于腊祭说，宋代祀灶的日期定在十二月二十四日。《东京梦华录》《武林旧事》均把十二月二十四日称作“交年”。关于其含义，宋的《岁时杂记》说："旧俗，以七祀及百神，于每岁十二月二十四日新旧更易，皆焚纸币，诵道佛经咒，以故是七祀百神更新的日子，为此祭与厄禳。"我们知道，祭百神、逐疫自古就是腊日的主要内容，可知十二月二十四日祭灶的观念与腊祭是一致的。而且《武林旧事》说腊月二十四日为"小节夜"，三十日为"大节夜"。视十二月二十四日为小除夜，同《四民月令》以腊日之翌日为"小新岁"是对应的，与《辇下岁时记》所说"年夜"于"灶上贴灶字"一脉相承。年夜、交年的意思与腊日节具有新旧交接的作用也是一致的。特别是祭灶选在腊月二十四日，与元旦相距五六天，恰恰等于太阳历休废日的时间，更充分说明，祭灶是腊日节改在十二月二十四日的产物。

根据大量明代地方志的记载，可知明代绝大部分地区祀灶是在十二月二十四日晚上。不过在北方的一些地方也有二十三日祭灶的，如河北永济、霸州和河南太康的方志记载则是二十三日或二十四日。而南方地区的福建建阳、建宁与贵州等地祭灶为二十五日。

清代祭灶神的日子，大致来说，北方多在二十三日，南方多在二十四日，一些地方无严格规定，二十三、二十四日都可以。通常是二十三日祭灶，二十四日打扫屋子；或者二十四日祭灶扫屋一块进行。特殊情况也是有的，湖北宜昌府二十二日祭灶，二十三日扫屋；而广东遂溪县则是二十五日送灶。从明代到清代，祭灶日期明显地由二十四日向二十三日改变。中村乔认为造成这种情况的原因是，把二十三日作为祀期似乎是因为在灶神二十四日上天的前夜应该送行。我想，除此之外另一个重要原因是，清代有“官三、民四、蛋家五”的说法，即官府在腊月二十三日，一般民家在二十四日，水上人家则在二十五日祀灶。前引闽、广等地区二十五日祭灶，蛋家多居于这些地区，二十四日祭灶是宋以来传统，后二说的确是事实。而“官三”据《清史稿·礼三》记载：“惟十二月二十三日，宫中祀灶以为常。”也是事实。清代祭灶改期主要是在嘉庆、道光以后自北而南变为二十三日的，这些都说明，祭灶提前到二十三日受到了清王朝祭灶时间的很大影响，清朝都城在北京，其影响自然由北而南，而多发生在嘉道以后，则表明此影响有一个过程，是渐进的。

祀灶所用贡荐也有历史变化。最初祀灶作为对最先炊爨老妇的报德行为，根据《仪礼》，主要用黍稷，也用豕、鱼、兽。五祀的用品有一定规定，《白虎通义》说是天子诸侯用牛，卿大夫以羊。汉代腊日官府有赐羊之举，《四民月令》说五祀之前五日杀猪、三日杀羊。其中以羊为祭品，因东汉阴子方黄羊祀灶受福的故事而闻名。腊祭用品也影响了祭灶。《四民月令》说十二月腊日荐稻雁，是古俗腊祭以黍稷和猎物传统的保留。猪作为最普通的家畜，一直是祭灶用品，《荆楚岁时记》说腊日并以豚酒祭灶，反映的是民间的一般情形。值得注意的是，唐宋之际受道佛影响，素食祭灶逐渐发展。从《辇下岁时记》到《东京梦华录》见不到祀灶供肉了。

唐宋之际及南宋以降祀灶新出现的用品是酒糟、糖和豆。《辇下岁时记》最早出现“醉司命”的方法，是以酒糟抹灶门，使灶

左：河南朱仙镇版画“灶王爷”
右：河北剪纸“祭灶神”

神醉后不能乱说话。《东京梦华录》中亦有此俗，直至清代，湖南醴陵尚存此俗。宋代祀灶流行用“饧”（xíng 又读 táng）、“花饧”“胶牙饧”，这种用麦芽或谷芽等熬黏的软糖，黏性很大，用之以粘固灶神的牙齿，使其难以开口言人过失。以糖祀灶在明清时代最为普及，明代方志记载的祀灶用糖，一般是“饧饼”“糖糕”“饧糖酒肴”“粉团糖饼”之类。清代北京糖品甚多，有糖瓜、糖饼、江米竹节糕、关东糖、南糖等。豆在宋以后也是祀灶的必需品。《梦粱录》说要备豆祀灶。明代《帝京景物略》说以炒豆祀灶君，以糟草秣灶君之马。清代记载则多说以水、草、糟、豆等祠神马。清人常将草剁碎，和上豆子放在灶旁，或者扔在屋顶。

“灶马”最初出现于《辇下岁时记》，知唐末有“贴灶马于灶上”之俗。据清赵翼《陔余丛考》记载：“或谓昔时画神于纸，皆画马其上，以为乘骑之用，故称纸马。”可知“灶马”是灶神骑马图，属于“纸马”。《东京梦华录》记开封“纸马铺”，当时印财马、回头马等，“灶马”当是印有灶神之纸马的简称。灶马的这种含义一直流传下来。清代《燕京杂记》说“以板印灶神于纸，谓之灶马”，就是一个证明。后世对灶马的用法也有不同，明代《宛署杂记》记载了京师的“灶马”风俗：“坊民刻马形印之灶马，每年十二月二十四日，农民鬻以焚之灶前，谓为送灶君

左：云南剑川年画“东厨司命”
右：河北内邱版画“天地诸神”

上天。”灶马为灶神之马。

谚语说：“男不拜月，女不祭灶。”自南宋以来，祀灶改变了古俗，排斥女子祭灶。范成大《吴郡志》说：“二十四日祭灶，女子不得预。”他所作《祭灶词》还说：“男儿酌献女儿避，酹酒烧钱灶君喜。”反映了江南的风俗。在北方也是如此，明《帝京景物略》说祀灶：“男子祭，禁不令妇女见之。”清《帝京岁时纪胜》更详细记载了祀灶的情景：“男子罗拜，祝以遏恶扬善之词。妇女于内室，扫除炉灶，以净泥涂饰，谓曰挂袍，燃灯默拜。”虽然男女有别，但女子不是绝对不拜。

上述以净泥涂饰为灶神“挂袍”之法，是为灶神送行，目的是讨好他。类似的民俗是南方的作新灶和为灶增填土，如崇祯福建《尤溪县志》说：“先是大寒节后，邑人争向龙山取土增灶，为一年利市兆。”嘉靖四川《洪雅县志》记载：“二十四日多为新灶，多填土。”

## 扫舍·跳灶王·赶乱岁·口数粥

明清时代的地方志祀灶节，主要风俗事项是“扫舍祀灶”。祀灶如前述，这里略谈扫舍风俗。因过年是辞旧迎新，辞旧的准备工作必不可少，二十三四日打扫房舍卫生，就是辞旧迎新的重要工作。扫舍，或称除残、除尘、扫尘等。清代苏州则称为“打埃尘”。《清嘉录》说：“腊将残，择宪书宜扫舍宇日，去庭户尘秽。或有在二十三日、二十四日及二十七日者，俗呼打埃尘。”二十七日扫舍是苏州地区明清时的风俗。

在“腊日与腊八”部分，我们介绍了“腊除”，可知腊日有驱逐疫鬼，抑制阴气的风俗。此俗在北魏到隋唐脱离腊日节移至腊月晦日。宋以后，逐疫日期的另一个特点是或从腊月一日开始直到二十五日腊尽，或者是在灶王节进行。故民间称之为“跳灶王”。宋代的逐疫是从腊月一日开始的，《东京梦华录》说：“自入此月，即有贫者三数人为一伙，装妇人神鬼，敲锣击鼓，巡门乞钱，俗呼为‘打夜胡’，亦驱祟之道也。”此打夜胡就是前述南朝萧梁时称逐疫为“野虖”“邪呼”之传承。贫者利用此俗乞钱。明代地方志反映出，江浙地区流行跳灶王之俗，一般在二十四或二十五日进行，多由乞丐涂面或戴面具表演，以逐疫，或在市中表演，或沿门叫跳。例如，有的是扮作傩翁、傩母进行。嘉靖《江阴县志》就记载：二十四日晚，“丐者二人傩于市，花面杂裳，傩翁傩母偶而逐”。有的戴胡头或钟馗面具，如天启《平湖县志》记载：“逐除并戴胡头及作钟馗，以逐疫、除耗。”扮作钟馗的也叫作“跳钟馗”。有的扮作鬼判，崇祯《乌程县志》说：二十四日“丐者涂抹变形为鬼判，跳跃驱傩”。直接称作“跳灶”的事例是万历《绍兴府志》：“先数日，丐人佩鬼容，执器仗，鸣锣沿门叫跳，谓之跳灶，盖亦古逐疫之意。”直到清代也是如此，《清嘉录》说，“（十二）月朔，乞儿三五人为一队，扮灶公灶婆，各执竹枝，噪于门庭以乞钱。至二十四日止，谓之

“除残”图像

逐疫
（荆楚岁时记）十二月八日为腊日。谚云腊鼓鸣，春草生。村人并击细腰鼓，戴胡头及作金刚力士以逐疫。
每日古事画
十二月初八日

“逐疫”图像

跳灶王”。文中的灶公灶婆即前述明代江阴志中的傩翁傩母。（作者按：唐末《秦中岁时记》已有傩翁、傩母记载）

明清时代北方有“赶乱岁”的风俗。民间认为灶日百神登天，百无禁忌，适宜结婚，如明代嘉靖河南《固始县志》和崇祯山东《历乘》均说此时“嫁娶以为无忌”。清代山西《武乡县志》记载：“武俗娶亲正七二八以至六腊皆论利月，惟自十二月二十四日及除日，阴阳家以为百神登天，时无禁忌，名曰赶乱岁。故一切嫁娶，凡早有妨碍者，至此皆不论利月，亦不另择吉日云。”百神登天，也有说成是龙神朝天，祀神上天的。与百神朝天同时存在的还有二十五日玉皇下驾之说，明刘侗《帝京景物略》记载：“廿五日，五更焚香纸，接玉皇，曰玉皇下查人间也。竟此日，无妇妪詈声。”接玉皇与忌詈骂是二十五日的两项主要民俗，不过从地方志看，这种风俗流传不太广泛。

南方在二十五日另有一种风俗，这就是吃“口数粥”。南宋人范成大说吴中风俗：“二十五日，煮赤豆作糜，暮夜阖家同飧，云能避瘟气，虽远出未归者，亦留贮口分，至襁褓小儿及僮仆皆预，故名口数粥。豆粥本正月望日祭门故事，流传为此。”另据《梦粱录》记载，吃赤豆粥是祀食神，名曰“人口粥”。范成大说此俗由正月望日祭门之俗流传而致，此说乃出自《荆楚岁时记》，今本作“正月十五日，作豆糜，加油膏其上，以祠门户”。而《太平御览》卷二八引《荆楚岁时记》注云：“共工氏有不才子，以冬至日死，为人厉，畏赤豆，故作粥以禳之。”南朝以豆粥祠门户，当时祈求门户拒瘟气于外，以保佑全家安全，而南宋每人吃口数粥，其意也是保全家安全，二者以吃赤豆禳厉是一致的。赤豆确被古人认为有神奇的避瘟驱疫作用，如《齐民要术》卷二引《杂阴阳书》记载："正月七日，七月七日，男吞赤小豆七颗，女吞十四枚，竟年无病，令疫不相染。"因此，南宋吃口数粥是古俗流衍而成。明清江浙地方志大量记载了当地流行吃口数粥，其内容与范成大的描述基本相同。此外，清代湖南《永州府志》载当地也有吃口数粥的风俗。

## 照田蚕

南宋范成大《照田蚕行》诗序说，腊月二十五日夜，吴中"村落则以秃帚若麻秸竹枝辈燃火炬，缚长竿之杪（miǎo）以照田，烂然遍野，以祈丝谷"。其诗更为形象：

乡村腊月二十五，长竿燃炬照南亩。
近似云开森列星，远如风起飘流萤。
今春雨雹茧丝少，秋日雷鸣稻堆小。
侬家今夜火最明，的知新岁田蚕好。
夜阑风焰西复东，此占最吉余难同。
不惟桑贱谷芃芃，仍更苎麻无节菜无虫。

由上可知，照田蚕是腊月二十五日夜在田边燃火炬的群体性活

明嘉靖刻本《农书》插图“茧馆”

动，旨在祈求来年田之稻谷和蚕之茧丝丰收。用火照，这是通过用火抑制虫害实现的。诗中说“此占最吉”，又有占法，可惜范成大未讲明，不过后世的记载有助于我们理解。顾禄《清嘉录》说“焰高者稔”，是以火焰高低占是否丰收。方鹏《昆山志》则说“视火色赤白，以占水旱”，火是关键。

关于照田蚕习俗的形成，王利华认为源于火焚烧田间的残藁宿草，以利化草为肥和杀除害虫并提高田地翻耕效率。中唐以后太湖以东地区开发，火耕逐渐废除，但由于积养下来的习惯，田间放火焚烧虽在生产日程安排的项目单上逐渐被抹去，但却以一种岁时节日娱乐活动的形式残留下来，逐渐转变为一种固定的岁时民俗活动（王利华《“照田蚕”试探》，载《中国农史》1997年第3期）。

从是说，笔者再补充一条史料作为佐证。崇祯《常熟县志》说：“田塍（chéng，田畦）纵火，名照田蚕。”“纵火”远比长竿之上缚火把这种象征性仪式更接近原始的“火耕”。

明清时期，照田蚕主要流行于江浙一带，其他地区也有，如道光湖南《永州府志》、光绪《荆州府志》均有“照田蚕”记载。“田蚕”也写作“田财”，或直接针对害虫，如弘治《上海志》说：“乡人秉高炬，谓照麻虫。”照田蚕的时间除腊月二十五日外，还有元旦和上元日进行的。照田蚕的活动也被扩大，除立竿焚烧火把外，还要供奉刘猛将、田祖、蚕花诸神，甚至请巫师唱歌颂赞神歌。

# 除夕

除夕是一年的最后一天，也是新年的前一天，大年三十自然十分受人重视，除旧迎新成为除夕的主要内容。

## 桃符·春联·门神

王安石脍炙人口的《除日》一诗咏道："爆竹声中一岁除，春风送暖入屠苏；千门万户曈曈日，总把新桃换旧符。"该诗的广泛流传也使得桃符一词几乎尽人皆知。更换桃符不仅是必做的事，而且春联、门神、年画等也与桃符有着千丝万缕的联系，并成为除夕除旧迎新的必需品。

让我们先从桃符说起吧。自古以来，中国人认为桃有辟邪的作用，先秦时代"桃茢（liè）"即桃木柄笤帚，具有驱鬼除邪的神奇力量。《礼记·檀弓下》说："君临臣丧，以巫祝桃茢执戈，(鬼)恶之也。"《左传》襄公二十九年就有这方面的事例。《周礼·夏官》说，诸侯盟会割牛耳取血，要用桃茢为镇物。《左传》昭公四年记载取藏冰时，要用桃木做的弓和用棘制的矢进行除灾仪式。桃符的前身是桃梗和桃枝。桃枝的辟邪作用见于《庄子》："插桃枝于户，连灰其下，童子入而不畏，而鬼畏之。"（《艺文类聚》卷八六）将桃枝稍事加工的桃枝也有相同作用。《淮南子·诠言》篇说："羿死于桃棓"。东汉高诱注："棓，大杖，以桃木为之，以击杀羿，由是以来，鬼畏桃也。"如此则自传说时代，古人就有对桃木的特殊信仰。由于桃杖的神奇作用，汉有腊日前一日逐疫毕，赐公、卿、将军、特侯、诸侯"苇戟桃杖"之礼。（《后汉

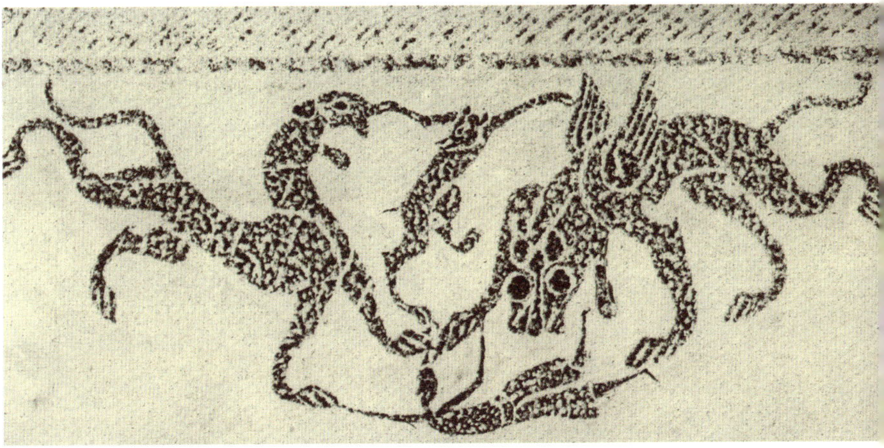

河南唐河出土“虎吃女魃画像”

书·礼仪志》）将桃刻削成人形也是古人采取的辟邪手段。《战国策·齐策三》说孟尝君打算入秦时，苏秦对他讲了土偶和桃梗的寓言劝止他，其中有土偶人语桃梗：“今子东国之桃梗也，刻削子以为人。”可知战国时代已有削桃木为人的桃梗。又据《后汉书·礼仪志》注谓，《山海经》载在度朔山，立于以大桃树枝为鬼门之上的神荼、郁儡，以苇索执鬼并喂虎。“黄帝法而象之，殴除毕，因立桃梗于门户上”。东汉《风俗通义》也引《黄帝书》讲了这个故事，并说：“于是县官以腊除夕饰桃人，垂苇索，画虎于门，效前事也。”可知汉代腊日的前夜已流行在门旁立桃梗（人）的风俗。《荆楚岁时记》讲元旦拜贺后说：“造桃板著户，谓之仙木。”可知六朝时代又出现了桃板。（作者按：该书通行本又在讲贴画鸡，悬苇索后说“插桃符其傍”，“桃符”二字有误，不取）至迟到唐末，出现了“桃符”一词，韩鄂《四时纂要》明确指出："仙木即今之桃符。"换言之，桃符即古之桃杖、桃梗，"符"字更清楚地表达了其驱邪作用。此后宋代盛行"桃符"的用法，前面所引的王安石《除日》诗就是一个例证。

桃本来是作为一种植物而被认为有避邪作用的。《玉烛宝典》引《典术》说桃是"五行之精"，可以厌伏邪气制百鬼，所以作"桃板"著于户。(《太平御览》所引《典术》"五行之精"作"五木之精"，"桃板"作"桃人梗")从桃枝、桃杖到桃人梗，桃有一个人格化的过程，同时也是一个神格化的过程。桃板、桃符的出现正是两种过程合一特别是转变的集中体现之物。虽然资料中无南朝或更早之桃板上有字、画的记载，但是桃板，这种加工平整的东西，桃的辟邪作用只是作为属性存在，它一定另有目的，根据后来文献中所记桃板上画神荼、郁垒像并写二者名字的事实，可以推断，桃板一出现可能就有图或字，或二者兼而有之。所写所画也应当是神荼和郁垒。最初桃枝、桃梗和执鬼神神荼、郁垒是两回事。一旦在桃板上画神荼、郁垒像，写上名字，就使二者合一。桃符既是原来的桃梗，又可以代表画有图形的桃板，二者有区别，也混同，在混同的情况下，桃符也就成了神荼、郁垒的代名词。

桃木板上画神荼、郁垒像并标名字的做法，兴盛于宋代。北宋高承《事物纪原·桃版》讲了度朔山的传说后写到："故今世画神像于板上犹于其下书'右郁垒，左神荼'，元日以置门户间也。"反映北宋风俗的《岁时杂记》也说在"桃符"上画神像，狻猊白泽之属，下书左郁垒、右神荼。由此可知，桃板可以称作桃符。图画神荼、郁垒作为避邪的桃符，一直流行到明清时代。

明嘉靖《汀州府志》说："桃符，新画桃符置户两旁，貌荼、垒于上，以厌邪魅。"明清地方志多有各地除夕挂桃符的记载。

春联的出现，至少可追溯到五代末宋初蜀主孟昶桃板题字的著名故事。宋张唐英的《蜀梼（táo）杌（wù）》记载，孟昶（chǎng）降宋前一年（乾德三年）的除日，让翰林学士幸寅逊在寝门的桃板上题字不如意，于是亲自题写了"新年纳余庆，嘉节号长春"。果然新年降宋，吕余庆为成都知府，而长春是宋太祖诞生日的嘉号，应了孟昶所题，成为亡蜀先兆。宋黄休复《茅亭客话》卷一也记载了这个故事，还说"每岁除日，诸宫门各给桃符一对，题'元亨利贞'四字"。看来题写一年平安词是恒例。这个故事告诉我们，除了以往桃板、桃符主要用于辟恶外，可在上面写迎春纳福的吉利祝词，这是桃符性质的重要改变。关于此点，唐末韩鄂的《岁华纪丽》说，门署桃板是为了"纳庆"，可为注脚。

宋代桃符的迎春纳福性质更加明显，北宋《岁时杂记》说：桃符之制，以薄木板长二三尺、大四五寸为之，除了画图像外，"或写春词或书祝祷之语，岁旦则更之"。在长方形桃板上书写春词和祝福语已是桃符的一种类型。南宋高宗时修《嘉泰会稽志》卷一三也说"桃牌书左神荼、右郁垒，抑或书他语，门左右设之"。南宋时代的《梦粱录》除此记载外，市场上还卖"迎春牌儿"，除夕要"贴春牌"。看来"春牌"是迎春桃牌之意，是一种新型的桃符。桃符也就变成了两种类型。

这种桃木板所制春牌，到了明代一般成为纸制，且名为"春帖”。制作材料的改变，使春帖脱离了桃符旧制，成为独立于桃符以外的一种饰品。嘉靖福建《汀州府志》记载了桃符后，接着写到：“春帖：大夫之家俱用五色笺书联句，以贴于门或厅堂柱间，虽工贾亦买而贴之，以见除旧布新之意。”春帖又有“春对”“春联”“门联”等名称。其中“春联”一词，成为清代的流行用语，一直沿用到今天。

春联所贴之处，前引福建《汀州府志》说是在门或厅堂柱间，不太具体。明《月令广义》的记载更为详细，说除夕更换春帖、柱联、门额，在堂轩楣枋贴宜春、福、禄、寿等字。春联的内容，据《清嘉录》所载，“多写千金、百顺、宜春、迪吉、一财、二喜及家声、世泽等语为门联。咸集《葩经》吉语、唐宋人诗句为楹帖”。

门神形成于多种途径，最初同古人五祀信仰有关。门户主出入，与人的生活关系密切，在万物有灵的原始信仰下，人们祭之以报德。古人也认为门户与阴阳有关，《礼记·月令》有孟春之月祀户，孟秋之月祀门的说法。郑玄解释道：春阳气出，祀之于户，可纳入阳气，秋阴气出，祀之于门，可拒阴气于外。唐代孔颖达疏称，户是人之出入，有神，而门神是阴气之神。这是将门与户区别为外门和内门，无论是阴或阳二者均有神。东汉郑玄为《礼记·丧服大记》“名释菜”一词注：“释菜，礼门神也。”可知汉代已有门神一词。《荆楚岁时记》记载：“正月十五日，作豆糜，加油膏其上，以祠门户。”表明了民间的门神信仰。

门神信仰很早就和桃梗辟邪以及神荼、郁垒抓鬼结合起来。

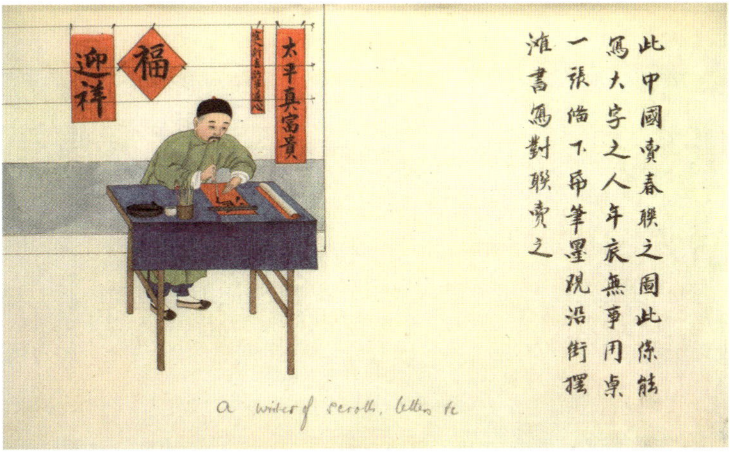


19 世纪外销画之“卖春联”

门上画上神荼、郁垒，东汉时已见于蔡邕《独断》卷上：“十二月岁竟，常以先腊之夜逐除之也。乃画荼、垒并悬苇索于门户，以御凶也。”明确把神荼、郁垒作为门神的记载是《岁时广记》卷五《绘门神》：“《荆楚岁时记》：岁旦，绘披甲持钺二神贴户之左右，谓之门神。”又据宝颜堂秘籍本《荆楚岁时记》：绘二神贴户之左右，左神荼，右郁垒。不过以神荼与郁垒为门神在唐以后由将军等像取代，神荼、郁垒的画像以桃符称之。比如宋代，《东京梦华录》载十二月“近岁节，市井皆印卖门神、钟馗、桃板、桃符……以备除夜之用”。《梦粱录》说除夜家家“换门神、挂钟馗、钉桃符、贴春牌”。门神是与钟馗、桃符等并列的东西。南宋时代门神更为发展，有“诸班大小门神”。(《武林旧事》)其大者为“等身门神”，(《西湖老人繁胜录》)竟与成人高低相等。明清时代地方志也是将门神和桃符、春帖并列，而且此时明确记载贴门神，可知门神为纸制。民间还有悬挂钟馗像的风俗，如万历《贵州通志》载：“门挂钟馗以压邪魅”，弘治福建《将乐县志》记载：“挂钟馗于堂屋。”宋以后的上述记载说明门神既有别于桃符即神荼、郁垒，也有别于钟馗。

门神产生的主要原因可能是古代武士守门的神化。1978年夏，发掘湖北随县擂墩鼓战国早期的曾侯乙墓时，在内棺左右侧板上的户牖之旁，绘有手拿双戈的人形怪物。当是户牖之旁的守卫之神，或许与门神有某种关系。《周礼·春官》中有“师氏居虎门之左，司王朝”。注云：“虎门，路寝门也。王日祀朝于路寝，门外画虎焉，以明猛于守，宜也。”可知周天子办公之所路

山东潍县版画“镇宅神虎”

寝门上画虎，以示守卫。因有虎吃鬼的传说，汉代在门上画虎。《风俗通义·祀典》载县官常以腊除日画虎于门。《汉书·广川王传》记载：“其殿门有成庆画，短衣大裤长剑。”晋灼说成庆是荆轲，唐颜师古也说他是古之勇士。姑且不论成庆是何时人，总之是一位勇士，并画于殿门，不能确定是装饰还是门神。唐代佛教盛行，广建寺庙，寺庙门旁除绘塑一对药叉或天王作门神外，寺庙中的厨房、库房、内室等门上皆绘有门画。而手执如意或执天德瓶、口泻诸珍宝的门画，影响了后世门神画中的吉祥题材（王树村《中国民间年画史论集》，天津杨柳青画社 1991 年版，第 60 页）。宋代有关门神的记载多起来，袁褧（jiǒng）《枫窗小牍》说：“靖康以前，汴中门神多翻样，戴虎头盔。而王公之门至以浑金饰之。”这类头戴虎头盔、身披浑金甲的门神，应当是将军的形象。赵与时《宾退录》说：“除夕用镇殿将军二人，甲胄装。门神亦曰门丞，道家谓左曰门丞，右曰户尉。”可知宋代所贴门神多为将军，又称“门丞”，而且受到道教的影响。《夷坚志》戊卷十“胡画工”条讲浮梁画工胡一受邑人之托，绘门卫二神。可知当时门神是很普及的。明后期冯应京《月令广义·十二月令》记载：“道家谓门神左曰门丞，右为户尉。盖司门之神，其义本出桃符，以神荼、郁垒避邪，故树之于门。后世画将军朝官诸式，复加爵鹿蝠喜宝马瓶鞍等状，皆取美名，以迎祥祉。”将军、朝官是民间流行的门神，而所附吉祥图中爵樽，借作爵秩；鹿，借音荣禄；蝙蝠，借音景福；喜鹊，借作喜庆；马，借作驿马；元宝，借作驰报；瓶、鞍，借音平安。绘此八事，取爵禄福喜、马报平安八字。

元明清时期流行的门神是唐初武将秦叔宝和尉迟恭。元代刊行的《三教源流搜神大全》说唐太宗为宫中闹鬼惊扰，这两位将军把守宫门一夜不见邪祟，太宗召画工图二人像贴于门上，夜间也无事。唐人小说的这一故事在民间广为流传，后世沿袭遂永为门神。《清嘉录》记载：“夜分易门神，俗画秦叔宝、尉迟敬德之像，彩印于纸，小户贴之。”反映的是普遍现象，又转载《吴县志》说当地贴温峤、岳飞之像。《清嘉录》还说苏州一带“或朱纸画神荼、郁垒，以代门丞，安于左右扉”。

与门神有关的另一重要风俗是门上悬挂钟馗像。前述宋代《梦粱录》已说到家家“挂钟馗”的情况。明朝也有门上或堂屋挂钟馗的事例。这里说说此俗的起源。据顾炎武《日知录》考证，先秦时谓椎（棒槌）为“终葵”，古人以椎逐鬼，终葵是驱傩用具，于是成了逐鬼的象征。魏有尧暄，“本名钟葵，字辟邪”。说明古人以钟葵为避邪之物。从魏晋到隋唐，以钟葵为名者甚多，不过对唐及后世人们挂钟馗风俗起更大影响的则是唐代钟馗捉鬼的故事。宋人沈括《补笔谈》记载唐开元年间，玄宗一次犯疟疾，逾月不愈，一天他梦见二鬼，大鬼吃掉小鬼，玄宗问他是何人，答道“臣乃钟馗氏，即武举不捷之进士也。誓与陛下除天下之妖孽”。梦醒玄宗病好，而且身体更为健壮。于是诏画工吴道子画梦中钟馗之形，并颁发给官府，岁暮驱除，以祛邪魅。唐人孙逖、张说文集有《谢赐钟馗画表》，刘禹锡有《代杜相公及李中丞谢赐钟馗历日表》，可见唐朝赐大臣钟馗画和历书

明宪宗朱见深《岁朝兆佳图》

清宫门神画

是一种礼俗。唐以后，钟馗图进一步流行。《五代史·吴越世家》记载："岁除画工献钟馗击鬼图。"北宋神宗熙宁五年仿开元事例令画工将钟馗像摹拓镌板，印赐两府辅臣各一本。该年除夜，还给赐东西府钟馗之像。皇帝的提倡，必然推动了钟馗像的流行。从宋代开始，民间有在门上挂钟馗像的风俗，挂钟馗于门，目的是驱疫逐鬼，有门神的作用，但又不能等同于画于门两侧的门丞像，他们是真正的守门之神。

## 照虚耗

首先谈“虚耗”鬼的由来。

完整记载钟馗捉住虚耗并将其吃掉的故事是《唐逸史》，南宋理宗时人陈元靓编《岁时广记》卷四〇“梦钟馗”条引了该书，可知小鬼虚耗擅长盗窃人之物品和破坏人家喜事，与妖孽同类。

唐末《辇下岁时记·灶灯》说，都人至年夜，祀灶后，“夜于灶里点灯，谓之照虚耗”。此虚耗是灯照的对象，当是鬼名。

虚耗成为鬼名与钟馗信仰密切相关。高国藩考察了唐代的钟馗信仰，他根据初唐至盛唐时王仁煦《切韵》“钟馗，神名”，全唐文所载张说《谢赐钟馗及历日表》中“屏祛群厉，缋神像以无邪”，刘禹锡《为淮南杜相公谢赐钟馗历日表》中“伏以图写神威，驱除群厉”等文献记载，认为“钟馗信仰产生于初唐，并在盛唐、中唐广泛流传”，旨在“驱除鬼邪”。又根据敦煌唐写本斯二〇五五《除夕钟馗驱傩文》、伯三五五二《儿郎伟》提出，“钟馗是在岁末统领大众‘驱傩’之神，这就说明钟馗信仰，是从周代一直流传下来的驱傩风俗演化而来的”（高国藩《敦煌古俗与民俗流变》，第331~333页）。在斯二〇五五《除夕钟馗驱傩文》中有句："感称我是钟馗，捉取江游浪鬼。"前引张说、刘禹锡文中钟馗所降之物为"群厉"。关于"厉"，《左传·襄公二十六年》："厉之不如。"杜预注："厉，恶鬼也。"所以"群厉"即为众恶鬼的意思。根据这些记载，盛唐以前的钟馗信仰中，尚未发现虚耗鬼名，或至少不流行，"虚耗"鬼名流行于盛唐以后。

事实上，虚与厉有着更深的内在联系，虚是产生厉的根源，厉作为被驱除之物，也应当放在傩的礼俗中理解。《尚书·尧典》说："宵中星虚，以正仲秋。"即北方玄武七宿之一的虚星巡天，时值仲秋。陆思贤先生指出，中国古代神话中的少皞专事司秋，居住在西方日落之地，立竿测定日落之景，此时太阳在西，晷影在东，先民们谓之"反景"，并引《山海经·两次三经》："长留之山，其神白帝少昊（华按：少昊即少皞）居之……实惟员神磈氏之宫。是神也，主司反景。"认为"磈字从鬼，'鬼氏之宫'即'鬼宫''鬼国'，先民们创作鬼神话，从秋分开始，到冬至结束，占领整个西北天。过了冬至，《礼记·郊特牲》说：'天子大蜡八''蜡也者，索也'。大傩驱鬼，鬼统治的节令才算过去。"（陆思贤《神话考古》，文物出版社 1995 年版，第 221~222 页）傩与送阴气及虚星也有密切关系，《汉书·律历志》说，秋为西方，属少阴；冬为北方，属大阴。秋冬季正是阴气兴盛之时。《礼记·月令·季冬之月》："命有司，大傩旁磔，出土牛，以送寒气。"东汉郑玄注："此傩，傩阴气也。傩阴始于此者，阴气右行此月之中，日历虚、危，虚、危有坟墓、四司之气，为厉鬼，将随强阴出害人也。"唐孔颖达疏："虚、危有坟墓、四司之气者，熊氏引

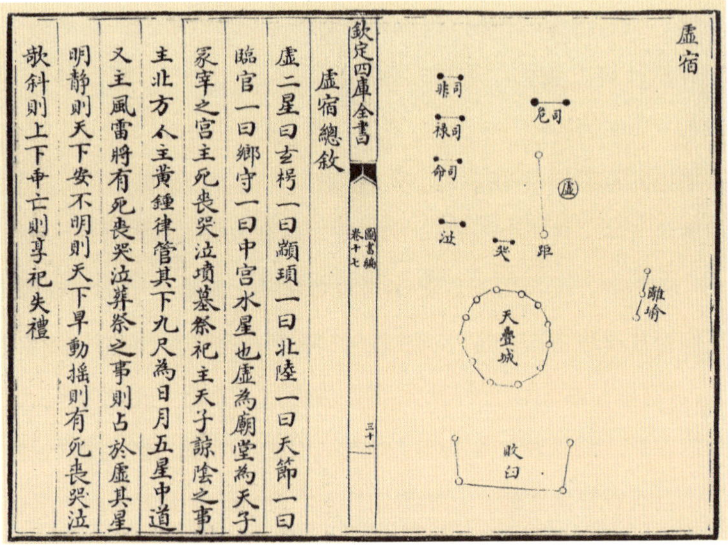


欽定四庫全書　圖書編　卷十七　三十一

虛宿總敘

虛二星曰玄枵一曰顓頊一曰北陸一曰天節一曰臨官一曰鄉守一曰中宫水星也虛為廟堂為天子冢宰之宫主死喪哭泣墳墓祭祀主天子諒陰之事主北方亦主黄鍾律管其下九尺為日月五星中道又主風雷將有死喪哭泣葬祭之事則占於虛其星明靜則天下安不明則天下旱動揺則有死喪哭泣欹斜則上下爭亡則享祀失禮

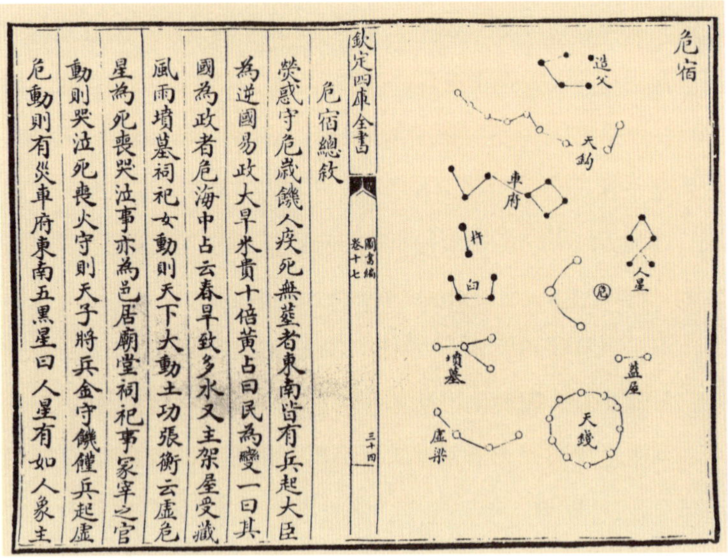


欽定四庫全書　圖書編　卷十七　三十四

危宿總敘

熒惑守危歲饑人疾死無葬者東南皆有兵起大臣為逆國易政大旱米貴十倍黄占曰民為變一曰其國為政者危海中占云春旱致多水又主架屋受藏風雨墳墓祠祀女動則天下大動土功張衡云虛危星為死喪哭泣事亦為邑居廟堂祠祀事冢宰之官動則哭泣死喪火守則天子將兵金守饑饉兵起虛危動則有災車府東南五黑星曰人星有如人象主

上：明《图书编》虚宿图
下：明《图书编》危宿图

《石氏星经》云‘司命二星在虚北，司禄二星在司命北，司危二星在司禄北，司中二星在司危北’。史迁云：‘四司，鬼官之长。’又云：‘坟四星在危东南’，是危、虚有坟墓、四司之气。”可知二十八宿北宫的虚宿因北有司命、司禄、司危、司中这作为鬼官之长的四司，若阴气在十二月出来，意味着厉鬼“随强阴出害人”，所以要行大傩以逐除之。因此，虚是厉的根本，厉是虚造成的，虚厉可作为一个词汇看待，是厉鬼的意思。

下面来看耗。耗字与秏字通，所以《康熙字典》说耗“《说文》本作秏，稻属”。又讲秏“《音补》通作耗，减也，败也，虚也”。耗与虚相同。耗又有“恶”义，《后汉书·章德窦皇后纪》：“家既废坏，数呼相工问息耗。”注引薛氏《韩诗章句》曰“‘耗，恶也’。息耗犹言善恶也。”耗还是恶神，晋葛洪《抱朴子·内篇·地真卷》有“月建煞耗之神”之句，煞为凶神，耗有恶义，可见当时有某月煞耗之神控制的观念。煞耗之神，当是凶神恶煞的意思。

值得注意的是古代有“耗磨日”习俗。前引唐慧琳《一切经音义》史料后接着记载：“《异苑》曰：虚耗鬼所至之处，令人损失财物，库藏空竭，名为耗鬼，其形不一，怪物也。”文中所说《异苑》，为南朝彭城人刘敬叔所作志怪小说集，检文渊阁“四库全书”本《异苑》，卷八记载了两则有关虚耗鬼的故事：

余姚县仓封印完全，既而开之，觉大损耗，后伺之，乃是富阳县桓王陵上双石龟所食，即密令毁龟口，于是不复损耗。

江苏无锡版画“飞煞”

琅琊费县民家，恒患失物，谓是偷者每以扃钥，常周行宅内，后果见篱一穿穴，可容人臂，甚滑泽，有踪迹，乃作绳驱，放穿穴口，夜中忽闻有摆扑声，往掩，得一髻，长三尺许，从此无复所失。

由此可知，《一切经音义》文中的“《异苑》曰”，系慧琳总结之语，并非原文。《异苑》的这两则故事系南朝宋文帝元嘉十九年的故事之后，也应当是记载南朝刘宋时代之事。前一则故事明言龟怪可“损耗”官府仓库之物，后一则故事中的髻怪也能在锁上门的民家偷物，慧琳对《异苑》虚耗鬼故事进行的概括是准确的。《异苑》的上述故事说明，南朝刘宋时人们已有虚耗鬼怪损耗、偷盗财物的观念。而且前一则故事讲的是官府仓库被损耗，它实际上是后世所说“耗磨日”习俗的滥觞。

唐代已有“耗磨日”记载。唐人张说《张燕公集》四有《耗磨日饮二首》：

其一：

耗磨传兹日，纵横道未宜。
但今不忌醉，翻是乐无为。

其二：

上月今朝减，流传耗磨辰。
还将不事事，同醉俗中人。

可知自古流传有耗磨日，亦曰耗磨辰，该日官府“不事事”，官员有饮酒之俗。根据《异苑》记载，此俗可上溯南朝刘宋时，它来源于古代的虚耗鬼观念。又据后来记载，耗磨日是正月十六日，如宋代袁文《瓮牖闲评》卷三记载：“《嘉佑杂录》云：‘正月十六日大耗，京师局务如都商税务亦休务一日，其令如此。’然《稿简赘笔》所载耗日，止是耗磨耳。故唐张说诗云：‘耗磨传兹日，纵横道未宜。’又诗云：‘上月今朝减，人传耗磨辰。’如此则止是耗磨，磨茶、磨麦等合忌之，官司局务去处何必休务耶！”则宋代耗磨日又称耗日、大耗，忌磨茶、磨麦及诸业务，官司局务停业。宋代在正月十六耗磨日，掌财物的部门要放假一天。明代杨慎《丹铅总录》卷三“耗磨日”条：“正月十六日谓之耗磨日……此日必饮酒，官司不令开库而已。”明人冯应京辑《月令广义·正月令》也将正月十六日作为耗磨日，并引“《野记》：‘正月十六日谓之耗磨日，官私不开仓库。’”可见耗磨日最忌亏损，仓库等与钱财关系密切之处尤其如此。张说讲此日吃酒“不忌醉”，是指衙门仓库全关起来，不必担心减损了。看来耗是仓库减损的原因，小鬼虚耗善盗基于耗的本义和耗磨民俗，自然耗也被人们视为恶。所以十六日耗磨日之耗，也被作为虚耗，后世有在是日禳除虚耗之俗。《古今图书集成·历象汇编·岁功典》第十五卷“孟春部”载《直隶元氏县志书》说：“十六日夜半用杵遍杵宅院，谓之捣虚耗。”

关于虚与耗相通的关系，前面已经涉及，这里补充一些例证。《史记·天官书》说旗星之“中六星曰市楼。市中星众者实；其虚则耗”。唐张守节正义：“市中星众则岁实；稀则岁虚。”“耗，贫无也。”星稀即虚意味着耗即农业歉收。《天官书》又说：“故候息耗者，人国邑，视封疆田畴之正治，城郭室屋门户之润泽，次至车服畜产精华。实息者，吉；虚耗者，凶。”虚耗二字因意思相通而联结为一个词，这里含义是空虚。《抱朴子·内篇·微旨卷》记载：“夫阴阳之术（按：指房中术）高可以治小疾，次可以免虚耗而已，其理自有极，安能致神仙而却祸致福乎？”此处的虚耗也是一个独立的词，指身体的亏损、消耗。上述事例表明，汉代和晋代已有虚耗一词，表示空虚、亏损、消耗。虚耗的这一含义，正是产生《唐逸史》中“望空虚中盗人物如戏”“耗人家喜事成忧”的小鬼命名“虚耗”的基础。

虚与耗为鬼还表现在文字方面。东汉许慎《说文解字》

说："魖，耗神也；从鬼虚声。"此"魖"即虚耗鬼，魖从鬼旁说明属于鬼类，虚声说明从虚而来。根据因声求义的原则，魖鬼当含有虚厉，使空虚、亏损的意思，魖即耗。魖也是夔即鬼，章炳麟先生《小学答问·夔即魖也》说："古言鬼者，其初非死人神灵之称，鬼宜即夔。《说文》言鬼头为田，禺头与鬼头同。禺是母猴，何由象鬼，且鬼头何因可见，明鬼即是夔……魖为耗鬼，亦是兽属，非神灵也。韦昭说夔为山缫，后世变作山魈，魈亦兽属，非神灵……故鬼即夔字，引申为死人神灵之称。"沈兼士进一步论证："魖：扬雄《甘泉赋》，'捎夔魖而抶獝狂'。张衡《东京赋》，'残夔魖除与罔象'。《说文》，'夔，神魖也，如龙，一足，从夊，象有角'。按魖即夔也。"（沈兼士《沈兼士学术论文集》，第188、192页）

明白了虚耗之鬼"魖"即夔，有助于理解钟馗捉鬼故事的产生。明杨慎《丹铅总录》卷一三"钟葵·钟馗·终葵"条引《北史》："尧暄本名钟葵，字辟邪。"认为"后世画钟葵之门，谓之辟邪，由此附会也"。明人胡应麟《少室山房笔丛》卷二二"钟馗"条说："《金石录》晋、宋人名以终葵为名，其后讹钟馗。"还引陈心敬的观点，指出"钟馗当作终夔"，因"古文夔一作馗""夔，山鬼""穷治邪鬼，故称终夔耳"。此说实乃真知灼见！根据我们以上分析，终夔之"穷治邪鬼"也就是治夔，即治虚耗之鬼。

其次，论述禳除"虚耗"习俗。

钟馗捉鬼的故事产生于唐代，自唐代中后期开始，钟馗信仰

明弘治“钟馗图”

迅速传播。北宋时代，禁中旧有吴道子所画钟馗，其卷首有唐人题记，题记说唐玄宗奖赏吴道子，批曰：“灵祇应梦，厥疾全瘳。烈士除妖，实须称奖。因图异状，颁显有司。岁暮驱除，可宜遍知。以祛邪魅，兼静妖氛。仍告天下，悉令知悉。”（沈括《梦溪笔谈·补笔谈》卷三）钟馗捉鬼的故事经过官府颁发图像，告示天下，而广为流传。唐玄宗时代开始，岁暮向大臣赐钟馗图和历日，并为五代和宋朝有所继承，这也促进了钟馗信仰的普及。

虚耗也伴随着钟馗的普及而普及。唐末《辇下岁时记》记载了都城长安的“照虚耗”习俗，至宋代，禳除虚耗的习俗进一步流传。禳除虚耗与逐除疫鬼的驱傩有密切关系。由于驱傩为冬至后特别是腊日的活动，唐代行腊晦傩，即除夕行驱傩。宋以后除了继承除夕驱傩外，祀灶固定在腊月二十四日（或二十三日），祀灶日也是驱傩的重要时期。所以祀灶日和除夕是禳除虚耗的主要日期。用灯照是禳除虚耗的主要形式之一，正月十五日是灯节，而十六日为耗磨日，故元宵日也是禳除虚耗的重要日期。加上冬至和填仓节，禳除虚耗主要在从冬至到来年正月的冬季期间进行。

禳除虚耗的形式主要是用灯照、击鼓吓、给食物以及示以钟馗，即照虚耗、打耗、饲耗、除耗等，下面分别加以论述。

（一）照虚耗

依进行时间不同分别介绍：

（1）除夕照虚耗。《辇下岁时记》讲唐代“年夜”以“灶灯”照虚耗，唐代祀灶取晦祭说，故此处的“年夜”是大年三十的除夕。此条资料《古今图书集成·历象汇编·岁功典》收在“除夕部”，也是一个证明。

宋代除夕照虚耗的记载颇多。宋阙名《异闻总录》四：“京师风俗，每除夜必明灯于厨、厕等处，谓之照虚耗。”吕原明《岁时杂记》记北宋习俗：“交年之夜，门及床下以至圊溷（qīng hùn，厕所），皆燃灯，除夜亦然，谓之照虚耗。”（陈元靓《岁时广记》卷三九“照虚耗”）周密《武林旧事》专记南宋临安风俗，其卷三《岁晚节物》说除夕“又明灯床下，谓之照虚耗”。宋代照虚耗的场所是厨、厕、门及床下，前三个场所是唐代文献中未记载的，其中厨与灶相联系。明代照虚耗习俗，见于田汝成《西湖游览志余》卷二〇《熙朝乐事》，说除夕夜杭州人“燃灯床下，谓之照虚耗”。明代地方志存世不少，但在笔者经眼的数百部方志中，尚未发现照虚耗的记载，拙见这或许是方志风俗志记载习惯造成的，并不说明明代各地无此俗。清代地方志除夕照虚耗的记载明显增加。

照虚耗是通过燃灯实现的，地方志也记载有些地区除夕燃灯，但名之曰“照岁”“照年”等。例如，在明代，万历浙江《黄岩县志》卷二《舆地上·风俗》说当地“燃灯照岁”。崇祯福建《尤溪县志》卷四《风俗》记载岁除：“家家燃灯焚旧灯，檠以迎新，谓之照年。”在清代，康熙福建《寿宁县志》载除夕：“人家遍屋张灯，谓之照年。”道光福建《罗源县志》说腊月二十九：“燃灯满室，日照岁。”光绪浙江《永嘉县志》：“至夕，燃烛遍室，谓之照岁。”在名为“照岁”或“照年”的习俗中，一般在室内“燃灯”或“燃烛”，这一习俗尤以福建地区流行，那么“照岁”是否就相当于“照虚耗”呢？先看清同治修两部湖南方志记载，《安仁县志》说：除夕“迎灶神，多设香烛以照邪祟”。《临武县志》讲除夕“每房及闲屋舍皆具灯”。我想后者具灯的意义同前者一样是“照邪祟”，与“照虚耗”的目的是一致的。再看同治修江西《新城县志》：除夕“燃灯于各室及楼上，鸡埘、豕苙皆遍，谓之照岁耗”。照岁耗，可视为“照岁”与“照虚耗”的合一。因此，“照岁”“照年”是驱除邪祟行为，主旨同“照虚耗”一致。

（2）祀灶日照虚耗。《辇下岁时记·灶灯》所记载的照虚耗因系“灶里点灯”，与祀灶关系密切。宋代照虚耗分别在腊月二十四祀灶日和除夕进行，而以腊月二十四日为盛。除前引《岁时杂记》《武林旧事》外，孟元老《东京梦华录》、吴自牧《梦粱录》均记载于“交年”的腊月二十四日祀灶照虚耗，前者曰：“夜于床底点灯，谓之照虚耗。”后者云：“其夜家家以灯照于卧床下，谓之照虚耗。”

清代的情形，祀灶日照虚耗场所除了与除夕相同者外，强调灶里、灶上以及釜中，河北永平府特殊，是在田间燃烛。

（3）元宵节照虚耗。前面提到的唐人段成式《酉阳杂俎》说，照虚耗是在“孟春望夕”，即正月十五日灯节。清代江西方志中多有元宵照虚耗的记载，如同治《安义县志》说元宵“点灯灶上”，“其即照虚耗之意欤”。同治《东平县志》：“十五夜，闲房别室皆燃灯烛，谓照虚耗。”同治《萍乡县志》：“至元宵，暗室皆燃灯，谓之照虚耗。”同治《分宜县志》：元宵“又于窗户暗室均点蜡烛，名曰照虚耗”。同治《都昌县志》：元宵“又或点灯釜中，谓照虚耗”。此外，顺治浙江《颍上县志》：上元“夜则张灯于门，谓之耗灯”。耗灯，即照虚耗之灯。浙江也有元宵照虚耗的习俗。

（4）天仓节照虚耗。天仓又写作填仓、添仓，正月二十日、二十五日是其节期。清光绪山西《左云县志稿》记载：“二十日俗谓小天仓。是夜各户仓房燃灯，曰照虚耗。二十五日谓老天仓，各家燃灯如前。”同治山西《阳城县志》卷五《风俗》也记载："新正念日前夕，各家以梁黍为屑作饼，虔祀仓官，名曰补天穿，俗曰添仓。咸于室隅邃处燃灯，名曰照鼠嫁。"天仓节的主要习俗是作仓存粮，由作仓引申出添加储藏、忌讳出财的观念。照虚耗即在于防止仓储亏损、消耗，此日照鼠嫁，意在防止老鼠盗窃，照鼠嫁当由照虚耗而来。

综上所述，照虚耗是旧岁结束、新年开始之际的习俗，下面对这一习俗略作说明。灯火在古代被认为可以驱鬼。南朝宗懔《荆楚岁时记》说："正月末日夜，芦苣火照井厕中，则百鬼走。"即在正月第一个末日晚上，点燃用芦苇捆扎的火把，照亮井厕里，那么众鬼就会逃跑。旧题东汉郭宪撰，实为六朝人托名之作的《汉武洞冥记》也说："有明茎草，夜如金灯，折枝为炬，照见鬼物之形。"进一步证明灯火驱鬼的观念在六朝十分流行。唐以来的照虚耗习俗承继了这种观念。

照虚耗的场所，唐代是灶里，在宋代扩大为厨、厕、门及床下，清代的范围更广及浴室、井以及楼上、鸡埘、豕笠等阴暗、潮湿之处。另外，如记载中出现的"区陬""闇陬""宅中隐处""房下"所示，屋里的角落和暗处也是照虚耗的场所。换言之，上述地方是虚耗易于藏身和出没的所在。

照虚耗亦被理解为照老鼠。在天仓节照鼠耗中已经涉及这一问题，此处再作补证。《古今图书集成·历象汇编·岁功典》收录的一些资料，显示出人们把虚耗之耗作为耗子理解，如卷九一"季冬部"引《琐碎录》："二十四日床底点灯，谓之照虚耗也。二十四日取鼠一头烧在于子地上埋之，永无鼠耗。"为了"永无

苏州年画“老鼠嫁女”

鼠耗”的巫术于腊月祀灶日照虚耗时进行，是把鼠耗作为虚耗理解的缘故。卷九五“除夕部”引江南地区武进县志书说：“喂鼠饭一盂，益以鱼肉，置之奥窔处而祝之曰：鼠食此毋耗吾家。”视鼠害为耗，也是鼠耗由虚耗而来的一个证明。卷一五“孟春部”引直隶永平府志书，记载正月“二十四日以鼠会亲，是宵燃灯，一岁作耗，故禁火”。同样把鼠害视为耗。还有一些地方把照虚耗的除夕作为鼠嫁日，如同治《钟祥县志》除夕“每室置灯，曰照虚耗。以花簪饼饵饲鼠，为嫁鼠，免鼠耗”。民间把照虚耗的日子视为老鼠嫁女的时间，鼠耗之耗混合了照虚耗的耗和耗子的耗。更直接的证据是樊彬《津门小令》所说天津“灯夕照鼠耗”，所谓“灯照元宵无鼠耗”。另外上面提到照虚耗的场所，实际上也是适宜老鼠生存的地方，照虚耗中含有照老鼠的成分。明代《正字通·鼠》说：“俗称鼠为耗虫。”更可见将老鼠称为耗子，很可能是从虚耗之耗引申出来的。

（二）打耗

鸣鼓是腊祭的重要手段。南朝宗懔《荆楚岁时记》说：“十二月八日为腊日，谚语：‘腊鼓鸣，春草生。’村人并击细腰鼓，戴胡头，及作金刚力士以逐疫。”隋杜公瞻注引《吕氏春秋·季冬纪》注云：“今人腊前一日，击鼓驱疫，谓之逐除。”这些记载反映出古人有腊月击鼓驱疫之俗。对腊月击鼓的性质也有不同看法，宋朝高承《事物纪原》卷八《驱傩》引《轩辕本纪》：“子游岛问于雄黄曰：‘今人逐疫出魁，击鼓呼噪何也？’雄黄曰：‘黔首多疫，黄帝氏立巫咸，使黔首鸣鼓振铎，以动心劳形，发阴阳之气，击鼓呼噪，遂以出魁。黔首不知以为祟魅也。’或记以为驱傩之事。”把“鸣鼓”解释为“发阴阳之气”。从“腊鼓鸣，春草生”的谚语看，鸣鼓有催春的含义，《周礼·春官·籥章》：“中（仲）春，昼击土鼓。”亦当是此意。

宋以后，击鼓驱除鬼祟，时间为岁暮至来年的元宵节，主要流行于浙江湖州。宋程大昌《演繁露》卷六：

湖州土风，岁十二月，人家多设鼓而乱挝之，昼夜不停，至来年正月半乃止。问其所本，无能知者，但相传云，此名打耗。

打耗云者，言警去鬼祟也。《世说》祢衡作渔阳，蹀躞而前，正是正月十五。案时而言，此说近之矣。然其挝击不待正月，又似不相应也。

文中祢衡事见南朝宋刘义庆《世说新语·言语》：“祢衡被魏武谪为鼓吏，正月半试鼓，衡扬枹为渔阳掺挝（按：鼓曲名），渊渊有金石声，四坐为之改容。”的确这是接近打耗习俗的一个故事。乾隆四年修《湖州府志》作者在岁时风俗“除夕”条下有一按语：“郭界《郭天锡日记》云：湖州乡俗，从冬至至元宵各家击鼓，谓之催年鼓。是此风元时尚有之，据《菰城文献》压蜃之说，盖始于晋也。今则但有钲鼓并击，无复徒击鼓者。”所谓《菰城文献》压蜃之说，又见于同书“正月十五”条下：“元宵前后，家家鼓声不绝，谓之压蜃。相传江子汇有蜃蛰焉，颇为民患，葛仙翁令民间鸣鼓以压之，其声若曰‘葛公在，葛公在’。”（《菰城文献》。按，今多杂以钲鼓，谓之元宵锣鼓）同治《湖州府志》在所引《菰城文献》“葛公在”句后，接着有“后有见一老人行市中，形貌甚怪，闻元宵鼓，谓人曰：‘吾听鼓声辄头疼不能堪，奈何奈何！’忽不见，人以为蜃精”。葛公即葛洪，丹阳句容人，号葛仙公。《晋书》卷七二有传。记载“太安中，石冰作乱，吴兴太守顾秘为义军都督……秘檄洪为将兵都尉，攻冰别率，破之，迁伏波将军”。吴兴即湖州，葛洪令民间鸣鼓压蜃蛰或在此时。“江子汇有蜃蛰”，是说大蛤潜伏于江子汇。因葛洪会神仙术，故百姓呼喊“葛公在”来恫吓蜃蛰。从民间传说蜃精形貌怪、会变老人、闻鼓头疼来看，当属于妖孽之类。人们在正月十五日击鼓打耗上溯葛洪不是没有根据的。如果此说成立，那么稍早于葛洪的祢衡试鼓选在正月十五日，也许正是因为此时为打耗日。乾隆《湖州府志》的作者还告诉我们，元代岁时击鼓活动的时间上限是冬至。

乾隆《湖州府志》记载清代该府仍有击鼓“压蜃”之俗，实际上是在春天来临时压住潜伏的虫害之意，这一“压蜃”民俗，又称为“打耗”。湖州府的其他几部方志也记载了“打耗”习俗，击鼓时间有所变化，如嘉庆《长兴县志》是在腊月二十四祀灶日，民国《乌青镇志》是在除夕。我想这可能是打耗与腊鼓的某种渊源关系吧。

（三）饲耗

冬至日在门扉和器物上粘糯米丸给耗，谓之“饲耗”“饷耗”，此俗流行于明清时代福建漳州府及其邻近地区。我们在冬至部分有所论述，这里就不展开了。

（四）除耗

即祀灶日以钟馗驱除虚耗。明天启浙江《平湖县志》卷一〇《风俗志·岁时》记载腊月二十四：“逐除，人并戴胡头及作钟馗以逐疾除耗。”这是钟馗信仰同傩礼的混合。清康熙山西《汾阳县志》说腊月二十四日：“图钟馗像悬门，以除虚耗。”钟馗起到门神的作用。

上述除耗习俗实际上是随着钟馗信仰出现的，是承袭了唐宋以来的传统。吕原明《岁时杂记》说：“旧传唐明皇不豫，禁鬼

大傩图（南宋）

物，其名曰钟馗，既寝，遂安。令家家图其形象于门壁，禁中每岁则赐二府各一帧，又或作钟馗小妹之形，皆为捕魑魅之状，或役使鬼物，又云钟馗、门神，桃符板诸物，皆俟家祭毕设之，恐惊祖先也。”可见唐代民间就在门上挂钟馗像驱鬼。宋代吴自牧《梦粱录》卷六说进入十二月，驱傩活动中就有人装扮钟馗。由于岁旦在即，“纸马铺印钟馗、财马、田头马等，馈与主顾”。至除夜人们要“挂钟馗”。

宋代门挂钟馗像和扮钟馗驱傩两种形式在明清时代仍流行，尤以前者为最。明代方志中除夕门挂钟馗的记载不少，如万历《贵州通志》卷三《贵阳府·风俗》：“门挂钟馗以压邪魅”；嘉靖河南《通许县志》卷上《人物·风俗附》：“置桃符、钟馗于门”；万历浙江《新昌县志》卷四《风俗志·岁时》：“设钟馗、桃符于门。”后者则被称为“跳钟馗”，如清顾禄《清嘉录》卷一二该条说：“丐者衣怀甲胄，装钟馗，沿门跳舞以逐鬼，亦月朔始，届除夕而止，谓之跳钟馗。”这些记载虽然未直接说是驱除虚耗，根据我们所引天启《平湖县志》和康熙《汾阳县志》记载来看，实际上是在除耗。

## 驱邪风俗种种

燔柴、烧火盆。韩鄂《四时纂要》十二月“庭燎”说：岁除夜，在院子里堆柴烧火，“辟灾而助阳气”。岁终烧柴的习俗在宋以后广为流行，各地间有所不同。

江南苏州地区是十二月二十五日烧火盆。范成大《腊月村田乐府》说二十五日“人家各又于门首燃薪满盆，无贫富皆尔，谓之相暖热”。他的《烧火盆行》形象地再现了当时的情景：

春前五日初更后，排门燃火如晴昼。
大家薪干胜豆秸，小家带叶烧生柴。
青烟满城天半白，栖鸟惊啼飞格磔（zhé）。
儿孙围坐鸡犬忙，邻曲欢笑遥相望。
黄宫气应才两月，岁阴犹骄风栗烈。
将迎阳艳作好春，正要火盆生暖热。

清代苏山称“烧火盆”为“烧松盆”，仍在二十五日进行。《清嘉录》说：“是夜，乡农人家，各于门首架松柴成井字形齐屋，举火焚之，烟焰烛天，烂如霞布，谓之烧松盆。”关于“松盆”的名称，正德《江宁县志》说：“各燃火炉正门外，古谓之枞盆（今唯用松柴，讹呼为松盆）。”

南方浙江等地区将火盆称为枞（shēng）盆或生（笙）盆，多在除夕燃烧。《武林旧事·岁晚节物》讲杭州除夕“至夜贲烛枞盆，红映霄汉”。南宋戴复大《除夜》诗将火盆称为“生盆”。（《石屏诗集》卷六）《绍兴府志》说：“向暮，聚杂柴爇（ruò）于庭，古谓之火山，今曰笙盆，火焰烛天。”烧枞盆一般在门外进行，以烧松枝为多。

北方等地区往往在院里或门外燔柴。一些地方烧硬木，如万历《安丘县志》说当地“烧榾柮（gǔ duò）”；或烧草，乾隆《祁州志》说“薄暮，焚草于门”。

燃放爆竹。大致上说，中国古代燃放爆竹，宋以前是在元旦，宋以后既有元旦也有除夕，而以后者普遍。《太平御览》卷二九引汉代文献《易通卦验》已有元旦在庭中爆竹的记载，这是最早的事例。旧题汉东方朔撰、晋张华注的志怪小说集《神异经》，讲了这样一个故事：西方山中有一种怪人，高一尺过，一只脚，生性不惧怕人。若触犯了它就叫你发冷发热，生起病来，这种怪人叫作山臊。如果用竹筒子放在火中烧着，发出烞熚的声响，山臊就吃惊害怕。这里的烧竹作响，就是所谓爆竹，目的是驱鬼，颇似傩的行为。南朝梁《荆楚岁时记》就是如此解释的：“鸡鸣而起，先于庭前爆竹，以辟山臊恶鬼。”烧竹子的风俗一直流传到后世。南宋《淳熙三山志·火爆》记载福州风俗：“今州人除夕以竹著火，烧爆于庭中，儿童当街烧爆，相望戏呼达旦。”明嘉靖《惠安县志》说：除夕，“取牡蛎壳杂樟木，竹节焚之，声震尤激烈”。除竹子外加上容易响的东西。

从南宋起，“爆仗”成了除夕新的燃放物。南宋宁宗修《嘉泰会稽志》卷一三记载：“除夕，爆竹相闻，抑或以硫黄作爆药，声尤震厉，谓之爆仗。”装了炸药的爆仗声音更响。《梦粱录》《武林旧事》均有贩买爆仗的记载，南宋末爆仗已相当地普及。明代不少地方志记载，燃放“纸炮”以代爆竹。方志中说到爆竹、爆仗的功能，有避邪、避疫、避山臊、惊鬼、却厄、辞岁等。万历

清·王素绘《放爆竹图》

《贵州通志》记载较详，说：“爆竹俗谓逐鬼，用火药为爆，到处燃放，俾诸邪不犯，一年不沾恶疾。”这里的爆仗仍古称爆竹。

明清时代爆仗种类很多，总称烟火。明《宛署杂记》卷一七记载：“用生铁粉杂硝、磺、灰等为玩具，其名不一，有声者，曰响炮；高起者，曰起火。起火中带炮连声者，曰三级浪。不响不起，旋绕地上者，曰地老鼠。筑打有虚实，分两有多寡，因而有花草人物等形者，曰花儿。名几百种，其别以泥函者，曰砂锅儿。以纸函者，曰花筒。以筐函者，曰花盆。总之曰烟火云。”另据清《燕京岁时记》说，除夕所放还有“鞭炮”。现在流行的普通烟火，明清时代基本具备了。

烧苍术及避瘟丹。孟浩然《岁除夜有怀》中说：

五更钟鼓欲相催，四气推迁往复回。
帐里残灯犹有焰，炉中香气尽成灰。

所谓“炉中香气”指的是唐代除夕守岁至五更时烧药的风俗。所烧之药为避瘟丹。据孙思邈《千金方》记载为该药把皂角、苍术、降真香做成末，加水制成龙眼大小的圆球，以朱砂为衣，元旦五更当门焚烧，禳灭瘟气。

避瘟丹的主要成分是苍术，所以烧药既可烧避瘟丹，也可更便利地直接烧苍术、皂角等。宋代烧药风俗转盛。《岁时杂记》记载当时有三种不同的烧药风俗，一是元日京城人烧苍术避瘟疠之气；二是除日集中家里不用的废药于中庭焚烧避瘟疫之气；三是除夜在空房中燃皂角生烟，也是避疫气。南宋时代范成大《分岁词》"地炉火软苍术香"的诗句，刻画了除夕之夜室内炉中烧药的情景。明清时代的大量地方志均记载了当地有除夕室中烧苍术或避瘟丹以避瘟疫的活动。

打灰堆与画灰射祟。《荆楚岁时记》说正月初一有一个风俗，把串起来的钱绑在竹竿的末端，拿在手里围绕粪土转几圈，然后投打在粪土堆上，说令人如愿以偿。隋朝杜公瞻按语引《录异记》讲了"如愿"的故事，传说商人区明得到彭泽湖青洪君女佣人如愿，如区明有所求，如愿去做，就可得到满足。正月初一早晨，如愿起迟了一点，区明打了她一顿，如愿逃到秽土堆里，这时区明就用钱杖打秽土堆，口里呼唤着如愿，如愿始终不回来。看来乞如愿打土堆的风俗出自这个传说。按语还说现在北方人在正月十五日夜晚站在秽土边，叫人拿起竹杖敲打灰堆，料想也是如愿的故事。可知南朝荆楚一带元旦有打粪土堆乞求遇事如愿的活动，隋代北方正月十五日亦有此俗。

南宋时代江苏苏州一带有"打灰堆"风俗。范成大《腊月村田乐府》诗序说："除夜将晓，鸡且鸣，婢获持杖击粪壤致词，以祈利市，谓之'打灰堆'。此本彭蠡青洪君庙中如愿故事，惟吴下至今不废。"看来吴地承继了南朝荆楚的风俗。这里将打粪壤称为打灰堆，实际上是一回事，因农民院中的堆放炉灰、秽物之堆是作为农家肥积攒的，所以灰堆也就是粪堆。范成大《打灰堆诗》为我们描述了具体的情形：

除夜将阑晓星烂，粪扫堆头打如愿。

杖敲灰起飞扑篱，不嫌灰涴（wò）新节衣。

老媪当前再三祝，只要我家长富足。

……

明代江苏盛行以灰画弓矢于道，象弓矢以射祟，其祝词为打灰堆。并引范成大《打灰堆词》。看来当地人认为这种画灰于地的风俗出自“打灰堆”。除画弓矢外，还有将灰绕屋而撒之俗。嘉靖《太仓州志》说：“以布囊盛石灰绕屋外印之，像弓矢、戈戟以逐祟。”有的地方还画写祝词，嘉靖《江阴县志》记载：“画灰于地，像弓矢，云以辟邪，画内书其祝词，曰堆金积玉，曰万斛千箱。”同前代相比，除了乞求如愿外，打灰堆有祛邪祟的作用。江苏而外，正德《琼台志》记载当地也有类似风俗。

驱傩也是除夕的一个活动。在“腊日与腊八”中我们已指出，汉代腊日进行的傩，经南北朝至唐，移向十二月晦日。宋以后傩更多地固定在祀灶日的十二月二十四日左右。不过宋以后还有一些地区有除夕傩的风俗，但如同整个傩的活动在明清衰落一样，除夕傩更为少见。

## 宿岁·馈岁·分岁·守岁

宿岁饭，又叫隔年陈，就是除夕期间多做一些饭，够吃很多天。此俗在南朝已经出现。《荆楚岁时记》说，岁暮，家家具肴蔌（sù），“相聚酣饮。留宿岁饭，至新年十二日，则弃之街衢，以为去故纳新也”。宿岁饭既为了除夕吃也为了新年后取吉利。明清时代的风俗有所不同，宿岁饭延长到元旦期间食用。万历《贵州通志》记载除夕“岁晚家家具馔为宿岁之储，以迎新年。又留饭以为节内之食，过五七日犹有食则甚喜，年有收望，谓隔年饭”。嘉靖浙江《定海县志》记载：“先期预备品物，为新岁之用，罢市数日，蒸米为稃（fū），新岁复炊而饭之。”吃隔年饭的原因大致是这样三方面：一是元旦期间有三五日的闭市，买东西不方便；二是以便元旦期间有更多时间拜年、娱乐；三是表示家庭富足和希望来年丰收。

馈岁一词，北宋时已见于苏东坡《岁暮思归寄子由弟诗序》谓之：“岁晚，相与馈问为馈岁。”即年终互相馈送年礼。明清大量地方志记载了馈岁风俗，当时馈岁又叫送节、馈节、送年、分年。一般是除夕前三五日亲戚、乡邻、朋友之间互送食物，如嘉靖福建《兴化县志》说：“数日前各以牲羞粿饵馈送亲友，谓之馈岁。”也有的地区是在除夕当天进行，如万历湖南《慈利县志》记载：“岁除之日，为男女者则又持酒备物，各于亲党宗族之家，交相为礼，以终一岁之事焉。”

分岁一词最早见于南朝《风土记》：“除夕，长幼聚饮祝颂，谓之分岁。”（《韵府群玉·霁韵》引）范成大《腊月村田乐府十首》诗序说：“除夜祭其先，竣事长幼聚饮，祝颂而散，谓之分岁。”而《分岁词》“饮福之余即分岁”之句说明分岁是祭祖之后的全家分食馂（jùn）余，亦有新旧岁由此而分之意。此俗沿袭后世。嘉靖浙江《武康县志》说：“是夕具牲醴祀群神社祖祢，合曰分岁。”嘉靖四川《洪雅县志》记载：“除日盛馔祀先毕，则家口无大小贵贱，均给肉一器，饭一盂，谓之分年饭。”这典型地说明“分年饭”是分祭祖盛馔，每人一份，“分岁”之“分”就是祭祖分馂余。正德《琼台志》更直接地把“除夕午后祀先，谓之分岁”。这令人联想到，分岁之俗源于古代腊祭祖先。《史记·天官书》说：“腊明日，人众卒岁，一会饮食，发阳气，故曰初岁。”此腊祭会饮之俗以后移至除夕。前面提到《荆楚岁时记》说岁暮“相聚酣饮”就是此俗。明清时代分岁作为祭祀后分馂余的意义已经不大，主要表明的是合家欢聚。除夕聚餐一是要饮酒，叫作“分岁酒”。嘉靖江苏《六合县志》记载：“除夕合家属共饮或卑幼奉尊长，谓之分岁。”饮分岁酒流行于南方，以江浙为盛，地方志常载有范成大的《分岁词》，可见受到了他的影响。分岁也有其他叫法，因分岁有新旧岁之分的理解，分与别同义，故也叫“别岁”。苏东坡《岁暮思归寄子由弟诗序》中把除夕“酒相邀食呼为别岁”。明嘉靖湖北《归州志》记载，“随设酒肴于堂，长幼以礼交错，谓之别岁”。四川地区一般把分岁活动叫作“团年”，明代河北霸州志称之为“暖岁酒”。

守岁之称始见于南朝，徐君蒨有《守岁》诗，“烛尽炭成灰”（《玉台新咏》卷八），是其写照。唐代题“守岁”之词甚多，如太宗有《于太原召侍臣晚宴守岁》诗。中村乔指出，唐代广泛出现的“守岁”名称，是因为傩移到晦日而产生的风习。守岁就是从

清·方薰绘《守岁图》

除夕到元旦天亮，彻夜不眠。但是在傩于腊日进行的南朝，《荆楚岁时记》说正月一日“鸡鸣而起”，看不到通宵达旦的痕迹。这是因为，彻夜不眠是基于鬼神在人入睡时出入身体的观念。傩移至晦日，有驱逐疫鬼之举，为了不在睡觉时被疫鬼侵入身体中，才通宵达旦不眠。宋代《岁时杂记》记载俗语“守岁的爷长命，守岁的娘长命”，就是这种观念的反映。不过宋以后，特别是明清时代，守岁中辞岁宴饮、家庭团圆、孩子们游戏的欢乐气氛浓厚，避鬼侵入观念已很淡薄。

# 结语

认识中国古代岁时节日的风貌后，我们感到其具有以下文化特质。

一是天人合一的万物圆融。岁时节日主要是适应天象、物候自然界的产物，对自然神崇拜与追求和谐，敬鬼神而宠万物。节日中信仰的神很多，如门神、喜神、路头神、星神、天神、龙神、仓神、真武神、紫姑神、土神、谷神、月神、灶神等，祭祀神灵有一定的仪式；古人还盛行节日验占，如立春、上元、中秋等节日用多种方式卜问；还有些对虫蝎的迷信做法，龙头节用炭灰围宅舍，以避虫蝎。用迷信方法却病辟邪也是古人习惯，如上元节走百病，“上巳”折柳辟邪，端午节门插蒲艾、悬门符，身佩艾虎、香囊，儿童戴续命缕等；许多节日有禁忌，如元旦禁倒秽物于地，二月二妇女忌针；宗教也影响到节日，如四月八日吃结缘豆，天贶节有翻经会；还有乞巧等特殊仪式，充满了万物有灵的神秘性。人们主动适应自然是为了顺利生活。所进行的禳灾、求吉活动，早期信仰成分重，逐渐演变成一种形式，后世主要是传承，神秘性让位于娱乐性，遂使岁时节日充满了生活情趣。娱神活动很早也表现出娱人的强烈色彩。观社火、看烟花、赏龙灯、踏青、竞渡、放风筝、打秋千给人们带来了欢乐；年节工艺美术品更是琳琅满目，春联、剪纸、年画等美不胜收。追求与自然的和谐，表现为对生活的热爱。

二是祖先崇拜的人文倾向。岁时节日风俗具有浓重的崇祖色彩，很多节日以崇祖为主要事项，元旦、清明、中元、寒衣诸节的特点都是崇祖，其他不少节日也有程度不同的崇祖内容。崇祖与生殖崇拜也密切相关，“上巳”春游，中秋节的摸秋、送瓜，上元节北京正阳门摸钉的祈子行为，实际上是为了祖先的香火。中国的节日可以说是“每逢佳节倍思祖”，人们“抚时序之代兴，感吾亲之长往，为人子者，能无风木之悲乎”（福格《听雨丛谈》卷六）。于是为祖先“解炎热”“送寒衣”，焚香化楮，时享不断，家里供神牌，野外祭坟墓，定时间，有仪式，毕恭毕敬。聚族而居地区，祖先崇拜更为强烈，祭祀的祖先世代远，无论是祠祭还是墓祭，大祭祖先均是在节日进行。对于死去祖先的尊崇，也表现在对存世尊长的敬重，重要节日照例要行跪拜礼。祖先崇拜还表现在重视人际关系的调适，团圆、拜年、串亲加强亲族联系，邻里互相友爱。重视人际关系也就是看重现实，对于神的信仰和崇拜是为现实生活服务，节俗洋溢着入世的精神。实际上，节俗的崇祖特色是孝道伦理观念的体现。

总之，中国岁时节日也印证了中西文化的差异，与西方人强调人与自然对立、重视自我价值观相对，中国人力求顺应自然及把握人际关系的差序。因此，在西方，岁时节日充满热情奔放的狂欢气氛；而中国的岁时节日则表现出平和、含蓄的民族精神。

# 主要参考书目

殷登国著：《岁时佳节记趣》，世界文物出版社（中国台湾），1984年。

[梁]宗懔原著，谭麟译注：《荆楚岁时记译注》，湖北人民出版社，1985年。

罗启荣、阳仁煊编著：《中国传统节日》，科学普及出版社，1986年。

宗力、刘群编：《中国民间诸神》，河北人民出版社，1986年。

王仁兴著：《中国年节食俗》，北京旅游出版社，1987年。

韩养民、郭兴文著：《中国古代节日风俗》，陕西人民出版社，1987年。

陈久金、卢莲蓉编著：《中国节庆及其起源》，上海科技教育出版社，1989年。

高国藩著：《敦煌古俗与民俗流变——中国民俗探微》，河海大学出版社，1990年。

张铭远著：《生殖崇拜与死亡抗拒》，中国华侨出版公司，1991年。

宋兆麟、李露露著：《中国古代节日文化》，文物出版社，1991年。

韩广泽、李岩龄著：《中国古代诗歌与节日习俗》，天津人民出版社，1992年。
叶舒宪著:《中国神话哲学》，中国社会科学出版社，1992年。
中村乔著:《中国岁时史的研究》，朋友书店（日本），1993年。
冯时著:《星汉流年——中国天文考古录》，四川教育出版社，1996年。
张勃著:《明代岁时民俗文献研究》，商务印书馆，2011年。

# 附录1　明洪武时期宫廷的正旦礼仪与节庆

中国古代皇帝举行重大典礼及节庆的临朝，属于大朝，以区别于日常行政的常朝。元旦朝贺是大朝活动之一。明太祖朱元璋洪武年间的元旦，在《明太祖实录》《明集礼》《大明会典》中均有记载，[1]作为正式名称记作“正旦”，我们依照明朝的正式用语，称元旦为正旦。

## 一、正旦礼仪的制定

朝会是一个朝代的基本制度，正旦朝贺是其中重要组成部分。朱元璋政权的正旦仪式，自取金陵（今南京）而为小明王地方行政长官即有，改元洪武，太祖登极在元年正月初四日，错过正旦日，故洪武正旦大朝始于二年。吴元年十二月乙丑，礼部尚书崔亮等以所定《册立皇后皇太子礼仪》进。其中“皇后谒庙仪”结尾处说：“皇后会群臣于谨身殿、皇后于中宫会内外命妇，其仪皆如正旦宴会之仪。”如此则当时已制定了“正旦宴会

---

1　本文主要依据这些资料及一些文集写成，引文一般不注出处。

之仪”。关于洪武元年正旦未举行朝贺仪，《明太祖实录》记载是：“免百官朝贺。命礼官书四代皇祖考妣神主。”

洪武元年未举行正旦朝贺，或许与未平定元都城有关，即元朝尚未灭亡，象征着据有中原。洪武元年八月初二日，明军攻克元朝都城大都，九月初朱元璋以大都平诏告天下，起首便说：“一海宇以安人心，正国统而君天下，理势所在，古今皆然。”接着将平定大都视为“海宇既同，国统斯正”。也就是说，标志着明朝大一统事业的完成。此后则应强化朝廷礼仪实施，以象征大一统皇朝的存在与运转。

于是，朱元璋加紧国家的礼仪建设。元年九月丁酉，命礼官定正旦朝会仪、赐宴之仪、皇后正旦冬至朝贺仪、宴会命妇仪、东宫朝贺仪。正旦朝会仪篇幅较长，其内容首先是前期布置会场的准备工作，有四项：一是交代奉天殿会场御座香案、皇太子与亲王、文武官的位置，二是诸执事人员的位置安排，三是丹陛上的位置安排，四是殿上宝案、表案及相关人员的位置安排。其次，正旦当日的仪式过程，可以划分为八个阶段：第一阶段，陈卤簿、列旗仗等；第二阶段，击鼓三严；第三阶段，皇帝升御座；第四阶段，皇太子、亲王朝贺皇帝；第五阶段，丞相朝贺皇帝；第六阶段，宣表；第七阶段，百官朝贺；第八阶段，礼毕退场。

接着是关于奉天殿大朝贺毕赐宴于谨身殿的礼仪。具体内容可以分成两部分：前一部分是宴会场所举行礼仪位置的各项安排，后一部分是仪式过程，由就位、进寿花、上酒、进食等构成。宴会完毕，宫廷正旦朝贺活动才算结束。

接着是同日制定的皇后正旦冬至朝贺仪、宴会命妇仪、东宫朝贺仪，鉴于皇后、皇太子（东宫）朝贺礼仪是从属于皇帝礼仪的，我们不做详细介绍。

值得注意的是，“宴会命妇仪”最后说：“其正旦、冬至，各行省以贺笺类进礼部。”十一月甲子，诏定乘舆以下冠服之制。礼部及翰林院等官议：“今拟祀天地、宗庙及正旦、冬至、圣节朝会、册拜皆服衮冕、玄衣、纁裳。”皇太子冠服：“今拟皇太子从皇帝祭天帝、宗庙、社稷、受册、正旦、冬至、圣节、朝贺加元服，纳妃被衮冕九章。”此外，当时还要求：“正旦、冬至及寿日，各衙门不许于寺观行香，其万岁牌不许复设。”该令禁止官府正旦等节日到寺观行香，划出官府与宗教在节日上的界限，不许在寺观复设万岁牌，也昭示政权对宗教的戒备。

洪武时期首次正旦朝贺始于二年。当时朱元璋御奉天殿，受朝贺，大宴群臣。宴毕，朱元璋见诸功臣进退有礼，召前谕之：“朝廷之间，以礼为主，人之有礼，如衣之有章。……今观卿等，虽出身行阵而进退周旋不失礼度，朕为之喜，卿等能始终如此，何患后世无称道之者？”此外，皇后受命妇朝于坤宁宫，赐宴。

就在洪武二年正旦朝贺不久，朱元璋要求变动正旦的君臣礼仪用语。朱元璋以群臣每遇正旦、圣寿、朝贺，行礼三呼“万岁”，虽说是臣子祝上，实亦虚语，因谕大臣变更其词，如朝贺之日，赞礼者云赞呼，众皆曰“愿君有道”，又赞呼，则曰“天下和平”，仿此意与诸儒议之。于是议定：“三呼之词，乃臣子祈君之至诚，若如圣谕，则谦德有余，然于臣子之诚不尽。今更其词，令赞礼者始赞呼，则众皆曰‘天辅有德’，又赞呼，则曰‘海宇咸宁’，再赞呼，则曰‘圣躬万福’。”不过，到了八月，这一变动又被改回。《明太祖实录》记载：礼部尚书崔亮、太常少卿陈昧等言：“旧制，朝贺之礼，赞礼者既唱三‘舞蹈’讫，复三唱‘山呼’，而群臣拱手加额，与乐工、军校齐声称‘万岁’者三。近改拟‘山呼’为‘赞呼’，百官应之曰‘天辅有德’，曰‘海宇咸宁’，曰‘圣躬万福’。臣等窃谓殿廷之礼至于尊严，赞呼之际，贵呼齐一。今百官三呼应声，欢哗不齐，诚为失仪，况山呼故事，循行已久，甚为严肃，宜仍其旧。”帝命从之。旧有的三呼“万岁”比三呼四字用语简便有力，故回复旧制。二年九月还定出蕃王朝贡礼。

洪武三年正旦如同二年，朱元璋御奉天殿受朝贺，大宴群臣，命妇朝皇后于坤宁宫，赐宴。同年七月，依据礼部尚书崔亮等建言，制定了地方上的庆贺仪：

在外文武官，凡遇正旦、冬至庆贺行礼，以本处指挥司官为班首。如指挥司止有副使、佥事守御者，职皆四品，而按察使知府皆三品，其秩虽高，而指挥副使、佥事统制军民，守镇一方，合居左，按察使知府居右，仍以武官为班首，如千户守御其品秩在知府、同知之下，宜以知府同知为班首，如无知府、同知，则以千户为班首。其府通判及知州与千户品秩等者，则以千户居左为班首。

九月，定朝会、宴享乐舞之数。同时修礼书成，赐名曰《大明集礼》，“其书以吉、凶、军、宾、嘉、冠服、车辂、仪仗、卤簿、字学、乐为纲所该之目”。其中《嘉礼》包括“朝会”，含有正旦礼仪。可以说，明朝正旦朝会制度基本确立。

当时地方上欢度正旦的情形留下了诗句，林弼洪武四年春在丰城，赠送同僚诗篇：

### 辛亥正旦呈牛典簿王编修

客中两度逢正旦，江上相看感岁华。
仙杖遥瞻丹凤阙，官船进泊白鸥沙。
雪消星石添春水，日射香炉散晓霞。
却忆故园兄弟乐，屠苏酒对小梅花。

饮酒赏花的节庆活动令作者难忘。

洪武九年正月乙丑，帝命翰林学士宋濂、王府长史朱右等定议王国所用礼乐，涉及正旦的礼乐使用。宋濂等奏称："王初之国，所过州县文武官迎接，便服行四拜礼。王至国冕服，国内文武官朝服行八拜礼。迎接诏赦，王冕服、文武官朝服，遇天寿圣节，服如之。上表称贺、其祭祀山川等神，王皮弁服，文武官祭服。正旦、冬至，服与天寿圣节同。文武官贺王，四拜称贺，再四拜成礼。其朝服皆去蔽膝、四品以下并去佩，乐用二十四人。"得到皇帝认可。

洪武十一年春三月壬午，制定命妇正旦朝贺王妃的礼仪："命礼部定亲王之国命妇朝见王妃仪。议曰：按古礼妇人迎送不出门，今王妃随王之国，命妇不必郊迎，具服诣宫，行见朝礼。其正旦朝贺，则命妇一人为班首，升殿称贺，云：'夫人某氏等兹遇履端之节，敬诣王妃殿下称贺。'其命妇礼服俱依定制。从之。"

洪武十五年正旦朝贺颇为壮观，大宴启用了奏乐。当时宴群臣于谨身殿，“初，上命儒臣重制九奏侑食乐章。至是大宴，始奏用之”。其九奏之曲分别是：一奏《炎精开运》，二奏《皇风》，三奏《眷皇明》，四奏《天道传》，五奏《振皇纲》，六奏《金陵》，七奏《表扬》，八奏《芳醴》，九奏《驾六龙》。

洪武十八年，就藩王庆祝正旦敬贺表笺规定：“凡遇正旦、冬至，预期敬贺表笺。”

洪武十九年正旦，增加了皇太子宴会。当时“上御奉天殿受朝贺，大宴群臣于谨身、华盖二殿，皇太子宴外戚、东宫官属于文华殿”。

洪武二十二年正月初二，朱元璋诏：“自今凡遇大朝会，除已习仪及具服官员许入班，其余便服人员止于午门外行礼，执事官于华盖殿行礼，挂甲带刀侍卫之人免拜。若常朝于奉天殿，五府、六部、都察院、通政司、锦衣卫、大理寺等官于殿内侍立，奏事止于华盖殿。”

洪武二十二年九月戊寅，诏定王世子冠服、礼仪冕服各七章。其中规定：“凡遇天寿圣节、皇太子千秋节并正旦、冬至、进贺表笺、告天、祝寿，世子冕服，随班行礼。”

洪武二十四年六月己未，诏六部、都察院同翰林院诸儒臣参考历代礼制，更定冠服、居室、器用制度。于是群臣集明初以来礼制，斟酌损益，更定以闻。十一月辛丑，浙江按察司佥事解敏言：“旧制，凡各处未入流官，遇朝贺进表，用乌纱帽、红圆领衫、黑角带，陪班行礼。今制，在京一品而下至杂职俱用公服，而在外未入流官仍如旧制，于礼未宜，请得如在京例。”帝可其奏，诏在外未入流官，凡遇行礼，皆具公服。十二月癸丑朔，礼部奏：“正旦、冬至及皇太子妃诞日，公、侯、伯夫人，文官四品以上、武官五品以上命妇及未受封正妻，各具服赴柔仪殿行贺礼，仍定仪注以进。”帝命武官六品正妻亦预其列，余并从之。

洪武二十六年六月壬寅，命礼官复位朝贺传制等仪。朱元璋以立国以来制度典章虽曰备具，然官制既多更定，而礼文屡有损益，故欲因繁就简，立为中制，以成一代令典。于是礼官及群臣定议：

凡正旦朝会，前期一日，尚宝司设御座于奉天殿及宝案于御座之东，设香案于丹陛之南，教坊司设中和韶乐于殿内之东西，北向。

其日清晨，锦衣卫陈卤簿仪仗于丹陛及丹墀之东西，设明扇于殿内东西，列车辂、步辇于丹墀，东西相向，鸣鞭四人左右，北向，教坊司陈大乐于丹陛之东西，北向，仪礼司设同文玉帛案于丹陛之东，金吾卫设护卫官于殿内及丹陛之东西，陈甲士于午门外、奉天门外及丹墀东西，锦衣卫设将军于奉天门外、丹陛、丹墀及奉天门，列旗帜于奉天门外东西，典牧官陈仗马、犀象于文武楼南，东西相向，钦天监设司晨郎报时位于内道东，近北立，纠仪御史二人于丹墀北，东西相向，内赞二人于殿内，外赞二人于丹墀北，东西相向，设传制、宣表等官位于殿内，东西相向。鼓初严，文武官具朝服，齐班于午门外。次严，引礼引百官由左右掖门入诣丹墀东西，北向立。鼓三严，执事官诣华盖殿伺候。内官跪奏，皇帝具衮冕，升座，钟声止。仪礼司官跪奏各执事官行礼，赞“五拜”礼毕，赞“供事、执事各就位”。

仪礼司官跪奏“请升殿”，驾兴，乐作，奏《圣安》之曲，尚宝司官捧宝前行，导驾官前导，扇开廉卷，尚宝官置宝于案，乐止。鸣鞭，司晨郎报时唱晓，对赞唱“排班”，班齐，赞礼唱“鞠躬”，大乐作，赞四拜，平身，乐止。

典仪唱“进表”，大乐作，给事中二人诣同文案前，导引序班举案由东门入，置殿中，乐止。

内赞唱“宣表目”，宣表目官宣讫，俯伏，兴，唱“宣表”，展表官取表，宣表官至簾前跪，外赞唱“众官皆跪”，宣表讫，内外皆唱，俯伏，兴，平身。

序班郎举表案于殿东，外赞唱“众官皆跪”，代致词官跪于丹陛中，致词云：“具官臣某，兹遇三阳开泰，万物咸新，洪惟皇帝陛下，膺乾纳佑，奉天永昌。”贺讫，外赞唱“众官俯伏”，兴，乐作，四拜，兴，平身，乐止。

传制官诣御前跪，奏“传制”，俯伏，兴。由东门出至丹陛东，西向立，称“有制”。赞礼唱“跪”，百官皆跪，宣制云：“履端之庆，与卿等同之。”赞礼唱“俯伏”，兴，乐作，平身，乐止。赞搢笏、鞠躬、三舞蹈，赞跪，唱“山呼”，百官拱手加额曰“万岁”，复唱“山呼”，曰“万岁”，唱“再山呼”，曰“万万岁”。凡呼万岁，乐工、军校齐声应之。赞出笏，俯伏，兴，大乐作，赞四拜，平身，乐止。

仪礼司官跪奏礼毕，中和乐作，奏《定安》之曲。驾兴，尚宝官捧宝，导驾官前导，至华盖殿，乐止。引礼引百官以次出。

同时，还制定了中宫朝仪、东宫朝仪。还有大宴礼：

其日，尚宝司设御座于奉天殿，锦衣卫设黄麾于殿外之东西，金吾等卫设护卫官二十四员于殿东西，教坊司设九奏乐歌于殿内，设大乐于殿外，立三舞杂队于殿下，光禄司官设酒亭于御座下之西，膳亭于御座下之东，珍羞醯醢亭于酒膳亭之东西，设御筵于御座之东西，设群臣四品以上位于殿内之东西，设群臣酒尊食卓于殿外，设五品以下位卓于东西两廊。司壶、尚食各供乃事，引礼引群臣于殿外，东西相向立。仪礼司跪奏“请升座”，驾兴，大乐作，升座，鸣鞭，乐止。鸣赞引文武官四品以上，由东西门入至殿中，横班北向立，五品以下官列于殿外丹墀，北向立。乐作，赞四拜，乐止。光禄司官进御筵，大乐作，捧案至御前，乐止。进花，乐作，进讫，乐止。光禄司官开爵注酒，捧诣御前，进第一爵酒，赞内外官皆跪，教坊司跪奏“一奏《炎精》之曲”（下略，共九奏）。[1]

上述洪武二十六年所定正旦朝会制度，被纳入正德《明会典》，其“朝贺”制度开头便说：“国初朝贺等仪多仍前代之旧，其后屡诏删定，立为中制，以颁示天下，具见于《诸司职掌》。若职掌所不及载者，或虽载而后复有所损益者，今备列于后。”有关正旦的条目包括正旦冬至朝贺仪、中宫正旦冬至命妇朝贺仪、太皇太后正旦冬至命妇朝贺仪、皇太后正旦冬至命妇朝贺仪、东宫亲王并妃正旦冬至宫中朝贺仪、东宫正旦冬至朝贺仪、东宫妃正旦冬至命妇朝贺仪、圣节正旦冬至王府庆祝仪（见王国礼）、圣节正旦冬至天下司府州县庆祝仪、正旦冬至蕃王庆祝仪

1 《明太祖实录》卷 228，洪武二十六年六月壬寅。

（见蕃国礼）。万历重修《大明会典》卷四三《礼部一·朝贺》所设条目与正德版相同，前述开头部分中指出："至嘉靖间，稍加更定，今备列之，首仪注，次乐章，而附沿革事例于后。"明朝《明会典》还记载洪武二十六年所定大筵宴组织工作的制度："所用诸品膳羞、酒醴并须提调光禄寺供办，若管待诸蕃国朝贡等使客并外国来降土官人等茶饭物料，礼部自行备办。其宴之日，赴会同馆管待，令教坊司供应。若奉旨管待之人，俱于本部筵宴，正官主席。"可以说，洪武时期制定的正旦朝贺制度，成为有明一代的典则。

洪武二十八年，"重建朝天宫成。先是，建是宫，凡正旦圣节、冬至，群臣习朝贺礼于其中。上以其制度未备，故命重建之。至是，成，诏右演法曹希鸣住持"。

正旦节日前后还有其他的活动。太庙供奉祖先，正旦前后，增加了享太庙活动。《明太祖实录》记载，先是在年末享太庙。在洪武六年十二月丙寅，享太庙。后在年初也有，在洪武九年正月乙丑，享太庙。洪武十二年正旦起，正月中祭祀天地，如洪武十八年正月辛未，“大祀天地于南郊”。洪武十六年因孝慈皇后去世，在十二月年末享太庙之日，增加了“祭孝慈皇后陵”。

地方司府州县官员也有正旦庆祝仪式。《大明会典》记载：“洪武间定，凡遇正旦、冬至、圣诞之辰，各处司府州县官公厅，各斋沐，具公服行礼。（原注：后改为朝服）告天祝寿曰：某衙门某官臣某等，荷国厚恩，叨享禄位，皆赖天生我君，保民致治，今兹（原注：正旦、冬至、圣旦）圣寿益增，臣等下情，无任忻跃感戴之至。”

## 二、外国使臣的朝贡与贺正

外国使臣往往在年末的十一二月向明朝朝贡并贺正。

最早向明朝贺正的外国是近邻高丽。洪武二年十二月甲戌，高丽国王王颛遣其臣张子温等上表谢封爵并贺明年正旦，贡方物，中宫、东宫皆有献。

真腊国于洪武四年十一月贺正。《明太祖实录》记载：“真腊国巴山王忽儿那遣其臣奈亦吉郎等进表，贡方物，贺明年正旦。

赐其王《大统历》并织金文绮，及来使纱罗文绮有差。”

暹罗斛国也在洪武四年十二月贺正。《明太祖实录》记载：“暹罗斛国王参烈昭毗牙遣其臣奈思俚侪剌识悉替等来朝，进金叶表，贡方物，贺明年正旦。使还，诏赐其国王《大统历》、织金文绮及使者袭衣文绮、布帛有差。”此外，同月高丽王颛遣使贡方物，贺明年正旦节。

洪武五年八月，鉴于诸国的朝贡贺正较为频繁，朱元璋制定了往来次数。

洪武六年十二月，三佛齐、暹罗斛、高丽诸国皆向明朝贺正。

洪武六年后，间隔三年，外国使臣又有年终朝贺明朝的。洪武十年正月，琉球国中山王察度遣其弟泰期等进表贺正旦，贡马十六匹、硫黄一千斤，赐泰期等钞有差。

洪武十年，爪哇、真腊、高丽诸国陆续来到明朝。

洪武二十年十二月，琉球国山南王承察度遣使耶师姑进表，献马三十匹，贺明年正旦，赐耶师姑等宴及钞有差。西天尼八剌国王马达纳罗摩、乌思藏、朵甘二都指挥使司都指挥搠干尔监藏等各遣使阿迦耶等来朝，上表，贡方物、马匹、镔铁剑及金塔、佛经之属，贺明年正旦。

年终贺正而来最频繁的是高丽国。近邻高丽国因与明朝的友好关系，得到贺正班次中位于前列的特殊待遇。高丽使臣与明朝大臣也结下了友谊，明臣高启撰有《送高丽贺正旦使张子温还国》五言律诗：

丹凤云中阙，玄菟海外城。新阳初献岁，远使尽朝京。
卉服充王贡，珠旒仰圣明。花飞辞上国，日出指归程。
车饯都亭晓，帆开岛屿晴。莫辞频入贺，宝历万年盈。

明臣为归国的高丽使臣饯行。

高丽国于洪武二十五年更国号为朝鲜，之后继续了贺正的传统。

外国也有正旦日或正月来朝贺的，主要是琉球、高丽、暹罗斛等国。

以往的研究确认，明朝继承中华朝贡体系，明朝与东亚、东南亚的国际关系属于朝贡体系。明朝周围的藩属国向宗主国明朝进贡礼物，表示臣属关系。明朝则赏赐礼物给朝贡国，或允许朝贡国在华进行贸易。我们要强调的是，朝贡的时间点主要是正旦前后，伴随贺正进行，因此，贺正是藩属国与宗主国关系的仪式，贺正与朝贡共同构成宗藩关系。贺正属于仪式，仪式象征秩序。明朝正旦礼仪中的藩属国贺正象征着明朝与周边国家的国际秩序。如高丽使臣所言，贺正属于“以小事大”“华夷会同”，即认同大明建立的大一统华夷秩序。明朝则是以贺正来“试其诚伪”。

## 三、地方官与土司的贺正与表笺问题

明朝要求地方官进贺正旦表笺。朱元璋曾谓侍臣：“正旦为岁之首，天运维新，人君法天运，以施政治，进表称贺，礼固宜然。”洪武五年七月，命罢天下进贺圣节冬至表笺，然而进贺正旦表笺保留了下来。

洪武六年冬北平省都事樊仲郛赍洪武七年正旦贺表上南京，刘嵩作诗二首送行：

### 送北平省都事樊仲郛赍洪武七年正旦贺表上南京二首

#### 其一

洪武六年冬闰月，省郎入觐自燕台。
边庭拜表千官送，京阙朝正万国来。
班引侍仪宫乐奏，礼成光禄御筵开。
蓟门柳色还相待，应带春光万里回。

#### 其二

淮海东南是帝京，五云缭绕九重城。
光风尽解龙河冻，丽日徐开凤阙晴。
春宴戴花迎彩燕，早朝穿柳听宫莺。
前年我亦陪供奉，此日偏怜送别情。

这是边官送表，众官送行，还留下了这二首送行诗。同年，还有赵贵伯“以蜀省之命，奉表入贺正旦大礼”。

朝贺的规模越来越大，要求各地官员贺正。洪武十三年九月，“命天下诸司正官、首领官来朝明年正旦”。洪武十五年七月，“命天下诸司官来朝明年正旦者，期以今年十二月二十五日俱至京师”。洪武十六年二月，“广东布政使司请于礼部曰：‘本司秩从二品，都指挥使司正二品，正旦等节庆贺行礼，请定着衙门。’礼部以闻，上命行礼宜于布政司班列，以秩为序。”洪武十六年四月己卯，长河西安抚司土官油笼思卜来朝，赐袭衣、冠带。同日，“敕礼部：自今四夷及诸土官入贺正旦者，无分远迩，务于畿甸近地会集，同入京师朝见，无使先后不齐，有失朝仪也”。同年九月戊辰，“命天下诸司官来朝明年正旦者预进《功业册》”。该年十二月，《明太祖实录》记载朝贡的土司等颇多，应当是来贺正的，如故云南元帅段弘毅等一百零三家来降，人赐以袭衣。云南丽江等府诸部酋长来朝，贡马一百二十七匹，赐袭衣有差。陕西临洮卫指挥佥事赵琦来朝，贡马。云南丽江等府酋长木德等来朝，赐袭衣有差。同月还有永昌州土官申保来朝，诏赐锦二匹、织金文绮二匹、衣一袭及钑花银带、靴袜。洪武十七年六月，进一步明确地方官贺正要携带《功业册》《土地人民图》："诏天下诸司官吏来朝明年正旦者，各书其事功于册，仍绘《土地人民图》来上，且计道里远近，俱期以十二月二十五日至京。其服色各以品级为差，惟云南远在边鄙，特免其来。"

洪武十八年五月改革了地方官贺正制度，从洪武十五年连续四年的地方官贺正改为三年一次。朱元璋谕吏部："天下府、州、县官一岁一朝，道里之费，得无烦劳？自今定为三年一朝，赍其纪功图册、文移稿簿，赴部考核，吏典二人从，其布政司、按察司官亦然。着为令。"

贺正表笺要求较为严格。洪武十三年冬十二月乙酉，礼部奏南昌府进贺正旦表文不如式者，宜坐其罪。朱元璋认为："臣子之于君父，固无所不致其谨，其间事或有疏略，出于失误，姑勿问，但录其过以示警。"从宽处理。

洪武十四年秋七月乙酉，复进贺表笺礼仪。具体内容是：

凡天寿圣节、正旦、冬至，在外各衙门先期拜表称贺。至期前一日，文武官于本衙门内斋沐宿歇。至日，于所在大衙门内会同文武官，具服行告天祝寿礼。其天寿圣节。在外五品以上衙门止进表文一通，正旦、冬至加中宫、皇太子笺文各一通。

王府、布政司、按察司、直隶府、州表笺俱差官赍进礼部，在外则州进于府，府进于布政司，凡五品衙门隶布政司者亦进于布政司，类进礼部，各都司及直隶卫所差官赍进五军都督府，各处守御指挥使司千户所各进于都指挥使司，差官类进五军都督府。至日，礼部以各处表笺目通类奏启。

其表笺文词不得用骈俪，务在典雅，其有御名庙讳，依古礼，二名不偏讳，嫌名不讳，凡凶恶字样俱用回避，仍以朱笔圈点句读；表用黄纸，笺用红纸，为函。

进表笺之前一日，结彩于公廨及街衢，文武官于本衙门齐宿。

其日，清晨设龙亭于庭中，表笺案于龙亭前，香案于表笺案前，设仪仗于庭外露台之东西，设鼓乐于露台南之东西，北向，进表笺官位于龙亭东。

鼓初严，各官具服。次严，班首诣香案前涤印用印讫，以表笺置于案，班首退于幕次，三严，各就位。

赞礼唱“鞠躬，拜”，乐作，四拜，乐止。唱“进表”，班首由东阶升诣香案前，赞“跪传”，赞“众官皆跪”，唱“进笏”，班首搢笏，执事者以表笺跪授班首，班首以授进表笺官，进表笺官跪受，置龙亭中，班首出笏，俯伏，兴，复位，众官皆兴。赞“拜”，乐作，四拜，乐止。唱“搢笏”，鞠躬，三舞蹈，山呼者三，出笏，俯伏，兴，乐作，四拜，乐止。

金鼓仪仗鼓乐，百官前导，进表笺官在龙亭后东行，至郊外，置龙亭南向，仪仗鼓吹，陈列如初。

文武官东西侍立，班首取表笺授进表笺官，进表笺官受于马上即行，百官以次退。

明朝《会典》还记载了表笺式，内容包括洪武时期所定：圣节正旦冬至亲王上表、圣节正旦冬至群臣上表、群臣谢恩表。其中的“圣节正旦冬至群臣上表”：

洪武间定某衙门某官（臣）某等诚欢诚忭稽首顿首上言：伏以天佑下民，四时序而风雨时，五谷熟而人民育。恭惟皇帝陛下承天受命，君师宇内，相以奠之，和以安之，是以克享天心，永膺宝历，大一统文明之治，开万载太平之基，（臣）某等幸遇明时，忻逢圣旦（正旦、长至，“职守承宣”布政司用，“职守宪纲”按察司用，“职在牧民”府州用，“职典盐司”盐运司用，“职总戎师”都司用，“职典戎行”腹里卫所用，“职守藩维”边境卫所用，“职守边夷”土官衙门用）心驰遥贺，仰紫宸而三祝，祈圣寿以齐天，无任瞻天，仰圣激切，屏营之至，谨奉表称贺以闻，某年某月某日某衙门某官（臣）某等谨上表。

表的主旨在于歌颂“大一统文明之治”。

明初鄞县人郑真，字千之，洪武四年乡试第一，授临淮县教谕，升广信府教授。郑真撰有《荥阳外史集》一百卷，其中第63~66卷内容为“表”，收录所撰66件贺正旦表笺，每件三道，即给皇帝的“上位表”（其中只有第一件称作“皇帝表”）、给皇后的

“中宫笺”、给太子的“东宫笺”。这里列举一件，以见其样式：

## 怀远卫亲军指挥使司贺正旦表笺三道

（洪武六年闰十一月三日承本县牒文）

皇帝表

上言：三阳之月，天地开泰，上圣在御，万方来贺。（中贺）钦惟皇帝陛下，盛德难名，仁恩广被，普天率土，罔不臣服，肇协寅正之序，永臻万寿之期。伏念臣某等奋自行伍，职居列卫，嘉与三军，同深祝颂，欣抃之私，倍万伦品。

中宫笺

上言：月谨寅正，天地合德，礼正东朝，万邦展贺。（中贺）敬惟皇后殿下，中宫正位，圣哲同尊，肃雍之德，助成内治，履端谨始，海宇咸春。臣某等忝荷深恩，职列环卫，报效之心未及万一，惟与僚属上祝亿万齐年，为宗社之福。

东宫笺

上言：行夏之时，万代常法，东宫展礼，福履攸宜。（中贺）

敬惟皇太子殿下，温文肃恭，仁慈敏哲，谨三朝之问礼，参九重之政治，宗社基本，海宇属心，而臣某等忝荷深恩，职司环列，不能效重晖之颂，惟与军士同增鼓舞。

这一贺表与前引正德《大明会典》所载正旦贺表格式内容不同，此外即使是怀远卫亲军指挥使司贺正旦表，这一洪武六年的与其他年份的也不同，说明洪武年间实际上正旦贺表格式最初并未统一。《荥阳外史集》中贺元正表笺所署时间为洪武六年至十五年间通过临淮县所上的牒文（公文），上表笺者为怀远卫亲军指挥使、留守（中卫、左卫）指挥司、濠梁洪塘湖屯田千户所、濠梁左卫指挥使司、凤阳左卫（右卫、中卫）亲军指挥使司、洪塘湖屯田千户所、长淮卫指挥使司、六安州守御千户所、皇陵卫、燕山护卫指挥使司等，都是卫所武职的。贺正表笺歌颂并属于万方（邦）来（展）贺的礼仪。

洪武二十六年确定了进表笺的范围。规定："正旦冬至，拜进皇帝表文、中宫笺文、东宫笺文各一通。在外各王府并各布政司、按察司及直隶府州表笺，俱各差官赍进礼部。各州表笺进于各府，各府进于布政司。其余五品以上衙门隶布政司者，亦进于布政司，布政司差官类进礼部。其各都司及直隶卫所，差官赍进五军都督府。至日礼部官以各处所进表笺目，通类奏闻。”

洪武年间还就表笺的文体、避讳、样式等统一规定。《大明会典》记载：

凡表笺，洪武间令止作散文，不许循习四六旧体。务要言词典雅，不犯应令回避凶恶字样，仍用朱笔圈点句读。表用黄纸笺用红纸为函，外用夹板夹护，拜进并依见行仪式。

又令进表笺及一应文字，若有御名庙讳，合依古二名不偏讳，嫌名不讳，若有二字相连者必须回避，写字之际，不必缺其点划。

二十九年，以天下诸司所进表笺多务奇巧，词体骈俪，令翰林院撰庆贺、谢恩表笺成式，颁于天下诸司，令如式录进。

可见在洪武晚年，由翰林院提供正旦表笺的成式，以统一表笺的文体、样式。

土司和“边夷”贺正有于年终十二月的，也有于正月的。

各地方上贺表属于仪式，明廷颁发贺表的统一格式，进贺表的作用在于象征地方对于皇权为中心国家统治秩序的认同，即所谓“大一统文明之治”。土司和“边夷”贺正，具有类似朝贡的性质，他们也要进贡，通过敬献礼物表示顺从君主，属于中原朝廷与藩属国之间地域的秩序关系。

（说明：本文据常建华《明洪武时期宫廷的正旦礼仪与节庆》一文压缩而成，原文载《文史》2018 年第 2 辑，北京：中华书局，2018 年）

# 附录 2　清代宫廷元旦节庆制度

中国古代皇帝的临朝，分为举行重大典礼及节庆的大朝与日常行政的常朝。正月初一的元旦是年、月、日之始，谓之三朝，自古以来受到官民重视，是大朝活动之一。这里就清代元旦朝贺仪式以及元旦前后的节庆活动，即宫廷元旦节庆制度做一介绍。

## 一、元旦朝贺活动

元旦作为重要节日，清廷有一系列重要活动，《清实录》对此有记载，如《清圣祖实录·修纂凡例》规定："太皇太后皇太后圣寿节、万寿节及元旦、冬至，凡大庆贺礼仪、筵宴皆书，御殿视朝书。"其实不只是元旦节期的活动有记载，有关元旦节礼制的讨论与变化也在《清实录》有记载。《清实录》记载了清廷年节周期性的活动以及相关制度设置经过。

《清起居注》记载的有关清廷元旦活动的形式与《清实录》大致相同，不过有时可以补充一些细节，更多强调的是皇帝而非朝廷。《清起居注》与《清实录》可以互相印证、补充，呈现清朝宫廷元旦活动的变化。

清代的元旦朝仪，主要记载于《大清会典》及“则例”“事例”的礼部部分，记载方式有变化，显示出不断完善的过程。康熙《大清会典》卷四〇《礼部》有“朝贺”部分，包括元旦朝贺仪、冬至朝贺仪、万寿节朝贺仪、外官庆贺仪、太皇太后宫三大节朝贺仪、皇太后宫三大节朝贺仪、皇后宫三大节朝贺仪，共计7项内容。平列了“朝贺”的礼仪项目。

雍正《大清会典》卷五七《礼部》分有“朝贺”“朝贺仪”两项，其中“朝贺”讲述元旦、冬至的制度，下分元旦节、冬至节两部分介绍；“朝贺仪”讲元旦、冬至、万寿节三大节朝贺仪，叙述完朝贺皇帝的礼仪之后，列有“太皇太后宫三大节朝贺”“皇太后宫三大节朝贺”“皇后宫三大节朝贺”“三大节外官庆贺”4个小目，分别列出有关礼仪制度的设置过程。可见雍正《大清会典》是按照节日记载的，强调的是“朝贺”的“贺”，即节日庆贺。

乾隆《大清会典则例》卷五六《礼部》分三部分介绍“朝会”制度，“朝会一”分门别类介绍各项制度，包括御殿受朝、临朝章服、陈设、乐悬、班位、侍班、执事、纠仪、赐坐9项内容，“朝会”包括大朝、常朝，元日庆贺是大朝最重要的部分，多有涉及之处；“朝会二”分为元日、长至、万寿圣节、常朝、御门听政、朝门禁例6项，其叙事逻辑是首列大朝的三大节，次列常朝，再列御门听政、朝门禁例，皇帝的元日庆贺得到了体现；“朝会三”分为元日皇太后宫朝贺、长至节皇太后宫庆贺、皇太后圣寿庆贺、元日皇后宫庆贺、千秋节庆贺诸项，专门介绍三大节皇太后宫、皇太后、皇后宫、皇后的有关礼仪。乾隆《大清会典则例》涉及的“元日”礼仪是作为“朝会”即朝廷典章制度的一部分存在的，“会”是记载的重点。

嘉庆《大清会典事例》卷二三七、卷二三九分两部分介绍“朝会”制度，卷二三七内容是元日、长至、万寿圣节，卷二三九内容是元日、皇太后宫朝贺、长至节皇太后宫庆贺、皇太后圣寿庆贺、元日皇后宫庆贺、长至节皇后宫庆贺、千秋节庆贺诸项。嘉庆《大清会典事例》介绍“朝会”制度因袭乾隆《大清会典则例》，并无新内容。

光绪《大清会典事例》礼部朝会也有专门介绍元日部分，分类与嘉庆《大清会典事例》相同。光绪《大清会典事例》卷二九七内容是元日等三大节，卷三〇〇有元日、皇太后宫朝贺等，这两卷后续了嘉庆以后元日举办“朝会”的一些变动情况。此外，光绪《大清会典事例》卷二九六《礼部·朝会》涉及一些元旦礼仪，卷三一八《礼部·表笺》也有相关内容。

从康熙、雍正《大清会典》到乾隆《大清会典则例》对于元旦朝仪的记载来看，发生了从“朝贺”到“朝会”的记载方式变化，原因是朝仪各项制度得到了完善。

关于清代的元旦朝贺活动，康熙《大清会典》说：

元旦、冬至、万寿节俱设大朝，行庆贺礼。天聪六年定元旦礼，崇德元年定元旦、万寿礼，顺治八年定三大节礼，参酌尽制。我皇上崇修典礼，凡遇大节，万方毕贺，仪文尤为隆备。

接着是《元旦朝贺仪》：

天聪六年元旦，上（太宗文皇帝——笔者）率诸贝勒等拜天礼神毕，御笃恭殿升坐，诸贝勒等行三跪九叩头礼毕，赐议政贝勒入殿内左右坐，次外藩蒙古诸贝勒行礼，次满洲蒙古汉官率各旗官行礼，朝鲜国使臣行礼，毕，上还宫，众官皆退。次日，行筵宴礼。

下面分别介绍了“崇德年间”“顺治八年”“康熙八年”等制定的有关制度。请注意这三个年代的重要性，崇德元年后金皇太极改国号为大清，“建号改元”后需要制礼作乐。顺治八年的前一年摄政王多尔衮病逝，顺治皇帝执政，需要整顿礼仪。康熙八年是皇帝玄烨亲政不久拘禁满洲权臣鳌拜的年代，也需要整顿礼仪。因此，礼仪建设事关重大政治变动，帝王要重塑权威需要更定礼仪，调整政策也要调整礼仪。

清朝元旦朝贺活动的内容，主要包括谒太庙上香行礼、诣堂子行礼、诣神、陈设卤簿、奏乐、升殿、进表、行庆贺礼、筵宴，各官皆朝服。

元旦期间停止用印 10 天，元旦节可以理解为元旦前后七天或九天或封印期间的活动。

元旦节除了本朝君臣的活动，还包括外藩、外国的朝贺。

以顺治十一年元旦节为例，《清世祖实录》记载十年十二月二十八日：

庚寅。岁暮，享太庙，上亲诣行礼。遣官祭四祖陵、福陵、昭陵。遣官祭太岁月将之神。

又记载十一年正月初一日：

上诣堂子行礼，还入宫拜神毕，朝皇太后于慈宁宫，御太和殿，诸王、文武群臣及外藩蒙古上表、行庆贺礼。是日赐宴。

朝鲜国王李淏遣陪臣沈之源等表贺冬至、元旦、万寿圣节，附贡方物及岁贡，宴赉如例。

初五日：

孟春，享太庙，上亲诣行礼。

初七日：

赐蒙古诸王、贝勒、贝子公等宴于太和殿。

顺治十年十二月没有三十日，由十年十二月二十八日到十一年正月初五日前后7天有元旦节的各种活动，其实初七日的活动也应算是元旦活动。

康熙朝的元旦节，年前的腊月二十九日、三十日皇帝亲诣太庙，诣太皇太后、皇太后宫问安，赐朝元旦外藩宴饮，而元旦当天则要往堂子行礼，诣太皇太后宫、皇太后宫行礼，御中和殿内大臣、侍卫执事各官庆贺元旦行礼，御太和殿诸王等文武官员及来朝元旦外藩贝勒等、朝鲜等国使臣上庆贺元旦表，御保和殿赐外藩王、贝勒、贝子、公等，内大臣、大学士、都统、尚书、侍卫及太吉等饭、御太和殿大宴，诣太皇太后宫问安。

乾隆十五年，又新增元旦诣寿皇殿。寿皇殿恭奉皇祖圣祖仁皇帝、皇考世宗宪皇帝圣容。

元旦诣奉先殿出现在乾隆元年，这年新增的活动还有诣大高殿行礼。奉先殿是明清皇室祭祀祖先的家庙，前殿主要供陈设宝座用，举行祭祀活动时将供奉于后殿的已故帝后牌位移至前殿。

大高殿则属于皇家道教宫观，始建于明嘉靖二十一年，是明世宗祈求长生之所，也进行过各种道教礼仪的演习。大高殿位于皇宫之外，初建时名为大高玄殿，清康熙帝即位后为避讳“玄烨”的“玄”字，将大高玄殿改名为大高殿。乾隆时期，大高殿成为清廷元旦拈香行礼的地方，届时大高殿做道场 。

元旦朝贺也要贡献礼物，形成制度。自雍正年间开始，王公大臣等年节呈进如意，是以仍准其呈进分赐，嘉庆元年重申元旦宗室亲王、郡王、满汉大学士、尚书始准呈进如意，外省督抚止准按例呈进土贡，其盐政、织造、关差年例办进备赏之物，如果品茶叶之类。

元旦还有一些活动，如赏赐福字，自康熙朝始，正月初一日，皇帝在内廷要御书“福”字，所写第一个“福”字悬挂于乾清宫正殿，其余张贴宫廷内苑各处，还颁赐后妃近侍、王公宠臣、内廷翰林等。此后，清宫御赐“福”字仪奉为典制，为后世皇帝效仿，成为家法。

再如举行茶宴联句，康熙二十一年、雍正四年、乾隆四年正月皇帝在乾清宫召集诸臣，仿汉武帝故事作诗联句。自乾隆八年开始，皇帝与大臣新正联句始在重华宫进行，此后乾隆帝主持了44次。嘉庆帝奉为家法，正月初二日至初十日间亦在重华宫茶宴联句，道光时仍时有举行。

## 二、元旦朝贺仪

雍正《大清会典》概括了“朝贺仪”的形成过程与主要内容：元旦朝贺仪也始于天聪六年，经崇德元年增定，清入关后顺治八年详定礼仪、康熙八年订正朝会乐章。

乾隆《大清会典则例》记载朝会“乐悬”特别是康熙八年订正朝会乐章更为细致：康熙二十一年学士陈廷敬斟酌古今、兼采宋例撰写元旦等朝仪的乐章，还由牛钮等译成满文，受到康熙帝的好评。

元旦朝贺仪的第一步是陈设，具体是銮仪卫陈设卤簿、步辇、大驾、训象、仗马，教坊司陈设中和韶乐、丹陛乐，礼部设黄案；第二步是进表；第三步是入场；第四步是御中和殿；第五步是御太和殿，具体内容可以细分为升坐、鸣鞭宣表、大臣跪叩、使臣跪叩、赐茶、退还6项。

雍正《大清会典》“朝贺仪”也记载了“元旦乐章”，其具体内容是：

皇帝升座，中和韶乐作，奏元平之章：

于穆元后，敬授人时；

四时和令，三阳肇基；

鸾路苍龙，戴青其旂；

迎气布德，百工允釐；

行庆施惠，及我烝黎。

皇帝还宫，中和韶乐作，奏和平之章：

有奕元会，天子穆穆；

锵锵群公，至自九服；

正朔所加，海外臣仆；

率土怀惠，万民子育；

千龄亿祀，永绥茀禄。

诸王百官行礼，丹陛大乐作，奏庆平之章：

皇覆万宇，品物咸亨；

九宾在列，百译输诚；

济济卿士，式造在廷；

帝仁如天，帝明如日；

亲贤任能，爱民育物；

礼备乐成，声教四讫。

外藩行礼，丹陛大乐作，奏治平之章：

天尽所覆，以畀我清；

我德配命，涵濡群生；

万国蹈舞，来享来庭；

俣俣（yǔ）蹲蹲（cún），视彼干戚；

天威式临，其仪不忒。

上述中和韶乐、丹陛大乐的四章乐曲，分别歌颂了上天授时、天下一统、帝德仁明、万国来朝，总之是清朝天命所归，具有正统性、合法性。

雍正《大清会典》还记载了“太皇太后三大节朝贺”“皇太后三大节朝贺”，具体讲述“元旦节”“朝贺仪”“乐章”，系比照皇帝礼仪所设，此处存而不论。

光绪《大清会典事例》系统性地记载了朝会的班位规定，可知顺治十八年定王公在丹陛序立，康熙元年题准典礼上朝不入八分公到侍卫分六班，十六年题准大朝会集满官、汉官各分九班序次，二十二年题准直省行庆贺礼班位，至此朝会的班位基本确立。乾隆时期直接控制西北新疆后，朝贺增加了西北民族如哈萨克等民族的规定。

## 三、元旦朝贺中的蒙古族

清朝元旦朝贺活动明显区别于明朝的有一条，即增加了外藩蒙古朝贺。

清朝设有理藩院专门处理蒙古及俄罗斯等外国事务。蒙古朝贺属于理藩院管辖的事务，乾隆《大清会典事例》理藩院部分记载朝觐礼仪：

一、朝觐。顺治五年定，蒙古王、贝勒、贝子、公、台吉、都统等，准于年节来朝。六年题准：蒙古朝觐之期，每年定于十二月十五日以后二十五日以前到齐，一朝仪。国初定，蒙古王、贝勒等凡遇年节皆会集于各札萨克处，咸朝服望阙行三跪九叩礼。康熙二十六年题准：朝觐来京之王等，凡遇祭祀一例斋戒，遇朝会按班齐集，违者罚俸六月。三十二年议准：蒙古王、贝勒及俄罗斯等处来使，如遇年节、冬至及凡遇庆贺，皆行三跪九叩礼。来使凡遇召见赐茶及赐燕，均行三跪九叩礼。食毕行一跪三叩礼。三十九年覆准：王、贝勒、台吉等来朝，凡遇祭祀坛庙斋戒行礼处，停其陪祀，令于午门外按翼排班，候圣驾出入时，与不陪祀之在内王公一例迎送。

清朝要求蒙古贵族每年元旦前统一朝仪，元旦既有在各札萨克如同汉族地方官的朝贺仪式，又有来京朝觐，朝觐来京之王等凡遇祭祀一例斋戒、遇朝会按班齐集，凡遇召见赐茶及赐宴，均行三跪九叩礼，食毕行一跪三叩礼。工部则承担着蒙古朝觐所需物件的制作。

清廷规定了外藩蒙古朝贺的班次 、礼仪坐次。

清廷强调将蒙古与西北其他民族区别开来，同时也表示出对蒙古的尊敬。外藩蒙古朝贺，清廷有赏赉规定：

（康熙）三十三年定：喀尔喀王贝勒贝子公台吉来京请安，适逢元旦者，照内札萨克之例给赏。三十九年覆准：年例来朝之喀尔喀汗王、贝勒、贝子、公、台吉等赐燕、赏赉及五旗王府筵燕，一如内札萨克之例。 五十四年覆准：西藏拉藏汗、青海厄鲁特等外藩请安进贡，照伊来使品级赏给诸物，交与内务府武备院制造，俟起程时颁给。又覆准：赏年例来朝之喀尔喀亲王视内札萨克郡王例，郡王、贝勒视贝子例，贝子、公、台吉等各视其品级为差。所赏缎布、鞍辔、银茶、筩银、茶盆、茶叶诸物，照价值由户部折银赏给。五十五年议准：赏喀尔喀亲王以下台吉以上器物，酌量折给银数，与赏内札萨克同。

外藩蒙古元旦朝贺来京，除了朝廷朝贺仪中正式大宴外，还有其他众多的宴请。请看乾隆《大清会典则例》中的记载：

一、筵燕外藩。……康熙二十一年定外藩王以下台吉都统以上朝贺来京，除夕于保和殿赐燕一次。三十九年，喀尔喀土谢图汗及和硕亲王来进贡，照例赐恩燕一次，再燕二次。……

二、王府筵燕。……乾隆二年奏准，按康熙二十一年定，外藩王、台吉等朝贺来京，除夕保和殿赐燕一次，元旦后五旗王等燕五次，十四日十五日赐燕一次，是八旗八次。雍正五年将五旗筵燕改为左右翼各一次，今年元旦后王府筵燕仍按旗各燕一次，又向年筵燕本旗诸王均赴主席之王府陪燕，设有乐舞、蒙古鼓吹，嗣后务循旧制，令本旗诸王、贝勒、贝子、公等齐集，依次列坐，燕宾。其乐舞除庆隆舞不许用外，礼部见有之杂剧等，许其承应。至本王府亦宜备鼓吹杂剧，以侑宾筵。……

清廷、王府及八旗轮番宴请朝贺的外藩蒙古，加强满蒙间的友谊，巩固满蒙的亲密关系。为了接待朝觐的蒙古贵族，清廷设置“蒙古鼓吹”，使得蒙古人有宾至如归的感觉。

关于元旦宴席的标准，清廷规定为四等。太常寺的则例规定：

万寿圣节、元旦朝贺、公主郡主成婚各燕，皆用四等席燕。

四等宴席的标准，不是很高，看来清廷对于宴席注意节俭。据《钦定总管内务府现行则例》记载：“除夕保和殿筵宴，每饽饽桌一张，用酒八两。”也是例证。

了解了外藩蒙古元旦朝贺仪式之后，我们再考察一些具体的事例。通过《康熙起居注》记载的康熙十一年元旦朝贺仪式，可知元旦的朝贺庆祝活动往往持续很长，初六日之后有活动，直至上元灯节，甚至节后还有外藩蒙古的陛辞。康熙帝令礼部照常赏赐外藩蒙古亲王、郡王、贝勒、贝子、公之外，又赏赐内库貂皮蟒袍、帽、带、靴等物。举行了宴会，还观看了外藩蒙古的射箭。十四日行祈谷礼、十五日灯节举行活动，都有外藩蒙古活动。请看：

十四日辛酉。早，上诣大享殿，行祈谷礼。午时，宴王、贝勒、贝子、公等，内大臣、满汉大学士、三旗都统、尚书、副都统、侍郎、学士、侍卫等官宴，乐舞作，进酒。上召外藩王、贝勒、贝子、公等，至御座前，亲赐饮。又召内大臣、大学士、都统、尚书等至御座前，亲赐饮。宴罢，众谢恩毕，回宫。

十五日壬戌。早，上御太和殿视朝。文武转升官员谢恩毕，回宫。复御乾清门，听部院各衙门面奏政事。巳时，又御保和殿，乐舞作，进酒。上召外藩王、贝勒、贝子、公等，至御座前，亲赐饮；太吉等入殿内，赐饮。宴罢，众谢恩毕，回宫。

这两日的宴饮活动，康熙帝都请外藩王、贝勒、贝子、公等出席并召至御座前，亲自赐酒。到了二十日早，康熙皇帝御乾清门听政后：

来朝元旦外藩王等陛辞礼毕，上召王、贝勒等于丹墀下。各赐茶毕。

至此，从康熙十年十二月下旬来京朝贺的外藩蒙古在京逗留一个来月才离京返回，可谓节庆活动热烈而持久。

在雍正时期，由于新皇帝要三年守丧，停止元旦朝贺，雍正四年才恢复元旦朝贺。前来朝贺的外藩蒙古受到清廷的热情接待，雍正帝御保和殿，以岁暮宴朝正外藩：

诸乐并作，上进酒毕，令左翼科尔沁和硕土谢图亲王阿喇布坦，右翼喀尔喀厄尔得尼毕什勒尔图札萨克图和硕亲王、多罗额驸策妄扎卜至座前，上亲授饮，其余贝勒、贝子、公、额驸、台吉、他布囊等俱令侍卫分觞授饮於坐次，宴毕，众谢恩，上回宫。

正月初一日：

辰时，御中和殿升座，内大臣、侍卫及内阁、翰林院、礼部、都察院、詹事府等衙门官员庆贺元旦礼毕，御太和殿升座，诸王、贝勒、贝子、公、文武官员、来朝外藩蒙古王、贝勒、贝子、公、台吉等，朝鲜等国使臣进表行贺礼，礼毕回宫。诣寿皇殿行礼毕回宫。

午时，复御太和殿升座，诸王贝勒、贝子、公、内大臣、侍卫、文武官员、朝正外藩王等宴。

元旦来朝外藩蒙古王、贝勒、贝子、公、台吉等行贺礼，雍正帝再次宴朝正外藩。

十四日，以上元令节，午时雍正帝御正大光明殿，赐朝正外藩及内大臣、侍卫、大学士等宴。十五日，午时，以上元雍正帝复赐朝正外藩左右两翼诸王、贝子、公、额驸、台吉、他布囊及内大臣、侍卫、大学士等宴。

雍正五年元旦期间赏赐前来朝贺外藩蒙古有特色，正月十六日：

午时，上幸丰泽园，升黄幄御座，赐朝正外藩诸王、贝勒、贝子、公、额驸、台吉等宴，奏蒙古乐，上进酒毕，令诸王、贝勒、贝子、公、额驸、台吉等依次至御座前，上亲授饮，并赐玻璃杯、鼻烟壶、合包等物有差。宴毕，众谢恩，上回宫。

宴请朝正外藩奏蒙古乐，并赐玻璃杯、鼻烟壶等高档的新颖礼物。

元旦期间清廷与来朝蒙古也有其他好的互动。十八日：

又元旦来朝之札萨克、喀尔喀、厄鲁特汗王贝勒贝子公台吉等折奏，黄河澄清恭请诵经祈福。奉谕旨：蒙古王等奏请诵经甚是，着照伊等所请诵经，朕亦愿众蒙古地方雨雪应时，伊等及属下身无灾殃，共享逸乐，牲畜蕃滋。朕亦即是释主，况伊等皆离家远来，朕自应资助。令伊等止出佛前香烛之费，其喇嘛食物等项俱由内里颁给。诵完时，着伊等约略给与喇嘛布施。

朝正外藩为清廷诵经祈福，清帝则自称释主亦为众蒙古祈福，清廷承担接待祈福喇嘛的费用。

乾隆帝即位后，也颇重视接待元旦来朝外藩蒙古。乾隆二年十二月辛亥，谕理藩院：

皇考御极，三年释服之后，于初次庆贺元旦来京之蒙古王、贝勒、贝子、公、台吉等及使臣等，俱加恩赏给缎匹。今年年节轮班来京之蒙古王、台吉等，遇朕初次庆贺元旦，著于常例赏银外，仍照雍正四年皇考特恩赏给之例，加恩赏给蒙古王、贝勒、贝子、公、台吉等及使臣等缎匹。

乾隆帝继承了皇父厚赐朝正外藩蒙古的政策。乾隆四年十二月甲午，谕理藩院：

本月二十四日，著在中正殿西厂子内，照去年之例，赏赐蒙古等饭食。嗣后每年赏给蒙古等饭食之处临时提奏。召车臣汗达玛林等王、贝勒、贝子、公、札萨克、台吉、和硕额驸等赐茶。谕曰：尔等朝贺元旦，来请朕安，故召入尔等赐茶。二十四日，仍照上年之例，赐尔等饭食。现今准噶尔台吉噶尔丹策零遣使臣哈柳前来，一切俱遵朕所降谕旨入奏，从此边陲宁谧。每年尔等来京，我君臣常可如此庆会，永享升平之福矣。

乾隆帝表达了隆重接待朝正外藩蒙古的目的，通过巩固满蒙关系，加强满洲皇帝与蒙古贵族君臣从属关系，使边陲宁谧，即“我君臣常可如此庆会，永享升平之福矣”。

## 四、元旦朝贺中的表笺问题

元旦朝贺制度重要环节之一，是臣下、藩属向帝后敬上表笺。

清朝元旦朝贺进表制度奠基于顺治年间。清一定鼎中原，立即遇到朝贺问题，顺治元年订立朝贺制度。朝贺制度包括贺表的制作：

顺治元年定：万寿、元旦、冬至三大节，在京王公暨文武百官各进贺皇帝表文一通。表文由内阁撰拟，表袱、表匣，由工部备造。如遇特典应进庆贺表笺，则内阁临期撰拟，在外直省文武各官进贺表笺，均敕内阁撰拟定式，颁发各布政使司、按察使司、都司、直隶各府州，各差官赍进。

元旦进贺表文由内阁撰拟，皇帝三大节庆贺，宣表官宣读。

朝贺制度的内容还包括贺表的表式。顺治元年题准了三大节庆贺皇帝表式、庆贺皇后笺式，具体内容是：

是年题准庆贺皇帝万寿、元旦、冬至表式，在京称某亲王臣某等，诸王贝勒文武官等；在外称某官臣某等，诚欢诚忭，稽首顿首上言。伏以德统乾元，首正六龙之位；建用皇极，宏开五福之先。恭惟皇帝陛下率育苍生，诞膺景命。寰区和协，声教覃敷，四海一而万国来，王川岳灵而俊乂斯出。太平有象，历服无疆。

臣等恭遇熙朝，欣逢圣诞（元旦、长至在外官于此下增“身羁职业，心恋阙廷”二句），伏愿烛长调，庆雍熙于九牧；金瓯永固，登仁寿于万年。臣等无任瞻天仰圣，欢忭之至，谨奉表称贺。以闻。

又题准庆贺皇后千秋、元旦、长至笺式（具官至上言同前）：伏以祥凝璇室，仰内治之宏，昭瑞霭椒宫；庆母仪之光，大敬惟皇后殿下。

安贞表范，恭俭垂型，博厚协载物之仁；恩隆逮下，肃雍赞齐家之化，德茂承天。臣等（以下式同前）欣逢令节（元旦、长至），伏愿徽音益著，弥增彤管之辉；景福骈臻，永纪瑶编之盛（以下式同前）。

又定，凡表并用小字楷书，表文前上面黏黄帖一方如印大，帖下用印，黄帖所书如万寿书进贺万寿表文，元旦书进贺元旦表文，冬至书进贺冬至表文，末后年月日上亦用印，束封上用黄帖上所书如前，黄帖下用印，印下书某官臣某上，进谨封于上，进谨封字上用印，副本用手本，小字楷书后年月日上用印，黄绫裱褙袱匣，笺文缮书，印封皆与表同。

顺治年间，清廷制订了三大节直省文武五品以上官各进贺表文、贺本体式的内容。规定：

八年，定元旦、冬至直省文武五品以上官各进贺皇太后表文，皇帝表文，皇后笺文，布政使及参政、参议、道等官每节共进表二笺一，按察使及副使佥事、道等官每节共进表二笺一，盐运使、各府、直隶州、衍圣公每节各进表二笺一，总兵官、副总兵、参将、游击等官每节各进表二笺一，都司、行都司各卫每节各进表二笺一,万寿节只进皇帝表一，总督、巡抚不进表笺，凡遇庆贺大典具本庆贺。

九年谕：贺表、贺本体式不同，近来贺本均用表体，著撰拟本式颁发通行。钦此。

规定清朝文官道以上、武官总兵以上，元旦进庆贺表笺。

康熙年间增加、完善了元旦朝贺进表制度。这时的增加元旦朝贺进表内容，首先是围绕庆贺太皇太后、皇太后进行的。康熙元年圣祖仁皇帝上太皇太后、两宫皇太后尊号礼成，相应的朝贺制度也出现了。此后，又增订了地方官朝贺表笺汇进制度、皇太子朝贺笺式、庆贺表笺讹书遗漏并颠倒违式议处、改表笺专官赍送为督抚汇送、庆贺表笺通省统用火牌专遣承差赍送、衍圣公庆贺表笺仍令专差赍送、朝鲜国王庆贺表笺令照式缮进等规定。

雍正帝修订了庆贺表文的文字，将顺治元年的“寰区和协，声教覃敷，四海一而万国来，王川岳灵而俊乂斯出”，改为“抚时出政，八风顺而嘉谷蕃昌；受箓敷猷，万国宁而俊民乐育”。原来的内容说的是国家的一统和万国来朝，现在则强调天人合一与天下太平，显得清朝统治符合天命民心。

乾隆帝即位后，庆贺表文的文字有修订，主要改动之处仍是雍正表文中的相同位置，即改为：“顺时熙际，百昌遂而万国和绥；御宇绥猷，四序调而兆民乐利。”所改词语沿袭了雍正表文的含义。此外，表文开头部分的“宏开五福之先”改为“肇开五福之先”，后面的“历服无疆”改为“福祚无疆”，改掉的“宏”“历”二字发音及“历”字字形同皇帝的名字“弘历”相同，应是为了避讳。乾隆六十年为明年高宗登太上皇帝位，题准庆贺太上皇帝元旦表，表文形制与皇帝表文同，而文字改变。

嘉庆元年（1796 年），题准庆贺皇帝表文又进行了改动，主要改动之处仍是乾隆表文中的同一位置，即改为：“萝图席瑞，共球集而万国来同；黼扆佞鳌，陬澨恬而八方和会。”道光元年（1821 年），题准庆贺皇帝表文也在相应位置改动：“黄图锡羡，车书集而万姓诚和；紫宙延洪，府事修而百昌乐育。”咸丰元年（1851 年）也不例外，题准表文中改为：“义图席瑞，百昌遂而万国来同；轩境抚辰，四序调而兆民乐利。”这些改动主旨不变，用来称颂万国来朝、天下一统、社会和谐。

同治、光绪两朝则使用文字不同的庆贺皇帝三大节表式，如同治元年题准：

伏以丙驭时乘，应龙飞而翊运；辰居端拱，协凤纪以调元。钦惟皇帝陛下，鼎祚丕昌，乾符在握。化光玉境，四表被而云日就瞻；治阐珠囊，七政齐而风雨调顺。庥征备至，蕃祉无疆。臣等恭遇熙朝，欣逢圣寿（元旦、长至），伏愿黄图锡羡，绥丰胪九有之欢；紫宙延洪，保泰笃万年之祜。

再如光绪元年题准：

伏以圣谟集条理之成，鸿基绍统；至德布中和之化，凤律调元。钦惟皇帝陛下，泰运凝釐，乾符合撰。一人有庆，祥辉开日月之华；万福来同，膏泽慰云霓之望。率土咸安于夏屋，普天齐乐夫春台。臣等幸际熙朝，欣逢圣寿（元旦、长至），伏愿醲恩广被，统京垓亿兆以胪欢；蕃祉延洪，合位禄寿名而献颂。

同光两朝的庆贺皇帝三大节表与以前的表比较，内容发生了较大的变化，万国来朝、天下一统的表达改为歌颂内政，聚焦皇帝，特别是在“臣等之前”取消了一直有的“太平有象，历服无疆”八个字。此时清廷处在多事之秋，确实不配此八字，符合内外交困中举办庆典的用词。

乾隆朝地方官进贺表文有变动。先是乾隆六年三月壬午，增加了地方武官进表：

礼部议准：福州将军策楞奏：凡恭遇皇太后圣寿、皇上万寿、皇后千秋及元旦、长至令节，各省将军、都统、副都统向不表贺，大典未备。请照督抚例恭进贺笺，标下中军副将照各营副将例，移部恭进。从之。

后至十八年又取消了藩臬、副将附进表笺：

又谕：元旦、长至、万寿、三大节，外省文员臬司以上，武员副将以上，例得随进表笺称贺。朕思督抚提镇、封疆大员事皆专达，表贺为宜。藩臬、副将既不得专达章疏，其由督抚附进表笺亦可不必。且不过由部送阁存贮，并不呈览，此亦向来虚文陋习，甚无取焉，其概行停止。

元旦朝贺除了进表之外，奏折制度普及与制度化后，元旦上折庆贺请安形成了惯例，此点乾隆朝表现得比较明显。乾隆十二年正月，谕军机大臣等：“刘统勋叩贺元旦奏折，于初二日始到，已过元旦矣。在赍折之人固属无知迟缓，而刘统勋身为大臣，岂不知庆贺典礼，乃不豫嘱来人，先期恭进，殊属不合。著传旨申饬之。”可见，清朝大员元旦前上奏庆贺皇帝已经是“典礼”，刘统勋的庆贺奏折晚到，被皇帝斥责。三十一年十二月，乾隆帝指出：“外任副都统、总兵等如恭遇皇太后万寿圣节并元旦令节，自应具折请安。”也证明元旦上折庆贺请安制度的存在。

总而言之，清前期元旦节庆制度的形成有一个过程。清在入关前的天聪元年、天聪六年、崇德元年开始有元旦朝贺礼的实践，入关后的顺治初年很快制定了元旦朝贺礼的基本制度，康熙年间这一制度得到完善，由于孝庄太皇太后地位崇高，康熙帝对皇祖母格外孝敬，制定了庆贺太皇太后的元旦庆贺制度，随之完善皇太后与皇后的相关制度。雍正、乾隆时期对于元旦朝贺制度只是个别补充、调整，乾隆时期元旦庆贺制度完成。清代后期元旦节庆制度变化不大。

清代元旦朝贺制度不断形成的过程，显示出皇帝通过这一制度强化了皇帝的权威。乾隆帝即位不久就说：“如元旦朝贺请朕吉服升殿，朝正固国家之吉典，然群臣实为朕一人称庆。”当然，他也不否认：“元旦乃天下臣民公共之大节。”庆贺表笺、奏折请安不断确认君臣制度，互赠的礼物密切君臣关系。每当新帝继位，元旦庆贺表文内容有所调整，以寄托政治理想，清朝通过朝贺进表不断表达其统治的正当性。

清代外藩蒙古的元旦朝贺活动及其制度，构成了鲜明的特色。乾隆帝自称隆重接待朝正外藩蒙古，可以巩固满蒙关系，加强满洲皇帝与蒙古贵族君臣关系，使边陲宁谧，即“我君臣常可如此庆会，永享升平之福矣”。

将少数民族纳入清朝官僚体系之内，还表现在喀什噶尔、叶尔羌、阿克苏管理地方的阿奇木伯克朝贺，被列入大臣之次，属于清朝的地方官，使阿奇木伯克“益晓敬君之道”。此举彰显了朝贺的政治意义，也是清朝多民族国家整体的特色。

（说明：本文是常建华《清朝宫廷元旦节庆制度初探》一文的压缩版，原文载故宫博物院编《明清宫廷史学术研讨会论文集》第二辑，北京：故宫出版社，2017 年）

# 附录3　江南的“走三桥”与中国岁时节日文化

江南的桥文化中，有在正月灯节“走三桥”的民间习俗，也成为开展旅游的项目。如到过苏州同里古镇的人知道，导游会介绍当地的“走三桥”。昆山锦溪镇官网上的文章《锦溪桥文化》，介绍锦溪说：“围绕着桥，锦溪还有许多民间习俗，‘走三桥’就是其中之一。”那么江南的“走三桥”形成于何时？表达何种意义？在弘扬地域文化开展文化保护与旅游开发的当下，我觉得是值得探讨的问题。目前报刊、网站上有关“走三桥”的文章有一些，但是介绍的文字往往似是而非，有必要深入研究。

## 一、江南“走三桥”习俗至少形成于明代

介绍江南“走三桥”习俗时引证最多的文献，是清中叶苏州人顾禄论述苏州岁时节日的名著《清嘉录》。该书成书于道光初年，卷一“走三桥”条说：

> 元夕，妇女相率宵行，以却疾病，必历三桥而止，谓之“走三桥”。

案：长、元《志》皆载“上元，妇女走历三桥，谓可免百病”。明陆伸《走三桥词》：“细娘分付后庭鸡，不到天明莫浪啼。走遍三桥灯已落，却嫌罗袜污春泥。”刘侗《帝京景物略》谓之“走百病”。吴郡此风，昔废今传，故乾隆《吴县志》删去。[1]

人们往往以此为据，指出清代苏州正月十五灯节盛行的“走三桥”习俗，而常忽略顾禄案语所引的二种明代资料。陆伸《走三桥词》这首充满情趣的诗歌刻画了一位美女走三桥前后的娇嗔心态，证明明代江南已有“走三桥”习俗。而检刘侗《帝京景物略》所引原文，则是“走桥”，非谓“走百病”[2]。《帝京景物略》卷二《城东内外·春场》记载：

（正月）八日至十八日，集东华门外，曰灯市。贵贱相遝，贫富相易贸，人物齐矣。妇女着白绫衫，队而宵行，谓无腰腿诸

1 顾禄：《清嘉录》，中华书局，2008 年，第 58 页。

2 明代北京的灯节“走桥”习俗亦称“走百病”，参见后文明人沈榜《宛署杂记》的记载。可能顾禄是凭印象记载刘侗《帝京景物略》的内容，导致将“走桥”说成“走百病”。

疾，曰走桥。至城各门，手暗触钉，谓男子祥，曰摸钉儿。[1]

可知北京也有灯节走桥习俗，是为了祈求“无腰腿诸疾”，只是并未指出走桥的次数。此外还有暗中摸钉象征生男子的习俗。

我们还需要更多的资料证明“走三桥”习俗。在明代，太仓州隶属苏州府。嘉靖时所修《太仓州志》卷二《风俗》明确记载：“老媪多率妇女历三桥，云过三桥可免百病，故又名走百病。”这足以证明，明代苏州地区已经形成走三桥的习俗。

明代江苏的其他地区也有灯节过桥的习俗，如南京地区的嘉靖《六合县志》卷二《人事志·风俗》记载：“妇女多于十六夜静时相携出行，谓之走百病，仍以越桥梁为美。”万历《扬州府志》说：“十六日夜女伴盛妆出游，俗谓走桥。”扬州地区的崇祯《泰州志》卷一《职方志·风俗》也说：“十六夜更阑人静，女伴相携出行，曰走桥。有乞子者，取砖密藏以归。”不过这些记载并没有说是要过三桥。

---

1 刘侗、于奕正：《帝京景物略》，上海古籍出版社，2001 年，第 101 页。

江南以外，福建也有灯节过桥习俗，如嘉靖《福清县志》记载：“通城女人朝同拜佛、谒庙，夜共看灯过桥，簪青麦而回。男子避道，犯礼者罪之，游行五夜而罢。”特别是福建也有“走三桥”习俗，称为“转三桥”。福州长乐人谢肇淛《五杂俎》卷二《天部二》指出：

天下上元灯烛之盛，无逾闽中者。闽方言，以灯为丁，每添设一灯，则俗谓之“添丁”。自十一夜已有燃灯者，至十三则家家灯火，照耀如同白日。富贵之家，曲房燕寝，无不张设，殆以千计，重门洞开，纵人游玩。市上则每家门首，悬灯二架，十家则一彩棚。其灯，上自彩珠，下至纸画，鱼龙果树，无所不有。游人士女，车马喧阗，竟夜乃散。直至二十外，薄暮，市上儿童即连臂喧呼，谓“求饶灯”，大约至二十二夜始息。盖天下有五夜，而闽有十夜也。大家妇女，肩舆出行，从数桥上经过，谓之“转三桥”。贫者步行而已。余总角时，所见犹极华丽。至万历乙酉春，不戒于火，延烧千余家，于是有司禁之，彩棚、鳌山，渐渐减少，而它尚如故也。火灾自有天数，而士女游观，亦足占升平之象，亦何必禁哉！[1]

可见福建不仅有灯节妇女“转三桥”习俗，而且以添灯隐喻“添丁”。再如明万历十六年举人闽县人徐𤊹（字惟和），写有《闽中元夕曲》[2]，其中有句：

妖姬三五佩阑珊，踏碎香尘月影寒。
忽听流星天上起，共停莲步转头看。
彤襜（衣襟，chān）高揭露妖娇，月色灯光映翠翘。
年少路傍虚送目，良家女伴转三桥。

可见“转三桥”是福建“良家女伴”灯节的群体行为。

其实，我们在明代南、北方的不少地方志里都可以看到灯节走桥的记载，可是目前发现“走三桥”（转三桥）的资料只有江南

1 谢肇淛：《五杂俎》，上海书店出版社，2009年，第20页。

2 徐𤊹：《幔亭集》卷14。

与闽中，苏州地区的“走三桥”仍是具有特色的。

## 二、“走三桥”源于岁时度厄习俗

关于进行“走三桥”的时间，吴地旧俗是妇女于元宵或正月十六夜相率出游。嘉靖《太仓州志》强调的是“老媪多率妇女历三桥，云过三桥可免百病，故又名走百病”。《帝京景物略》说为了“无腰腿诸疾”。顾禄《清嘉录·走三桥》则说：“妇女相率宵行，以却疾病。”都是说要免除疾病，属于度厄习俗。

那么为何在灯节要度厄呢？清人褚人获《坚瓠续集》卷二认为：

正月十六日，古谓之“耗磨日”，官私不开仓库。唐张悦(当为“说”)诗云：“上月今朝减，流传耗磨辰。还将不事事，同醉俗中人。”金与元国俗，正月十六日谓之“放偷”，契丹呼为鹘里叵（pǒ），华言“偷时”也。……而燕地正月十六夜之走街，恐亦遗俗也。

据此可知，正月十六日，古代有“耗磨日”的说法，即是日损耗东西，于是官府私家不开仓库。唐代张说的诗文说管理仓库的人因放假休息而放饮醉酒[1]。金与元两朝国俗，正月十六日谓之“放偷”日，可以偷拿东西，北京、河北北部一带正月十六夜晚有走街活动，可能其遗俗。循此思路，看来正月十六日作为特殊的日子，早在唐代就有，延续到金元时期，产生了正月十六日晚外出走街之俗。

不过文献主要是地方志记载这种“走街”之俗是在明代，并称为“走百病”。综合明代地方志的记载，走百病即灯节夜行以祛除疾病。此俗一般是在正月十六日夜进行，也有于十五日夜或其后三五日以内进行的。走百病是绝大多数地区的叫法，也有称“散百病”的，走百病在一些地区是男女一起进行，从明代河北丰润、山西曲沃、河北威县的情形看，走百病要登桥陟阜、游诣

1　关于唐宋时期耗磨日习俗的探讨，参见常建华:《岁时节日里的中国》，中华书局 2006 年，第 441~442 页。

寺庙。更多的地方走百病是女性进行，虽也有妇女“谒庙”的记载，但更多的是过桥，甚至有的地方干脆把走百病称为过桥。[1]笔记也有记载，《五杂俎》说：“齐、鲁人多以正月十六日游寺观，谓之‘走百病’。”[2]

明代走百病习俗的记载中，以北京的记载最为丰富、细致，如明人沈榜《宛署杂记》卷一七说：

> 走桥摸丁，祛百病。正月十六夜，妇女群游祈免灾咎，前令人持一香辟人，名曰走百病。凡有桥之所，三五相率一过，取度厄之意。或云终岁令无百病，暗中举手摸城门钉一，摸中者，以为吉兆。

可以看出，正月十六日夜晚出行的习俗，明代主要由妇女进行，已经从“走街”变为“走桥”之举，取度厄之意，终岁令无百

1 常建华：《明代岁时节日生活》，《中国历史上的生活方式与观念》，台北：馨园文教基金会，1998 年，第 53~54 页。

2 谢肇淛：《五杂俎》，上海书店出版社，2009 年，第 21 页。

病。也就是将过桥度厄这种空间行为转换为终岁却除百病的时间保障，这一“过渡仪式”正是走桥的意义所在。

关于“过渡礼仪”，这是一种仪式理论。法国学者阿诺尔德·范热内普著《过渡礼仪》提出：“凡是通过此地域去另一地域者都会感到从身体上与巫术—宗教意义上在相当长时间里处于一种特别境地：他游动于两个世界之间。我将其称为‘边缘’。而且，本书目的之一就是证明这种精神上和地域上的边缘会以不同程度和形式出现于所有伴随从一个向另一个巫术—宗教性和社会性地位过渡之仪式中。”[1]范热内普借鉴弗雷泽《金枝》的研究指出：“通常，冬去春来是分割礼仪；夏季到来形成聚合礼仪；或是在其他情况下，冬天为死亡，夏天或春天为再生。”[2]他接着说：“由于过渡礼仪模式此前没能被正确理解，因而还有整个一类型礼仪没能被完整阐释，即与月亮周期有关的仪式。弗雷泽搜

1 ［法］阿诺尔德·范热内普：《过渡礼仪》，商务印书馆，2010 年，第 15~16 页。

2 ［法］阿诺尔德·范热内普：《过渡礼仪》，第 130 页。

集描述过相当多此类例子，但只看出其成分之一，即感应礼仪。月亮周期与植物生长和凋谢、动物及人类生死之呼应是人类最古老的信仰之一。……但我需要指出，当无月亮时，不但是个人实际生活，而且包括较大社会或特定群体之生活便出现一种暂停，因此构成边缘期。于是，所论及仪式之目的恰恰是终止此暂停阶段，以保证所期望的完整生命力的到来，从而使月亏之衰弱为暂时，而非永久性。这正解释出为何从此类仪式中产生出重续、周期性死亡和再生的思想，为何与月亮各阶段，或只是满月时刻有关的礼仪具有分隔仪式、进入礼仪、边缘礼仪及有关出发礼仪之特性。”[1] 因此，产生于月初亏之夜的过桥习俗，的确是表达“度厄”观念，去掉危及生命的百病，达到再生的目的。因月亮属于阴性，故“度厄”习俗主要体现在女性进行，为了再生，又产生祈嗣习俗。

---

1 ［法］阿诺尔德·范热内普：《过渡礼仪》，第 131 页。

## 三、“走三桥”与江南地方文化

值得注意的是，《宛署杂记》《帝京景物略》均记载了正月十六日夜举手摸城门钉的习俗，认为摸中为吉兆。这是因为灯与丁谐音，灯节摸钉，寓意得到人丁，属于祈嗣行为，因此祈嗣行为也注入了灯节习俗当中。

前引崇祯《泰州志》说，正月十六夜除了走桥，“有乞子者，取砖密藏以归”。推测此俗的意思可能是窃子吧，类似摸钉的愿望。由此可见，乞子习俗在扩大。

在明代走百病的习俗里，江南以“走三桥”引人注目，可以视为走百病习俗传承过程中发生的变异。前引文献资料证明，“走三桥”就是“走遍三桥”“必历三桥”，即走三座桥。在中国文化中“三”者言其多，“三桥”应当是与“百病”对应，祛除诸多疾病。此外，“三”亦属阳数，以兆得男。

不过，在“走三桥”习俗的传承过程中，许多地方被固定在特定的三座桥上，如毗邻苏州的南通，嘉庆《如皋县志》卷一〇记载："妇女相携游集贤里及泮池，曰'走三桥'，谓文德、武定、集贤桥也。"这里的走三桥要到文庙，堪称雅事。《如皋县志》接着还说"祝孕者密携桥甓以归"，类似于前面提到的泰州取砖密藏以归。

民国修《月浦里志》反映的是今上海宝山一带的情况，记载当地正月十六日"妇媪率子女历三桥（其三桥曰太平、曰吉利、曰安乐），云走三桥，免百病，故又谓之走百病"。

在吴江同里镇，据说"走三桥"主要走位于镇中心的太平、吉利、长庆三座桥。三桥间距约 40 米，其中两桥在一条河上，一桥在两河交汇处。镇上居民婚宴喜事、生日庆贺、婴儿满月，都要"走三桥"以图吉利幸福。"走三桥 "的含义在传承中扩大到人生仪礼的诸多方面。如今"走三桥"习俗已成为游客喜欢的旅游项目。

上述同里、月浦"走三桥"中有两座桥的名称相同，皆为太平、吉利，应当说这反映了人们共同的对于社会安定、人生幸福的期待。桥在中国文化中有度厄却病的功用，成为表达幸福吉祥美好愿望的所在，“走三桥”的意义正在于此。

前引顾禄《清嘉录·走三桥》中说到长洲、元和的地方志皆载当地上元灯节妇女走历三桥，我查阅了乾隆时长洲、元和两县的县志，确实都记载灯节“妇女走历三桥，云可免百病”[1]。然而，顾禄还说“吴郡此风，昔废今传，故乾隆《吴县志》删去”。如何理解呢？我推测明代江南的“走三桥”习俗在清初因鼎革之际战事对社会的冲击及经济凋敝废弛，清中叶随着社会稳定与经济恢复，“走三桥”习俗转盛，乾隆时长洲、元和的地方志皆记载了恢复的“走三桥”习俗，而与长洲、元和同属苏州附郭县的乾隆《吴县志》则删去此俗，说明苏州“走三桥”习俗转盛是很有限度的。不过顾禄的《清嘉录》特列出“走三桥”一条记载此俗，说明“走三桥”习俗在道光时期仍传承不辍。

苏州锦溪古镇，据说桥梁密度举世罕见，不足1平方公里的

1 李光祚、顾禄修：《长洲县志》卷1《风俗志》，清乾隆十八年（1753年）刻本；许治、沈德潜、顾禄修：《元和县志》卷10《风俗》，清乾隆二十六年（1761年）刻本。

老镇区就有古桥 36 座，而且大多数古桥保存完好，桥柱、楹联、碑刻保存俱全，形成了锦溪独特的“桥文化”。

不过我从网上搜到的资料，锦溪的“走三桥”有两种说法，一说锦溪三桥为天水桥、丽泽桥、鸿福桥。它们构成“品”字形，跨于交通河、锦溪河三叉交汇处，三桥又几乎成等腰三角形[1]。另一说锦溪走的“三桥”是锦溪桥、永福桥和太平桥，这三座桥集中在锦溪街上，成平行状依次排列[2]。锦溪的“走三桥”习俗值得继续研究，从而使“走三桥”古俗得到保护与开发。

---

1 昆山市三中心小学陆金福：《〈锦溪的古桥〉教学设计》，发表于《信息教研周刊》总第 29 期，2010 年 6 月。

2 记者张欢：《锦溪街：铅华洗尽也从容》，引锦溪镇历史文化研究会工作人员周新民之说，来源：昆山日报网。

# 附录4　三教合一话中元

摘要：中国传统节日中，中元节宗教性最强，儒释道三教合一回答人的终极关怀问题。佛教盂兰盆斋节所讲目连救母故事同儒家伦理的孝道契合，被民众接受。南北朝时期至唐代流行盂兰盆会，宋代盂兰盆会活动成为民俗的一部分，明清时代盂兰盆会风俗尤盛于南方。地官赦罪是道教中元节的主题，借鉴了佛教思想。唐诗中多有以中元日为题的诗歌，中元一词及其节俗已流行民间。中国古代有秋成向祖先荐新的礼俗，佛道宣扬超度亡灵，恰好和民间观念结合，使七月十五日成为祭祖荐新的日子。中元用麻谷向祖先荐新告秋成，又称麻谷节。中元烧衣、烧纸钱习俗传承明清，发展出烧包袱之俗。皇家礼制在七月十五日谒陵祭祖。照幽冥之苦、救度野鬼的放河灯流行于僧俗，清帝喜欢中元在河北承德避暑山庄观放河灯。

关键词：三教合一　中元　盂兰盆　鬼节　烧包袱　放河灯

农历七月十五日，为孟秋望日，俗称“七月半”。民间将该日作为鬼节，有祭祖等活动，佛教在这天要做盂兰盆会，也是道教的中元节。宋以来儒释道三教合一，“中元节”成为七月十五日节日的统称。

在中国传统节日中，中元节是宗教性最强的，作为宗教总是要回答人们的终极关怀，解决人生最重视的问题，特别是面对死亡提出自己的主张，儒释道在中元节从不同角度就扮演了这样的角色。中元节的核心问题是如何认识死亡，儒释道三者通融互补，解决了人们面临的困扰。我们从中元节的特色可以了解到中国文化的特色，了解到民间信仰的特色，了解到民众的日常生活特色。

## 一、以儒入释的盂兰盆会

佛教自西汉传入中国以后，迅速发展，被国人接受，普及社会，主要原因在于弥补了中国文化中对于人们死后世界想象的不足。我们知道，儒家文化有强烈的人文主义倾向，重视现实，重视人世，没有关于死亡的系统理论，孔夫子说“未知生，焉知死”，对死不甚关心。孔子“不语怪力乱神”“敬鬼神而远之”“未能事人，焉能事鬼”的思想，对于灵魂不死鬼神观念持怀疑态度。他还反对殉葬，谴责“始作俑者”。儒家主张生命的价值体现在建功立业上，从司马迁的“人固有一死，或重于泰山，或轻于鸿毛”，到文天祥的“自古人生谁无死，留取丹心照汗青”，反映了这种生死观。

但是在人们普遍相信灵魂不死的现实中，死亡理论的不完整，无疑在当时人看来，是一种缺憾。佛教的传入正是对这一理论的弥补，佛教把人生看作无可留恋的痛苦，把对幸福的向往寄托于天国，认为灵魂可以脱离肉体永远存在，来世转生，人的今世如果能忍受一切苦难，虔诚地信佛，来世就可以得到幸福。反之如果今世不做善事，死后要下地狱，受到无边的苦难。这种轮回报应说，完整地回答了人死后的出路，给对人死后去向迷茫的古人以答案。佛教有关死后世界、地狱的描述，大大丰富了国人的认识。

佛教传入中国后为了被国人接受，迎合中国文化重孝的传统，巧妙结合。古天竺有《盂兰盆经》无盂兰盆斋节，西晋竺法护将该经译为《佛说盂兰盆经》，“盂兰盆”三字是梵语“倒悬”的音译。后世将盛放盂兰盆斋会供养的容器称作“佛盆”，来源于此。《佛说盂兰盆经》讲的是目连救母的故事，这个故事的主题是昭告佛弟子们“行孝顺”，同“孝悌为本”的中国儒家伦理甚是契合，成为僧侣在忠孝观念根深蒂固的汉地民间，为佛教招徕信众的宣传工具。七月十五日讲诵《盂兰盆经》的斋会，首先在汉传佛教寺院中应运而生。“竺法护译的《佛说盂兰盆经》，大约即在东晋初年由南渡僧传至建康及三吴地区，最早的盂兰盆斋会亦始于两晋之际，流行在西北地区和东南地区的一些寺院中，由于其倡孝的主旨同中国的伦理传统契合，盂兰盆斋节遂从寺院进入宫廷，传布民间，近千年而不衰。”[1]佛教寺院的盂兰盆节为民众当世乃至七世父母追福，牵动万千人家的心，既为官方采纳，又被广大百姓所信仰。[2]

---

1　张弓：《中古盂兰盆节的民族化衍变》，《历史研究》1991 年第 1 期，第 137 页。

2　谭蝉雪：《敦煌岁时文化导论》，台北：新文丰出版公司，1998 年版，第 271 页。

目连救母的七月十五日又是佛教“解（结）夏”［又称解（结）制］之日。佛教于四月十五日开始禁足以护生，即在外行走恐伤草木虫类，于是安居九十天，称为解夏或解制，至七月十五日结束，可以四处行走。七月十五日是众僧功德圆满之期，这天修供，其福可报百倍。因此信佛者在七月十五日作“盂兰盆会”，具有庆祝解夏和救母两重含义。

目连救母故事带给人一个冥界。中国早期对于冥间的认识，是将“黄泉”作为地下的生命归宿，传说泰山脚下是地下世界的入口处。约 8 世纪出现的《目连救母变文》揭示了地狱有“六道”，提供了有关冥间最详尽的描述。“变文的宇宙观清楚地表达出在中国宗教中前所未有的观念与形象。其诸狱预示了后来成为中国民间宗教基本世界观的体系，它提到的地藏菩萨反映出民俗信仰上的若干新发展。”[1] 此外，《阎罗王授记四众经》描述了冥间

---

1 ［美］太史文著、侯旭东译：《幽灵的节日：中国中世纪的信仰与生活》，杭州：浙江人民出版社，1999 年，第 159 页。

十廷。鬼节的宇宙观“对最大多数的目不识丁的中国人，那些以向佛、菩萨及冥间官司布施作为家庭生活内在部分及葬礼中不可缺少的部分之人吸引力最强”[1]。更重要的是，佛陀教导目连及所有孝子在众僧解夏时供养他们。众人从今以后应以僧伽为媒介，而不应直接向祖先献祭。“通过将僧众作为一必要群体融入连接祖先与子孙的交换循环中。”[2]

南北朝时期流行盂兰盆会。最早记载盂兰盆节行事的是南朝梁宗懔的《荆楚岁时记》，说七月十五日，僧尼道俗都设置盂兰盆会供养众佛。梁武帝萧衍时盆斋由佛殿进入宫廷，《佛祖统纪》说，大同四年（538年）梁武帝到同泰寺，设盂兰盆斋。南朝梁时从皇帝、僧尼到民间信徒，在七月十五日做盂兰盆会已相当普遍。北齐颜之推所撰《颜氏家训・终制篇》说：“及七月半，盂兰盆望于汝也。”[3]反映出北方已有盂兰盆信仰。

---

1 [美]太史文著、侯旭东译：《幽灵的节日：中国中世纪的信仰与生活》，第173页。

2 [美]太史文著、侯旭东译：《幽灵的节日：中国中世纪的信仰与生活》，第175页。

3 [北齐]颜之推：《颜氏家训・终制篇》，长沙：岳麓书社，1999年版，第269页。

唐代盂兰盆会仍盛行宫廷。《唐六典》规定中尚署七月十五日进盂兰盆。武则天出于政治需要，力倡佛教。如意元年（692年）七月，她在洛阳城南大会僧众，“陈法供，饰盂兰”，杨炯所撰《盂兰盆赋》反映了其盛况。唐代宗也崇佛，曾令百余人于宫中陈设佛像，诵经，谓之内道场。七月望日，于内道场造盂兰盆，饰以金翠，所费百万。又设高祖以下七圣神座，备幡节、龙伞、衣裳之制，各书尊号于幡上，舁出陈于寺观。届时“排仪杖，百僚序立于光顺门以俟之，幡花鼓舞，迎呼道路，岁以为常”[1]。德宗继位后取消内道场，罢内出盂兰盆。

唐代民间也热衷于佛事，贞元年间崔炜在岭南，中元日看到“番禺人多陈设珍异于佛庙，集百戏于开元寺”。[2]唐末至五代初年人韩鄂《四时纂要》说唐人在七月十五日，取佛座下土放在肚脐中，能令人多智，厌火灾。

---

1 ［后晋］沈昫等:《旧唐书》卷118《王缙传》，北京：中华书局，1975年点校本，第3418页。

2 ［宋］李昉:《太平广记》卷34《崔炜》，北京：中华书局，1986年版，第216页。

宋代盂兰盆会活动成为民俗的一部分。宋人吕原明《岁时杂记》记载，北宋的律院多依据经教作盂兰盆斋，人家大率即享祭父母祖先。常以竹竿分成四五足，中置竹圈，谓之盂兰盆。画目连尊者之像插其上，祭毕加纸币焚之。并引魏国公韩琦《家祭式》："近俗七月十五日有盂兰盆斋者，盖出释氏之教，孝子之心，不忍违众而忘亲，今定为斋享。"[1]反映出佛教对七月十五日祭祖活动的影响。《嘉泰事类·假宁格》记载，宋代中元节休假三天，七月十五日前后各一天。可知至少南宋宁宗时的假期如此。[2]南宋杭州僧寺于七月十五日建盂兰会，"率施主钱米，与之荐亡"[3]。宋人洪迈《夷坚乙志》说："蜀人风俗重中元节，率以前两日祀先，列荤馔以供，及节日，则诣佛寺为盂兰盆斋。"[4]

明清时代盂兰盆会风俗尤盛于南方。正德江苏《姑苏志》记

1 ［宋］陈元靓：《岁时广记》卷30《中元下·祭父母》引，北京：中华书局《丛书集成初编》本，第341页。

2 ［宋］陈元靓：《岁时广记》卷30《中元上·休假务》引，第342页。

3 ［宋］吴自牧：《梦粱录》卷4《解制日》，北京：中国商业出版社，1982年版，第23页。

4 ［宋］陈元靓：《岁时广记》卷30《中元下·见故夫》引，第345页。

载："十五日，僧舍多营斋供，举村荐亡，作盂兰盆会，亦谓之'鬼节'。"[1]嘉靖浙江《萧山县志》说当地"十五日僧舍各营斋供，举村荐亡，作盂兰盆会，谓之'鬼节'。小儿垒砖瓦作浮屠塔，燃灯于中，旋绕而戏"。[2]万历福建《建阳县志》记载："各寺观募化男女建斋荐亡，曰兰盆会。"[3]正德海南《琼台志》记当地盂兰盆甚详："十五日，村落庙堂作盂兰会荐亡。或集二三百人各洁服清斋，手炉朝拜，有佑父母者，有负冤枉者，先三日会斋坛，相率以出，沿村乡道路随行随拜念，致心皈命礼，是日回附斋场团拜，会主预架山斗桥，高二三丈，袤一二十丈，桥门装牛头马面阎罗鬼像，释僧先执锡杖过桥导众，拜者随之逾桥，一步一拜，各有所呼。至斋坛，各于祀先祖处焚疏意纸衣毕，散。"[4]

---

1 正德《姑苏志》卷13《风俗》。又，丁世良、赵放主编：《中国地方志民俗资料汇编·华东卷》（上）引嘉靖志与此同，北京：书目文献出版社，1995年版，第373页。

2 嘉靖《萧山县志》卷1《风俗》，《天一阁藏明代方志选刊续编》本，第70页。

3 万历《建阳县志》卷1《舆地志·风俗》，《日本藏中国罕见地方志丛刊》本，第287页上。

4 正德《琼台志》卷7《风俗·节序》，《天一阁藏明代方志选刊》本，第18页。

清代七月十五日节俗："选僧为瑜珈焰口，造盂兰盆，放荷花灯，中夜开船，张灯如元夕，谓之'盂兰会'。盖江南中元节，每岁妇女买舟作盂兰放焰口，燃灯水面，以赌胜负，秦淮最盛。"[1]北京庵观寺院设盂兰会，街巷搭苫高台坐鬼王，"看演经文，施放焰口，以济孤魂。锦纸扎糊法船，长至七八十尺者，临池焚化。点燃河灯，谓以慈航普度"[2]。

超度亡灵是佛教七月十五日节日的主题，放焰口，点荷花灯，水中放法船皆其形式。目连救母的故事被编为戏曲，广泛演出，影响深远。佛教的思想同祖先崇拜和孝道结合，使盂兰盆斋活动深入民间。

## 二、以释入道的中元节

东汉时，产生了综合道家清静无为、重视养生之道思想和神

---

1 ［清］李斗：《扬州画舫录》卷 6《城北录》，南京：江苏广陵古籍刻印社，1984 年版，第 131 页。

2 ［清］潘荣陛：《帝京岁时纪胜·七月》，北京古籍出版社，1983 年版，第 27~28 页。

仙方术的道教，这种土生土长的宗教认为死亡是痛苦的，生活在现实世界才是一件乐事，追求得道成仙，可使人的形体长生不死，永远过着超脱自在、不为物累的生活。人们通过自身的修炼，可以达到这样的目的。具体方法，一是修心养性，达到清静无为的境地；二是服食矿石药物烧炼的丹药，这种丹药又叫“外丹”。道教对于人死后的世界也缺乏想象力，佛教传入后，为了争夺信众，道教借鉴佛教，构筑人死后的世界。

早在东汉末，五斗米道有“三官手书”。南朝宋人裴松之注《三国志·魏书·张鲁传》“雄据巴、汉垂三十年”句，引三国魏鱼豢《典略》：“请祷之法，书病人姓名，说服罪之意。作三通，其一上之天，著山上，其一埋之地，其一沉之水。谓之‘三官手书’。”三官是指天地水，地官是其一，地有赦罪解病的功能。关于上元、中元、下元的三元思想，据日本学者秋月观瑛的观点，是通过《洞玄灵宝三元玉京都大献经》等，从6世纪中叶至7世纪初，在佛教盂兰盆会的影响下形成的。也就是说道教可能在当时民间节日活动中，把“三官手书”思想改造，附会为三元思想。[1]道教认为天官赐福、地官赦罪、水官解厄，与正月十五、七月十五、十月十五相配，构成三元节的序列。七月十五日作为中元节，被认为是地官的生日，地官赦罪是中元节的主题。张弓先生指出，所谓地官神赦罪，起初也是泛指，并不专指某种罪愆。道教借鉴盂兰盆节"救拔饿鬼"的主旨以后，地官赦罪遂有了赦免饿鬼的特定含义。缺乏神学思辨的传统道教，希图通过佛门经典的借鉴，在饥苦的民间大众中同兴盛的佛教争夺信众。敦煌古本《大献经》的编撰年代可能是在梁武帝初年，道门中元节向佛门盂兰盆节的趋同，可能也开始于这个时代。[2]宗懔《荆楚岁时记》说，七月十五日"僧尼道俗悉营盆供诸佛"。可见已有道教活动踪迹，正值6世纪中叶。

明确记载中元节是在唐代。《唐六典》卷四《祠部郎中》记载了"三元斋"，讲到"七月十五日地官为中元"。宋代王若

---

1 ［日］秋月观瑛：《关于三元思想的形成》，《东方学》22，1961年。

2 张弓：《中古盂兰盆节的民族化衍变》，《历史研究》1991年第1期，第139~140页。

钦等编纂《册府元龟·帝王部》记载，玄宗曾于开元二十二年（734 年）颁敕天下，要求百姓今后每年正月、七月、十月三元，十三至十五日禁断屠宰。《明皇实录》记载："三元日，宜令崇元学士讲道德、南华等经，群公咸就观礼。"[1]唐诗中多有以中元日为题的诗歌，说明中元一词及其节俗已流行民间。

道教对中元节有种种说法。《道经》指出，七月十五日中元，地官校阅，搜选人间，分别善恶。诸天圣众，普诣宫中，简定劫数人鬼，簿录饿鬼囚徒，一时俱集。以某日作元都大斋献，于玉京山采诸花果异物，幡幢宝盖，精膳饮食，献诸圣众。道士于其日夜讲诵老子经。"十方大圣，高咏灵篇，囚徒饿鬼，一切饱满，免于众苦，悉还人中。若非如斯，难可拔赎。"[2]也就是说，中元为地官超度囚徒饿鬼之日。文中的玉京山是道教大罗天之上天帝所居之地。上述《道经》只出现了地官和十方大圣之类泛称，

1 ［宋］陈元靓：《岁时广记》卷 29《中元上·讲道经》，第 332 页。

2 ［宋］陈元靓：《岁时广记》卷 29《中元上·作大献》引，第 331 页。

《道藏经》则更为具体指出，七月十五日乃太上老君同元始天尊会集说法、召十方天帝神仙真圣之日。《真武经》具体记载了元始天尊说“无上至真妙法”的情形。而《正一旨要》更把地官具体化：“九地灵官神仙兵马无殃数众，名山洞府，神仙兵马，同下人间，校戒罪福，大宜拜表上章，祈恩谢过。”[1] 至于超度亡灵，道教有《度人经》，说：“七月长斋，诵咏是经，身得神仙，诸天书名，黄箓白简，削死上生。”[2]

道教给予七月十五日的影响虽不及佛教，但也有相当程度。反映南宋杭州风俗的《武林旧事》说：“七月十五日，道教谓之中元节，各有斋醮等会。”[3] 嘉靖河南《归德志》讲当地“中元，祀三官、上墓、悬麻谷”[4]。明万历时无锡人进士邹迪光罢官乡居，为中元节建无遮道场普度孤魂、保安境土募捐，他说中元“乃佛欢

1 以上所说《道藏经》《真武经》《正一旨要》均出自［宋］陈元靓：《岁时广记》卷29《中元上》，分见《召真圣》《说妙法》《拜表章》诸条，第332、333、333页。

2 《岁时广记》卷29《中元上・诵仙书》，第332~333页。

3 ［宋］周密：《武林旧事》卷3《中元》，中国商业出版社，1982年版，第49页。

4 嘉靖《归德志》卷1《舆地志・风俗》，《天一阁藏明代方志选刊续编》本，第39页。

喜之日，是人拔赎之时，地官按簿以勾稽，天神临宫而简定”[1]。崇祯江苏《常熟县志》说：“中元祭先特谨，俗传地官放假，僧舍多举盂兰盆会。”[2]崇祯浙江《乌程县志》记载：“望日为中元节，相传地官赦罪之辰，人多结会诵经，又斋祀祖考，前二日即有修荐新亡者。”[3]融合佛道于中元一节。中元节也是主宰冥事的城隍出巡之日，十分热闹，宗教信仰者往往持斋诵经。

## 三、释道之节祭祖行孝

七月十五日成为节日，显然是受佛道影响形成的，不过也有一定的中国民间习俗为基础。唐人戎昱《开元观陪杜大夫中元日观乐》有句：“今朝欢称玉京天，况值吴东俗理年。”[4]所谓“理

---

1 ［明］邹迪光：《郁仪楼集》卷44《中元节建无遮道场普度孤魂保安境土募缘疏》，四库全书存目丛书，集部第158号，第782页。

2 崇祯《常熟县志》卷3《风俗·节序附录》。又见《中国地方志民俗资料汇编·华东卷》（上），第373页。

3 崇祯《乌程县志》卷4《风俗·时序》，《日本藏中国罕见地方志丛刊》本，第296页下。

4 ［宋］蒲积中《岁时杂咏》卷28《中元》，上海古籍出版社，1993年版，第189页。

年”，当时有理庄稼年成之意。中国古代有秋成向祖先荐新的礼俗，北宋开封府中元前一日，卖麻谷窠儿，系在享祖所用桌子脚上，“乃告祖先秋成之意”。十五日供养祖先素食，天亮，沿门叫卖穄米饭，“亦告成之意”[1]。吕原明《岁时杂记》对使用“麻谷”也有说明：“取麻谷长本者，维之几案四角。”[2]并说祭父母祖先，用瓜果、楝叶、生花、花盆、米食，略与七夕相近，祭祖活动受七夕影响的情形。南宋中元“卖麻谷窠儿者，以此祭祖宗，寓预报秋成之意。……此日都城之人，有就家祭享者，或往坟所拜扫者”[3]。向祖先“告秋成”是七月十五日的重要内容，祀先荐新成为宋以后中元节的标志，如明嘉靖山东《夏津县志》说：“中元荐新。”[4]崇祯江苏《泰州志》记该地：“中元日盂兰大赦，僧舍作

1 ［宋］孟元老：《东京梦华录》卷8《中元节》，中国商业出版社，1982年版，第55页。

2 ［宋］陈元靓：《岁时广记》卷30《中元下·祭父母》引，第341页。

3 ［宋］吴自牧：《梦粱录》卷4《解制日》，第23页。

4 嘉靖《夏津县志》卷上《地理志·风俗》。又见《中国地方志民俗资料汇编·华东卷》（上），第139页。

会，远近争赴，人家皆祀先荐新。”[1]佛道宣扬超度亡灵，恰好和民间观念结合，使七月十五日成为祭祖荐新的日子。关于祭祖，而且中元节的宗教性受到儒家的影响转向儒化的民俗，典型的事例如明代福建莆田人郑岳（1468—1539年）说本族中元祭祖习俗的演变："中元旧设醮后改为祭矣。”[2]可见宗教性的打醮改为祭祖，祭祖仪式的依据主要是宋以来儒家学者的主张。

使用麻谷向祖先荐新告秋成，以至中元节又称麻谷节。明嘉靖河北《广平府志》记载："十五日农人挂纸钱于田畔，谓之挂地头钱，取麻谷置于庭间并门侧，至晚送于墓祭所。”[3]嘉靖河北《清苑县志》也说："中元树麻谷子门左右，祭墓，曰'麻谷祭'。”[4]反映出麻谷两大用处，一是门悬麻谷，二是祭墓。"麻谷

---

1 崇祯《泰州志》卷1《职方志·风俗·岁时》。又见《中国地方志民俗资料汇编·华东卷》（上），第507页。

2 ［宋］郑岳：《山斋文集》卷24《族祠祭纪》，文渊阁四库全书本，第1263册，第132页。

3 嘉靖《广平府志》卷16《风俗》，《天一阁藏明代方志选刊》本，第8页。

4 嘉靖《清苑县志》卷1《乡社附风俗》，《天一阁藏明代方志选刊续编》本，第38页。

祭”突出说明了麻谷的作用，而在陕西府谷，干脆把中元节称为麻谷节。麻谷是秋成告祖之物，也是告神之物。嘉靖河南《尉氏县志》记载：“十五日中元节，上坟祭扫，割麻枝、谷穗插门外，并献神。”[1] 此神当是农神。天启安徽《来安县志》说：“是月望，祀先农，家置酒劳力田者。”[2]则“先农”为神祇。清康熙山西《广灵县志》记载：“十四日薄暮，采麻谷，荐时食于祖先。次日祭茔，仍将麻谷挂之冢上。”[3]麻谷用于荐新与挂墓。同治山西《阳城县志》讲当地“抟面肖麻谷、人物各形，竞祀田祖，并上冢焚纸祀先”。[4] 麻谷用于祭祀田神。总之秋报既要祀神，也要祭祖，此俗主要集中在北方。

---

1 嘉靖《尉氏县志》卷1《风土类·风俗》，《天一阁藏明代方志选刊》本，第30页。

2 丁世良、赵放主编：《中国地方志民俗资料汇编·华东卷》（中），书目文献出版社，1995年版，第1004页。

3 康熙《广灵县志》卷1《风俗礼仪岁时附》，广陵县志办公室，1989年点校本，第44页。

4 同治《阳城县志》卷5《风俗》，《中国方志丛书》华北地方第405号，台北：成文出版社，1976年版，第216页。

中元节也是烧衣节，北宋《钱状元家范》还记载了烧素食之俗："近世以七月十五日为烧衣节，盖本浮屠之说，不足依据，然佛老宫祠，所在有之，亦祖考平生游思更衣之地，因设素食于此烧之，理亦可行。"[1]烧衣之俗在元大都也有反映："富人家祀，先用麻秸奠酒为诚，买纸钱冥衣烧化于坟，谓之'送寒衣'。仍以新土覆墓。"[2]（按：书中将该条系于七夕中，似为中元之俗）送衣食、告秋成均表达的是对祖先的怀念。祀告是七月十五日的民俗主题，前引宋人洪迈《夷坚乙志》说蜀人风俗重中元节，率以前两日祀先，便反映了百姓的观念。

烧衣、烧纸钱习俗传承明清，而且发展出烧包袱之俗。嘉靖湖南《茶陵州志》记载："中元，以楮为衣，列先祖名其上而焚之，夜半设瓜果酒具于中庭，曰'别先祖'。"[3]嘉靖江西《南安府

1 ［宋］陈元靓：《岁时广记》卷30《中元上·设素食》引，第342页。

2 ［元］熊梦祥著、北京图书馆辑：《析津志辑佚·岁纪》，北京古籍出版社，1983年版，第220页。

3 嘉靖《茶陵州志》卷上《风俗第六·岁时所尚》，《天一阁藏明代方志选刊续编》本，第873页。

志》说："十五日僧舍多营斋供，荐亡作盂兰盆会。人家则用彩色纸糊为冠履衣裾，剪制金银为首饰带锭之类，备牲礼祀祖先毕焚之。"[1]福建特别引人注目："闽人最重中元节，家家设楮陌冥衣，具列先人号位，祭而燎之。女家则具父母冠服袍笏之类，皆纸为者，笼之以纱，谓之'纱箱'，送父母家，女死，婿亦代送。"[2]前引万历福建《建阳县志》同时记载："中元设祖考斋宴，荐献于家，焚金银钱锭于门，俗称鬼节。"烧衣，又称焚冥衣，烧包袱。所谓"烧所袱"，光绪湖北《荆州府志》解释道："祭祖宰牲，用纸封楮钱，名曰'包袱'，上书祖考姓名，祭奠焚化。"[3]清代烧包袱在各地有不同叫法，如烧包、烧袱子、烧冥包、烧信袱等。

南方江南、闽赣聚族而居地区，士大夫衣冠之家中元祭祖往往在祠堂进行。明代嘉靖安徽《石埭县志》说中元荐祖："俗

---

1 嘉靖《南安府志》卷 10《礼乐志・岁时节物习尚》，《天一阁藏明代方志选刊续编》本，第 444 页。

2 [明]谢肇淛：《五杂俎》卷 2《天部》，上海书店出版社，2009 年版，第 26 页。

3 同治《宜昌府志》卷 11《风土・风俗》，《中国方志丛书》华中地方第 120 号，台北：成文出版社，1970 年版，第 433 页。

礼具酒肴、羹饭祭于墓所，焚楮币以充冥费，惟士夫家荐之宗祠。”[1] 万历浙江《温州府志》记载：“中元，俗有设盂兰盆，请僧人追荐祖先，其遵礼者悉具酒肴祭家祠。”[2] 福建泉州晋江人蔡清（1453~1508 年），进士，累官至南京文选郎中、江西提学副使。他在成化年间有中元节《告祠堂文》，祭告高曾祖考四代祖先考妣，说到：“兹惟中元节序，所临实增感怆，且慧（蔡清之子观慧）将以岁贡赴京，清亦以进士病痊将赴部听用，当暂违去坟墓。慧是用昭告于列位先神，即以明日至十六日率诸弟侄以序而有事于各墓域间，就令睿与清辞焉。”[3] 蔡清家族中元节要在祠堂、祖坟祭告祖先。江西吉安泰和县人罗钦顺（1465~1547 年），讲到泰和“上模曾氏所居，有上下村，下村故有祠堂，有祭田，岁以中元日行事。凡在陪位与燕列者颇有义例，为之损益，然常不下千数百

---

1 《中国地方志民俗资料汇编·华东卷》(中)，第 1042~1043 页。

2 万历《温州府志》卷 2《舆地下·岁时》，四库全书存目史部，第 210 册，第 516 页上。

3 [明]蔡清：《虚斋集》卷 5《哀辞·告祠堂文》，文渊阁四库全书本，第 1257 册，第 890~891 页。

指，可谓盛哉”[1]。他还说：“中元追远，时俗所同。”[2]

中元节也进入国家制度，帝王之家在七月十五日上陵祭祖。本文的前两个部分几处涉及唐宋官府中元节的行事，如《唐六典》记载了“三元斋”，讲到“七月十五日地官为中元”，规定中尚署七月十五日进盂兰盆。宋代中元节休假三天，七月十五日前后各一天。此外，南宋中元“禁中车马出攒宫，以尽朝陵之礼”[3]。另据《辽史礼志》，契丹人七月十三日夜，皇帝于宫西三十里卓帐宿焉，前期备酒馔，翌日诸军部落从者皆动蕃乐饮宴，至暮乃归行宫，谓之“迎节”。十五日中元，动汉乐大宴。十六日昧爽，复往西方，随行诸军部落大噪三，谓之“送节”。[4]西夏故城遗址（今内蒙古鄂济纳旗境内）发掘的西夏文献《圣立义海》，

---

1 ［明］罗钦顺：《整庵存稿》卷1《上模曾氏续置祭田记》，文渊阁四库全书本，第1261册，第17页。

2 ［明］罗钦顺：《整庵存稿》卷15《祭外舅西盘寿官文》，第200页。

3 ［宋］吴自牧：《梦粱录》卷4《解制日》，中国商业出版社，1982年版，第23页。

4 ［清］李光地等撰：《御定月令辑要》卷14《七月令》，文渊阁四库全书本，第467册，第442（迎节）、444（大宴）、445（送节）页。

有“七月之名义”之“贤僧会聚”条：“七月十五目连父母之恩，供盂兰，结道场，贤僧僧人聚日是也。”[1]说明七月十五是西夏的节日。金代中元节承袭了中元传统祭祖风俗，皇帝于七月十五日上陵祭祖。《大金改元七月十五日祭山陵祝文》曰：“孟秋既望，新谷将升。感时序以兴怀，仰园陵而致孝，荐馨香于令节，庶仿佛其生平。庸者精诚，冀垂昭鉴。尚享。”另有《七月十五日祭保陵公祝文》说：“列圣园陵，神实保佑。比颁显册，封以上公。申敕有司，俾修祀事。从厥岁序，著为彝仪。”[2]

明朝建立，朱元璋即位追尊高曾祖考四世为皇帝，庙号分别为德祖、懿祖、熙祖、仁祖。洪武元年（1368 年）还规定：熙祖陵，每岁正旦、清明、中元、冬至及每月朔望，本署官供祭行礼。又即其地望祭德祖、懿祖二陵。八年（1375 年）诏翰林院

---

1　转引自宋德金、史金波著：《中国风俗通史・辽金西夏卷》，上海文艺出版社，2001 年版，第 648 页。

2　两篇祝文出自［清］张金吾编纂：《金文最》卷 61，转引自宋德金、史金波著：《中国风俗通史・辽金西夏卷》，第 396 页。

议寝陵朔望节序祭祀礼。学士乐韶凤等历数了汉、唐、宋园陵之制后，说：“我朝旧仪，每岁正旦、清明、七月望、十月朔、冬至日，俱用太牢，遣官致祭。”[1]建文初，定明太祖孝陵每岁正旦、孟冬、忌辰、圣节，俱行香。清明、中元、冬至俱祭祀。勋旧大臣行礼，文武官陪祀。正德间，定成祖长陵以下诸陵，各设神宫监并卫即祠祭署。凡清明、中元、冬至，俱分遣驸马都尉行礼，文武官陪祭。恭让章皇后陵，清明、中元、冬至、忌辰内官行礼。西山景皇帝陵，祭期如上，仪宾行礼。十四年（1519年），礼部尚书夏言说到：“上陵之祀，每岁清明、中元、冬至凡三。中元俗节，事本不经。”于是建议“移中元于霜降”，理由是：“霜降礼行于秋，所谓霜露既降，君子履之，有凄怆之心者也。”[2]遂著为令。由上可见，自明初到嘉靖时期，明廷祭祀祖陵一直有中元节遣官致祭的礼制规定，表达对于祖先的纪念。

---

1 ［清］张廷玉等纂：《明史》卷60《礼十四·谒祭陵庙》，中华书局1974年点校本，第5册，第1472页。

2 《明史》卷60《礼十四·谒祭陵庙》，第5册，第1474~1475页。

明朝官吏的文集中留下了官员中元致祭皇陵的诗作，如湖南广陵人李东阳（1447—1516年）的《怀麓堂集》就有不少中元谒陵、陪祀山陵的诗句，还记载说："成化甲辰秋七月中元节，例分官助祭山陵，予与谕德张君启昭、谢君于乔、侍读商君懋衡、李君世贤，当赴长、景二陵。前二日陛辞退，微雨。予与于乔并辔，荷盖以行。"[1]南直隶松江府（今上海）人陆深（1477—1544年）写道："去岁中元节，朝陵百职同。严趋神路左，遥拜孝园东。"[2]描述了陪祭山陵的情形。

清朝也有中元谒陵制度。康熙二年（1663年），河北遵化凤台山所建顺治帝的孝陵完成，岁以清明、中元、冬至、岁暮为四大祭。八年（1669年），定四时大祭，遣多罗贝勒以下，奉国将军、觉罗男以上行礼。雍正十三年（1735年）定，康熙帝景陵七月望

1 ［明］李东阳：《怀麓堂集》卷32《中元谒陵遇雨记》，文渊阁四库全书本，第1250册，第333页。

2 ［明］：顾景明《大复集》卷23《中元节有感》，文渊阁四库全书本，第1267册，第198页。

日，将军、侍郎等承祭。[1] 乾隆帝说："例以中元祭各陵。"[2]

作为照幽冥之苦、救度野鬼的放河灯本是宗教仪式，后世演化为民俗事项。南宋朝廷七月十五日"后殿赐钱，差内侍往龙山放江灯万盏"。[3] 明万历浙江《绍兴府志》更记载了佛教与民俗交织一起的燃灯、放河灯活动："十五日，古谓'中元节'，俗谓之'鬼节'，僧舍营斋供，闾里作盂兰会，祀先以素馔。浮屠燃灯，人家或燃灯于树，或放水灯，间暄以箫鼓。儿童则垒瓦塔燃灯。"[4] 崇祯浙江湖州府《乌程县志》还记载："僧家建盂兰盆之会，夜则放焰口，施食，沿河放灯，谓之'照冥'。"[5] 至清代中元放河灯更加普及，前面提到扬州七月十五日"放荷花灯"，北京庵观

1 ［清］赵尔巽等撰：《清史稿》卷 86《礼五・谒陵》，中华书局 1976 年点校本，第 10 册，第 2589~2591 页。

2 乾隆帝《御制诗四集》卷 64《古今体一百十五首・中元日有感》，文渊阁四库全书本，第 1308 册，第 372 页。

3 ［宋］吴自牧：《梦粱录》卷 4《解制日》，第 23 页。

4 《中国地方志民俗资料汇编・华东卷》（中），第 820 页。

5 崇祯《乌程县志》卷 4《风俗・时序》，《日本藏中国罕见地方志丛刊》本，第 296 页下。

寺院设盂兰会，“点燃河灯，谓以慈航普度”。此外，“杭俗中元节放灯船于湖”[1]。

值得一提的是，清朝皇帝喜欢中元在河北承德避暑山庄放河灯。“山庄放河灯自康熙年间始”[2]，乾隆帝年少时曾随祖父一起观河灯，他晚年回忆说：“康熙壬寅予年甫十二，随侍皇祖于此观放河灯，计至今岁辛亥倏阅六十九年，弹指流阴，有如昨日。”[3]乾隆五十六年回忆康熙六十一年的事情，寄托了乾隆帝对康熙帝深深的怀念。乾隆朝的中元节，“每岁孟秋幸避暑山庄此日率于彼放河灯”[4]，是“中元例河灯”[5]。乾隆帝还将清朝中元活动

1 ［清］毛奇龄:《西河集》卷103《策封文林郎轶秦钱君墓志铭》，文渊阁四库全书本，第1321册，第153页。

2 乾隆帝《御制诗三集》卷33《古今体一百二十七首癸未七·中元夕放河灯》，第1305册，第755页。

3 乾隆帝《御制诗五集》卷67《古今体一百十二首辛亥七·中元日放河灯四首》，第1310册，第684页。

4 乾隆帝《御制诗三集》卷91《古今体一百五十六首庚寅七·中元日放河灯》，第1306册，第763页。

5 乾隆帝《御制诗五集》卷34《古今体五十八首丁未八·霞鲜楼纪景》，第1310册，第131页。

与唐朝比较，认为清廷很节省，唐朝也不会费用太大："按《旧唐书·王缙传》：'代宗七月望日于内道场造盂兰盆，饰以金翠，所费百万。'事虽奢靡亦不无过甚之词。今山庄所设盂兰盆及河灯所费不过数百金，以今较昔，知其言为诬矣。"[1]从乾隆五年（1740年）起皇帝几乎每年都有歌咏中元日放河灯的诗作。

## 四、结语

儒家文化有强烈的人文主义倾向，重视现实，重视人世，强调孝道，用移孝作忠维护社会秩序，儒家没有关于死亡的系统理论，特别是对于人们死后世界的想象不足。佛教传入中国，其有关死后世界、地狱的描述，弥补了中国文化对死后世界认识的不足。佛教迎合中国文化重孝的传统，巧妙结合，被国人接受。道教对于人死后的世界也缺乏想象力，佛教传入后，为了争夺信众，道教借鉴佛教，构筑人死后的世界，地官赦罪是道教中元

1 乾隆帝《御制诗三集》卷76《古今体一百十二首戊子八·中元夕放河灯》，第1306册，第503~504页。

节的主题。受佛道影响，七月十五日成为节日，不过这是以中国民间习俗为基础的。中国古代有秋成向祖先荐新的礼俗，向祖先“告秋成”是七月十五日的重要内容，祀先荐新成为宋以后中元节的标志。佛道宣扬超度亡灵，恰好和民间观念结合，使七月十五日成为祭祖荐新的日子，也是民众向祖先表示孝道的节日，中元节的宗教性受到儒家的影响转向儒化的民俗。

南北朝至唐代流行宗教性的盂兰盆会，唐代官府中有了中元的相关规定，唐诗中多有以中元日为题的诗歌，中元一词及其节俗已流行民间。宋代盂兰盆会活动成为民俗的一部分，明清时代盂兰盆会风俗尤盛于南方。宋以后，特别是明清时期，北方中元用麻谷向祖先荐新告秋成，又称麻谷节。中元烧衣、烧纸钱习俗传承明清，发展出烧包袱之俗，尤以南方流行。南方江南、闽赣聚族而居地区，士大夫衣冠之家中元祭祖往往在祠堂进行，中元墓祭也有一定的流行。皇家礼制在七月十五日谒陵祭祖。照幽冥之苦、救度野鬼的放河灯本是宗教仪式，后世演化为民俗，清朝皇帝喜欢中元在河北承德避暑山庄观放河灯。

中元节的核心问题是如何认识死亡，儒释道三者通融互补，解决了人们面临的困扰。中元节是中国传统节日中宗教性最强的节日，足以反映民众信仰生活表现出的中国文化特色。

（本文原载《节日研究》2012年第2期）

**图书在版编目（CIP）数据**

中国古代岁时节日 / 常建华著. -- 北京：中国工人出版社，2020.7
ISBN 978-7-5008-7435-5

Ⅰ. ①中… Ⅱ. ①常… Ⅲ. ①节日—风俗习惯—研究—中国—古代
Ⅳ. ①K892.1

中国版本图书馆CIP数据核字（2020）第099461号

中国古代岁时节日

**出 版 人** 王娇萍
**责任编辑** 傅 娉 宋 杨
**责任印制** 黄 丽
**出版发行** 中国工人出版社
**地　　址** 北京市东城区鼓楼外大街45号 邮编：100120
**网　　址** http://www.wp-china.com
**电　　话** （010）62005043（总编室）
（010）62005039（印制管理中心）
（010）62379038（社科文艺分社）
**发行热线** （010）62005996 82029051
**经　　销** 各地书店
**印　　刷** 三河市东方印刷有限公司
**开　　本** 880毫米×1230毫米 1/32
**印　　张** 18.5
**字　　数** 400千字
**版　　次** 2020年11月第1版 2021年9月第3次印刷
**定　　价** 118.00元